父母：挑战

[美]鲁道夫·德雷克斯 著

陈璇 译

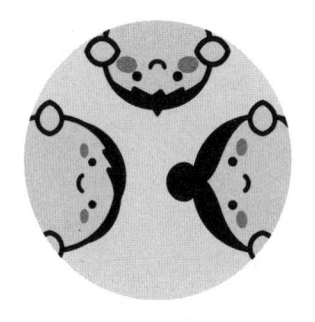

浙江人民出版社

只 为 优 质 阅 读

好
读

Goodreads

导言

亲爱的朋友们：

你们好！我们之前探讨过很多关于父母如何教育孩子的问题。然而，你们是否意识到：其实，身为父母的你们才是我们真正的关注对象？为人父母，对你们来说是一个挑战，而作为父母的你们，对我们来说，也是一个挑战。我之所以这样说，主要是因为我是一名精神科医生。每当遇到那些请求我来"治愈他们的孩子"的父母，我都会觉得这对我来说是一项严峻的考验。当我在为他们提供咨询的时候，我总是对他们既同情又愤怒。同情是因为看到他们遭受痛苦，的确非常可怜，可一看到他们对孩子的所作所为，就不由得心生愤怒。这本书主要写给为人父母的你们，讨论如何将这项伟大的工作——子女教育，做到极致。书中很多地方都揭示出我与大多数精神科医生普遍存在的一种矛盾心理。有些精神科医生的想法总是会有些偏激：他们要么带着强烈的愤怒情绪，责备父母对孩子过分地溺爱，导致这代人根本无法适应社会生活；要么把孩子的父母，尤其是母亲，看成需要接受精神治疗的病人，认为真正在情绪上出现问题的是他们而不是孩子。我们很难在这两种极端情绪中取得平衡。因此，在本书中，如果我的一些表达方式不小心冒犯到了你，请你务必见谅。你一定能理解，和平常那种与患者私下会面的咨询方式相比，这种撰书的咨询方式显得危险很多。因为，在面谈过程中，我能随时感受到自己的话是否伤害到了患者的感情，并能立即纠正错误。但是，当你在阅读这本书的时候，我却无法看到你的反应，因此，如果书中的一些文字对你造成了困扰，我并不是有意的。所以我只能在本书的开头发自内心地向你保证：我从未想过要伤害你。此外，如果你在阅读此书后感到沮丧或受挫，这是我最不愿意见到的，我宁愿从未撰写过此书。因为这种消极的情绪不会给你和你的孩子带来任何好处。

然而，不幸的是，任何方法都不能保证读者能准确地获取作者想要传达的所有信息。在这本书中，我希望能够传达给你们一些有用的信息，给你们一些积极的鼓励，因为我知道你们养育孩子的过程是多么艰辛，而这些才是你们最需要的东西。然而，书本知识往往都是有待解读的，你一般总是会在里面找到你自己愿意看到和消化的东西。积极乐观的读者很容易在这本书中为他的乐观精神找到"定心丸"，而消极悲观的家长也许只会在这本书中为他的失败经验找到新的

"保护伞"——尽管这完全背离了我的初衷。所以,正如我之前所说,我只能恳求你,在阅读这本书时,请随时关注自己的情绪反应。

但是你们——所有阅读此书的父母,不仅仅是我们精神科医生的关注对象,还是整个社会最重要的组成部分。当前,你们正处于最重要的战略地位,你们比任何其他公民群体都更能决定我们国家的发展方向。你们是联系过去和未来的纽带。在社会发展缓慢且人类社会处于停滞状态的时代,每代人之间变化甚微,因此父母的任务也相对简单,他们似乎只需要将自己从父母那里学到的东西再传递给他们的子女。然而,今天,我们正生活在人类社会的一个关键时期,社会环境、道德观念和人们的日常生活方式日新月异。身为父母的你们,很可能一只脚还站在过去,另一只脚就已经步入未来。所以,很多时候,你们发现自己分身乏术却依旧不清楚到底是什么让自己陷入如此困境。在与孩子的日常接触中,你们时刻能够感受到这种两难的困境。但你很可能意识不到,你现在每天所经历的考验和磨难对我们当下的文化变迁是多么重要。如今的父母太容易陷入挫败之中,你们最大的心愿莫过于让自己的孩子开心快乐,让他们过上成功舒适的生活,却没意识到自己经常无意识地伤害着他们,没意识到自己对他们的消极压制总是多于积极的引导。

说得具体一点,那些发生在我们眼前的社会和文化变革都将具有划时代的影响。它们的变革标志着人类始于五六千年前的文化时代的结束，预示着一个新的时代即将到来，我们将这个新的时代称为"原子时代"。确实，原子能的发现和利用将促进新的生活方式、社会群体和社会文化的发展。但这个新时代的特征和它最基本的要素似乎与"民主"这一概念联系了起来。

早在人类文明之初，人类就把追求民主这一美好理想视为和谐社会生活的基础。但这个梦想从未实现。到了现在，我们才发现，这一美好愿望也许是可以实现的。民主思想的基础就是承认所有人的社会平等。一旦这一阶段得以实现，一个新的社会就诞生了。

你可能会问："这一切和我为人父母有什么关系？"父母之所以感到困惑，是因为他们陷入了文化过渡时期所特有的混乱之中无法自拔。这时，所有的人际关系都会呈现出同样的困惑。我们希望自己的生活平静而又和谐，却常常事与愿违，努力与尝试经常会以惨烈的失败收场。我们不断地摸索，反复地尝试，方法试了一个又一个，结果却是旧的麻烦还没解决，新的矛盾又接踵而至。这种困境不仅仅限于国内，国际关系也是如此。国家之间、民族之间、信仰之间、劳资之间、男女之间、隔代之间以及父母与子女之间，都面临着同样的困惑与矛盾。你与孩子之间的问题和美国与俄罗斯之间、白人与有色人种之间、资方与劳工之间以及男人与女人之间的问题有着惊人的相似之处——任何一方都会担心自己把权利输给另一方。世界各地面临的问题都是一样的，而我们犯下的错误也是大同小异。

养育子女也是一种社会生活。因为我们几乎对人与人之间相处的艺术一无所知。就像你的同伴在其他领域的人际关系中陷入了迷茫一样，身为父母的你们也会感到不知所措。养育孩子与对待其他人类同胞的方法是一样的，亲子矛盾的处理方法同样适用于其他人际关系。

毫无疑问，你们可能已经意识到，民主是唯一一种令人满意的生活模式。你们讨厌独裁，不想任人摆布，你们也赞同孩子们应该享有属于自己的权利。但是作为父母，你们又是怎么做的呢？我见过很多看似崇尚民主与自由的男性，在家里却是名副其实的独裁者。他们总是喜欢对家里的女人和孩子发号施令，制定各种条条框框约束他们的言行。你们养育孩子的方法大概和你们的祖先数百年前所使用的方法并无不同，都是所谓的奖惩制度。你们甚至都没有意识到这种方法的前提是假定对方是一个不讲道理、无知且不可信任的弱势群体，不得不靠收买和威胁的办法来加以驯服。这的确是大多数父母所遵循的方法。虽然这些方法在以前比较符合当时的整体社会关系，曾经一度获得成功，但放在现在并不适用。今天，我们早已推翻了过去那些所谓的皇帝、国王、独裁者和暴君，他们将自己的臣民看作无知、无助的依附者，需要使用强权铁腕来对其进行控制。然而，我们明白，对于这些人，如果给他们机会，他们一定能很好地独立生活，无须依赖他人。

这本书将向你展示如何在家中建立民主关系，以及如何帮助你的孩子适应民主氛围。在这样的氛围中，他们能够承担起自己应有的责任，且不会受到任何人的控制和胁迫。你们中的许多人可能已经尝试过给予孩子自由和自我表现的机会。但是，由于你们从未从自己的父母那里学到过什么有效的方法，使你们能够在自由平等的氛围中对孩子进行教育，所以，你们很容易将自主与散漫、自我表现与自我放纵、自由与许可混为一谈。你们之所以会失败，是因为你们的方法忽视了社会生活的基本需求。当你们所有关于自由的想法失败以后，你们就想要恢复权威、严厉、压制的老方法。当代大多数父母都在娇纵与压制之间摇摆不定，因此对他们的子女造成了巨大的伤害。我们不能因为父母对子女的教育方法不当而责备他们。毕竟，他们自身也是文化过渡时期混乱与冲突的受害者，从没有人教过他们应该怎么做。他们是国家最应该关注的群体之一。作为教育工作者、心理学家和精神科医生，我们必须履行自身的职责，通过提供指导和咨询来帮助他们。否则，今天的问题和挑战就有可能会成为明天的威胁。

精神病学是近几年才进入教育和儿童培训领域的。在这之前，这一领域完全由宗教教师、教育者和哲学家掌控。正是他们研究和制定了道德准则和教育方法。精神病学家在治疗成人情绪失调和人格障碍的过程中意识到了其中的教育问题。他们发现童年经历对他们造成的伤害以及父母对他们教育方法的不当是他们成年后生活出现问题的根源。他们找到了这些错乱行为背后的心理机制和心理动机,研究了儿童和成人对外界影响的不同内在反应。通过精神病学的研究和调查,我们知道了今天孩子们在接受所谓的"正常的"儿童教育方式时内心是什么感受,也明白了他们的过往经历如何导致现在的不良行为。精神科医生还必须与公众的偏见作斗争,这是因为过去精神病学主要研究精神病和神经错乱。然而在今天,精神科医生却可以帮助你更好地了解自己的孩子。通过对正常儿童的心理反应进行观察,他们提出了一些教育儿童的方法。我们的研究不关心其中牵涉的道德问题,不涉及道德规范和教育理念等问题的讨论。我们只关心孩子们的真实感受,以及他们不良行为背后的原因。我们希望父母对我们的研究成果有所了解。或许我们还可以帮助你理解自己在面对孩子时的反应以及行为背后的原因。

从这点意义上讲,这本书可以激发您更好地了解父母、了解孩子。这也是我创作此书的目的所在,我真心地想为您提供一点帮助。教育既是一项英雄的使命,也是一门艺术。如果你不特别努力地学习掌握这门艺术所需要的工具,你就不可能获得成功。

其实每个家长都应该在孩子出生之前读一本这样的书。我希望在不久的将来,此类书籍能够被应用到中学教育中,以训练青少年对幼儿的理解与应对能力。最终我们希望此类培训能够被认定为一门必修科目,成为学生基本常识的一个重要组成部分，与基础教育中的阅读、写作和算术一样重要。

　　这本书主要是为那些已经陷入子女教育困境的父母而创作的。在陪伴孩子们成长的过程中，我们势必会犯错。尤其是在我们所处的时代，孩子们的成长过程总是伴随着问题的。但是不管你们和孩子之间出现了多少问题，不管这些问题对你们来说是微不足道的还是难以承受的，总会有改进的机会。请你们重新反思一下自己对待孩子的方法和态度。你们的反思永远都不会太晚，也永远都不会是多余的。当然，我们的孩子永远不可能成为天使，但我们总能成为比过去更好的父母。这便是我撰写此书的初衷。

鲁道夫·德雷克斯

目录

一 / 父母与孩子们的内心世界

第1章
父母的困境

来自父母的爱	/ 005
父母的焦虑	/ 007
父母对孩子的期望	/ 008
父母对孩子的要求	/ 009
两代人之间的冲突	/ 011
父母的自卑	/ 016
父母的无助	/ 017
家长对教育的理解	/ 018
父母也需要接受教育	/ 021
母亲对孩子的影响	/ 023
父亲对孩子的影响	/ 025
（外）祖父母对孩子的影响	/ 027

第2章
孩子的困境

孩子的人生计划	/030
遗传因素	/036
社会情怀	/040
社交恐惧	/042
自卑与挫折	/044
优越感的争夺	/047
道德意识	/050
家庭地位	/057

二 / 教育方法

第3章
有效的教育方法

维持家庭与社会秩序	/067
营造良好的家庭氛围	/067
遵守家庭内部的权利和义务	/070

父母的言行要保持一致　　/ 074
　　父母的态度要坚定　　/ 076
　　自然后果　　/ 077
避免冲突　　/ 084
　　观察与反思　　/ 084
　　学会自我克制　　/ 087
　　灵活的教育方法　　/ 088
　　激发孩子的兴趣　　/ 090
　　赢得孩子的信任　　/ 092
　　缓和僵局　　/ 093
鼓励与赞美　　/ 096
　　真诚赞美　　/ 096
　　适时退出　　/ 099
　　引导与教育　　/ 100
　　相互信任　　/ 102
　　改变说话方式　　/ 104
　　肯定孩子的努力与付出　　/ 106
　　揭示孩子的行为动机　　/ 107
　　让孩子融入集体生活　　/ 113
　　家庭会议　　/ 116

第4章
教育孩子过程中父母最常犯的错误

溺　爱	/ 127
缺少足够的关爱	/ 133
过度疼爱	/ 135
假装不爱他	/ 137
过度焦虑	/ 140
吓唬孩子	/ 142
监管过度	/ 144
说得太多	/ 146
忽视孩子	/ 150
没完没了地敦促	/ 151
让孩子做保证	/ 152
让孩子"振作起来，好好表现"	/ 154
惩罚孩子	/ 157
要求孩子绝对服从	/ 159
唠　叨	/ 162
挑　错	/ 163
打击孩子	/ 167

太过严厉	/ 171
羞辱孩子	/ 172
体罚孩子	/ 173

第5章
生活中的具体问题

产前调整	/ 183
初为父母	/ 184
婴儿的护理	/ 185
断　奶	/ 187
学习走路	/ 188
如厕训练	/ 189
引导孩子学会独立	/ 190
生活在成年人的世界里	/ 192
玩　耍	/ 196
穿　衣	/ 199
说　话	/ 200
清　洁	/ 201
用餐习惯	/ 202

帮忙做家务	/203
被忽视的"大孩子"	/204
孩子与社会环境的第一次接触	/209
开始上学	/211
生 病	/213
其他的困境	/214
外部环境的变化	/215
挫折与失败	/216
家庭不和	/218
"沉默的老师"	/220
性启蒙	/222
按年龄段来教育孩子	/229
青春期	/233
减轻孩子对父母的依恋	/238

第6章
理解孩子

想要获得关注	/253
积极—建设性方法	/253

积极—破坏性方法	/260
消极—建设性方法	/270
消极—破坏性方法	/274

追求权力 /300

不听话	/301
固执己见	/309
乱发脾气	/310
坏习惯（吮手指、抠鼻子、咬指甲）	/313
手　淫	/318
说　谎	/320
做事拖沓	/323

报复他人 /325

偷东西	/326
残忍与暴力	/333
尿　床	/337

表现出能力不足 /340

懒　惰	/340
笨	/341
"天资不足"	/347
"强烈的"消极抵抗	/353

病理反应 /356
  神经紊乱 /357
  精神失常 /361
  病态人格 /364

第7章
具体指导方案和改善措施

案例分析 /377
  如何应对孩子的哭闹 /377
  如何消除孩子的恐惧 /379
  如何在兄弟姐妹之间建立平衡关系 /381
  小霸王 /385
  小暴君 /390
  "捣蛋鬼" /394
  儿童强迫症 /398
  智力发育迟缓 /405
  假性迟钝 /408
结 语 /419

一

父母与孩子们的内心世界

第1章

父母的困境

"生孩子容易,养孩子难。"① 身为父母,为子女提供足够的支持与关心,我们责无旁贷。然而,生活中总会遇到很多琐碎的事情,让你心烦气躁。你可能会因孩子们不当的举止而愤怒不堪,也可能会为他们奇怪的言行而困惑不解。孩子本该是父母快乐的源泉。大多数父母也确实非常享受孩子带给他们的快乐时光,至少,在大多数时候,他们是非常快乐的。但是,很多时候,孩子也会给我们带来烦恼、忧虑、悲伤、困惑和痛苦。现在,全国乃至全世界的父母与孩子之间都存在着同样的摩擦与冲突,所以我们有理由相信,这些摩擦与冲突背后一定隐藏着一些相同的、根本的原因。

---

① 威廉·布希(Wilhem Busch)的名言。

由于身处其中，你往往很难理解形成这些困境的真正原因，所以你可能会去寻找各种借口。你也许会把责任归咎于经济状况的不景气，或者归咎于孩子的坏脾气。还有一些人会把问题归咎于其他家庭成员——丈夫指责妻子，妻子埋怨丈夫，或者互相指责对方的父母、其他亲人。然而，很少有人意识到，其实在一定程度上，造成当前困境的，不是别人，正是他们自己。

因此，要理解这些常见的亲子关系，我们需要对那些父母最容易犯的错误进行深入的剖析。如果不能全面了解自己遇到的问题，我们便无法做到机智地应对。唯有认识到问题并摒弃以往错误的方法和态度，才能采取积极有益的行动去应对。只有明确什么是不该做的，才能帮助我们弄清楚自己应该做什么。

那些在育儿过程中遭遇过挫折的人，一定会对父母所面临的困境感同身受。为人父母，的确会经历许许多多的艰辛与磨难。看着他们在困境中摸爬滚打，却依然与他们自己的目标渐行渐远，真是非常可怜。绝大多数的父母都真心希望自己能成为孩子眼中的好父母。为了孩子们能够快乐成长，有所成就，他们竭尽所能。父母的行为不仅影响着他们现在的亲子关系，还影响着孩子未来的整个人生，无疑是孩子成长过程中最重要的影响因素。

来自父母的爱

你爱你的孩子,这点毫无疑问。他是你生命的一部分,也是世界上与你关系最为亲密的一个人。他的健康成长依赖于你对他的爱。

人们把爱看作最深切、最美好的人类情感。既然如此,那么这种情感为什么又会造成如此多的不幸和痛苦呢?人们常常因为爱而备受折磨,因为被爱而身心疲惫。

父母和孩子之间的爱通常被认为是最纯粹的爱,它排除了男女之间的复杂情感。母爱的本质是同情、理解和无私的付出。然而,这样的爱让多少母亲陷入痛苦与焦虑之中无法自拔!而她们的孩子又为此遭受了怎样的折磨!

孩子从母爱中汲取力量,从而逐渐培养出和谐的人格。世界上没有哪种生物能像人类新生儿那样需要如此多的爱。在孩子的生命之初,只有母亲才能够为他们提供母乳喂养和无微不至的照顾。但是过度的母爱又会让孩子感到压抑,阻碍孩子的成长。这看起来似乎有些矛盾。美好的东西怎么会过度呢?我们必须认识到,很多被人们称为"爱"的情感,实际上都是名不副实的。生活的艰难与迷茫使很多父母逐渐形成了一些错误的观点和态度,这也让他们无法给予孩子真正的爱。对他们而言,爱的唯一目标是占有,其本质是恐惧,意图是索取，过程则往往充满了嫉妒。这种爱是自私的、不负责任的，它只考虑到了付出爱的一方的愿望和需求。他们觉得只要自己受了苦、遭了罪，就是爱对方的。

真正合格的母亲，总是会把孩子的需求放在第一位，而不是优先考虑自己的愿望。但有些父母对孩子的爱是专横、自私的，他们丝毫不考虑孩子的真正需求。他们打扰孩子睡觉，把孩子当作自己的杰作四处炫耀，把他们当成供自己娱乐的玩偶。他们的"爱"驱使着他们不合时宜地抱着幼小的孩子摇来晃去，甚至毫无理由地对着孩子又亲又抱。"爱"让他们受不了孩子的啼哭，根本不考虑孩子需要按时喂养，而是孩子一哭就喂。因为"爱"，他们把孩子当成小佛爷一样供着。他们会满足孩子的无理要求，以至于在很多时候，把孩子宠成了家里的"小霸王"。为了让自己时时刻刻都能看到孩子，他们经常把孩子圈在家里，不鼓励他与其他小朋友进行正常的社会交往。于是，孩子要么变得完全不适应正常的社会生活，深陷各种问题无法自拔，在无止尽的痛苦与焦虑之中难以解脱；要么痛恨这个金色的牢笼，变得既叛逆又固执。

然而，即便是世界上最纯洁无私的爱，也隐藏着鲜为人知的弊端。它影响甚至妨碍了孩子的客观判断。爱可以盲目，但教育绝不容许有丝毫的马虎。爱一个人时很容易对对方的过错视而不见，最终酿成无法挽回的大错。你可能对自己的孩子评价过高，从而使他错误地认为自己比谁都重要。因此，你对孩子的爱往往会使你们的关系变得更加复杂。和其他所有形式的爱一样，它很容易导致你对被爱的人产生一定程度的依赖，这时你就会成为孩子随时可以操纵的工具，而无法成为他的引路人和老师。

父母的焦虑

一旦你对孩子的爱里夹杂着焦虑的成分，情况就会变得更为复杂。人们在受挫之后往往会过高估计人性的脆弱，而且会对周围的环境格外小心谨慎。一旦他们有了自己的孩子，他们对后代的焦虑就会倍增。因为在所有生命中，婴儿无疑是最无助的。

对孩子的过度关心也是一种人格缺陷。如果你自己都没有足够的信心去面对生活，那么你一定会认为你的孩子也没有能力去解决生活中的各种问题。相反，你越对自己有信心，就越相信自己的孩子也一定有能力、有办法去应对生活的挑战。

父母的焦虑来自很多方面，其中一个方面就是上文提到的自私的爱。那些自私地爱着孩子的父母通常怯懦、沮丧、对自己的生活忧心忡忡。生活中常常危机四伏，而他们不愿面对任何风险。这些父母都非常依恋自己的孩子，失去孩子对他们的打击是致命的。但幸运的是，并非所有人都将这种偶然性作为教育的核心和基础，因为这严重威胁到了孩子的生存和发展。

你的责任感往往会加重你的焦虑。你可能会一直生活在恐惧中,担心自己忽略了某些自己本该承担的重要职责,同时放大孩子的每一个小缺点,直到最终认定孩子无可救药。你在教育方面积累的实践经验越少,你感受到的责任与压力就会越重。

对孩子的爱可能会让父母把孩子的优点放大,而对孩子未来的焦虑让他们把孩子的缺点也放大了。而这两个过程很可能会同时发生。在某个时间,你会觉得自己的孩子完美至极,但转瞬之间,你又会觉得他一无是处、前途堪忧。

父母对孩子的期望

如果你经常同时表现出高估和低估孩子的倾向,那说明你一定是一个有理想、有抱负的人,期望孩子能够实现你之前从未实现过的愿望,弥补你生活上的缺憾。你期望孩子能间接地满足你的愿望,导致你对孩子既骄傲又不满,两种情绪产生矛盾且矛盾愈演愈烈。因为你对于成功的标准过高,远远超出了孩子的能力范围。

那么,你应该对自己的孩子有什么样的期望呢?人们可能会觉得,只要孩子能成为一个对社会有用且快乐的人,父母就心满意足了。但不幸的是,许多父母表现得好像孩子生来就是为了满足他们的个人愿望——为自己赢得姗姗来迟的满足、荣耀和幸福。一些父母雄心勃勃，他们特别渴望看到自己的孩子有权有势、能力过人。如果某位父亲由于受教育程度低而吃尽了苦头，他可能就会希望自己的孩子成为一个学者。如果他迫不得已劳苦一生，他可能就会下定决心让他的儿子过上安逸享乐的生活。如果有人觉得自己被瞧不起或受到了诽谤和污蔑，他可能会将自己的孩子培养成一个愤世嫉俗的人来为他报仇。一个在感情中受挫的人，可能会通过对孩子的爱来满足自己一度未曾实现的愿望。那些曾经在异性关系中遭受挫败的女性，很可能会把自己的儿子看作唯一属于她的男人，这个男人永远不会弃她而去，并且对她绝对忠诚。

所有这些父母对孩子的期望，让孩子成为父母婚姻中的一枚棋子，在夫妻俩意见不合的时候尤为如此。孩子可能会在同一时间被父母拉往不同的方向，最终，他只能让父母双方都失望。总的来说，父母的这些期望很可能全都得不到满足。孩子必须主导自己的生活，他们的目标、追求及出发点与其父母是截然不同的。

父母对孩子的要求

家长对孩子的要求往往超出了应有的期望。如果他想要成为一个有用的人，他就必须让自己适应某种循规蹈矩的生活方式，学习如何遵循社会规则来约束自己的思想和言行，让自己适应周围环境,并培养自己的社会责任感。他必须拥有社会生活需要具备的社交礼仪与风度。这样要求你的孩子无可厚非。然而,很多时候,你对孩子的期待和要求并不会止步于此。

或许你是一个完美主义者。你很少停下来思考你对孩子的要求自己能否做到,自己是否可以成为他们的榜样。也许你觉得,对孩子要求得多一些,总有部分能够实现。这种想法真是特别荒唐。因为,你这样做只会导致孩子最终习惯于无视你的一切要求。你可能会要求你的孩子做到绝对诚实,但你自己能做到对任何人都没说过谎吗?你可能会要求你的孩子绝不能偷懒,但你自己能做到勤奋得无可挑剔吗?你可能会要求你的孩子绝对服从,不许顶嘴,但你自己是这样一个绝对顺从的典范吗?我们不可能在一个家庭里为不同的人制订不同的标准,孩子和父母一样都是普通人。

此外,你所追求的平静、舒适,有时反而会让你更加放纵自己。实际上,你对孩子的很多要求,与其说是为了促进他的发展,不如说是为了满足你个人的舒适。在这种情况下,孩子的一些正当需求往往就会被忽视。你想休息时,孩子就必须保持安静,这没有错。然而,当你想让他起床时,他就必须放弃休息吗?这种态度完全忽视了孩子自身发展的需要。

两代人之间的冲突

我们上面谈到的很多种错误的教育方式，如：自私霸道的爱、对孩子的过度焦虑、对孩子能力的质疑以及对孩子不合理的期望与要求等，都是父母与孩子之间产生激烈冲突的重要原因，这种冲突就像性别之间的冲突一样，是我们这个时代最显著的特征。父母与孩子之间存在激烈的冲突，不仅仅是由于性格以及人生观和价值观的差异，矛盾频发的问题背后，一定存在更深层的原因。大多数情况下，是父母对权力的执着导致了如此激烈的利益冲突。

在当今社会，人们总是能感受到来自方方面面的压力，个人的经济前景、社会地位以及政治影响力等都越来越不稳定。因此，个人的社会地位时常会遭受外界的挑战。人们痛苦地意识到自己在这个充满危机和屈辱的世界里是多么微不足道，因此他们便会不断地去寻求各种防御屏障。正因如此，他们对孩子的爱才会变得格外自私，他们紧张不安，急于为自己寻找一处远离所有潜在危险的庇护所。这就是为什么人们总是用各种方法来增强自己的自尊心。自然而然地，他们想到从孩子那里来寻求这种心理安慰。至少，他们可以控制自己的孩子。然而，不幸的是，他们想错了。孩子也许看起来弱小，需要大人的照料，但如果有人敢与孩子斗智斗勇，他很快就会发现，在这场与长辈的较量中，孩子往往更能够坚守阵地。他们不考虑后果,因此在战术的选择上果断干脆,而且他们的思维通常比成年人更敏捷、更灵活、更有创造力。在意识不到自己想做什么的时候,他们会不断地去尝试和探索。实际上,孩子们几乎拥有着取之不尽的资源,并能从中制定出各种各样的行动方案。父母在这场斗争中陷得越深,自己的权威就损伤得越严重。随着后面的处境越来越不利,他们只能更加努力地战斗以维持自己的优越感和个人威望。他们没有意识到这样做往往会事与愿违。这一系列的教育方式[1]早已被证明是徒劳无益的,但他们至今仍在使用,原因仅仅是这些方法似乎能帮助父母在与孩子的斗争中赢得优越感。以前,这些方法或许还能够在某种程度上帮助父母维持表面的权威,但在当前的社会环境下,随着人与人之间的关系日趋平等,这样的做法显然是徒劳的。

近年来,因父母对孩子的态度不当而引起的矛盾越来越多。父母的处境,无论是在家里还是家外,都比以前更加不利,地位也更加不稳固。更重要的是,如今小型家庭(三口或四口之家)比以前更加普遍,所以现在的情形也比以前更加复杂,这更增加了家长的不安与焦虑。他们的感情只倾注在一个或两个孩子身上,他们个人的期望和要求往往只能由这一两个孩子来满足。而以前的父母则是将爱与期望分给一大群孩子,在众多孩子中,最年长的或最年幼的往往最容易

---

[1] 参见第4章中的"唠叨""挑错""体罚孩子"部分。

受到父母情绪的影响。但总的来说，在一个大家庭里，父母与孩子之间的冲突对于单个孩子的影响没有那么明显。孩子们更专注于彼此，父母的注意力也会更加分散。

当然，我们知道，两代人之间的冲突不仅局限于家庭，它在企业以及社会生活中的影响也非常普遍。在企业里，年长者觉得后生可畏，而年轻人则觉得自己受到了轻视。争吵、猜疑、虚荣、怨恨，在两代人之间筑起了一道城墙。结果就是老一辈试图用保守阻碍年轻人的活力，年轻人则希望这些老家伙都能靠边站。但实际上，如果把年轻人的热情和老一辈的谨慎结合起来，可能会更好地服务于整个社会。然而现在，年长者一旦失去了年轻时的品质就会受到排斥。我们无法分辨这些矛盾是先从家庭而起，向外蔓延，还是从外部渗透进了家庭。或许，这两个过程同时发生，并行不悖。人类似乎总是被失望、沮丧的情绪控制，大家完全忽略掉了人类最基本的合作精神，反而去追求个人优越感的较量。

父母这种对优越感的追求使他们对孩子的要求越来越苛刻。他们从不反省自己的言行，反而一味地去放大孩子们身上的每一点小错。他们一次又一次地贬低孩子，有意无意地强调自己的能力，并表现出自己的优越感，他们对孩子是这样，对同事、朋友也是如此。人们总是试图通过贬低和诋毁他人来安慰自己受挫的自尊。一些人甚至会出于私心，只对别人的缺点感兴趣，甚至对自己的孩子也是如此。

以下案例可以说明这个令人难以置信的事实：

一位母亲带着她十六岁的女儿来进行心理治疗，她的女儿有明显的焦虑症状。母亲抱怨女儿邋里邋遢，从不收拾自己的衣服，把自己的东西扔得到处都是，自己该做的事情都让别人去做。因此母亲不得不专门叮嘱、再三督促、反复提醒她做她该做的事情。在治疗过程中我发现，这个女孩是一个独生女，在家里娇生惯养，而且从来没有人教过她该如何自己承担责任。我们没花多少时间，就帮助她意识到了自己作为家庭成员应该承担的责任和义务，她也欣然接受了。但很快，这个女孩就开始抱怨了。她说，她的母亲总是不断地去催促、训诫她，即便她意识到了自己要做的事情，母亲也总是在她行动之前喋喋不休。这位母亲一方面认为提醒、训诫女儿是她的职责；另一方面，她又总是阻止女儿干活。她的理由是：女儿是病人，而这个病人必然会把事情弄得一团糟。

我把那位母亲请过来，向她解释道，如果她希望女儿乖巧懂事、乐于助人，那么她就得给女儿更多行动自由。我很明确地告诉她，除非她改变自己对待女儿的行为方式，否则我对这种情况也无能为力。她答应采纳我的建议，给女儿更多机会做自己的事情。但是很快女儿就告诉我，家里还是老样子，就好像我和她母亲的谈话从未发生过一样。每当女儿抗议母亲的干预，表达出自己能够轻松完成某件事情的时候，都会遭到母亲的强烈反对。最后，我不得不再次把这位母亲请过来，询问她为何在这方面如此固执己见。她变得非常激动,拒绝承认自己有错。她坚持认为,是女儿笨手笨脚、太不靠谱,所以不能放任不管,并声称如果真的让女儿自己来管自己,那女儿的生活肯定会乱七八糟。经过了一番苦口婆心的劝说之后,我才得以让这位母亲认识到本次治疗的重点——这个女孩应当体验一下她的邋遢懒散会带来怎样的后果。

第二天,我接到了女儿的一通紧急电话:她的母亲精神崩溃了。事情发展至此,呈现出了问题的另一个方面。病人一家曾经住在一幢豪华的房子里,但是由于形势所迫,他们不得不缩减开销,搬进了另一处相对简单的公寓。父亲和正在上大学的女儿整天都在外面活动,因此这位母亲对家庭所做的贡献变得十分有限,她开始觉得自己不再被需要了。离开她,她的丈夫和孩子也能生活得很好。随便一个管家都可以取代她的位置,只有她的女儿还略显无助。显然,照顾女儿成为她仅剩的价值所在。她的女儿越笨拙、越邋遢,她就越有价值。一旦她的孩子学会了自立,她就完全变成了一个没用的、多余的人。当然,她从未意识到自己行为背后的动机。经过我的一番解释,她才认识到自己一直出于私利维持着女儿的缺点,并无意识助长了这些缺点。

这样的情况并不罕见,类似的案例还有很多。在这个案例中,我们通过对母亲和女儿同时展开治疗,治愈了女儿的精神焦虑,并在她们之间建立起一种新的更好的母女关系,同时以另一种方式满足了母亲的精神需求。

父母的自卑

毫无疑问,大多数父母都能敏锐地觉察到自己在处理与子女关系上的力不从心。他们在子女教育过程中的许多错误都源于自身的挫败感,这些挫败感可能是真实存在的,也可能是自己想象中的。焦虑、对孩子要求过高,或者贬低孩子的倾向,都反映出了这种主观的自卑感。犹豫不决也是父母心理严重受挫的一种表现。

在孩子的教育过程中,如果你的态度摇摆不定,没有任何切实的计划或目标,那么你很有可能刚开始很严厉,随后又转向娇纵,一会儿陷入绝望,一会儿又盲目自信。这种摇摆不定的态度往往体现在父母对待子女的方法与策略上。责打之后便是夸张的爱意,责骂之后又是一通承诺和奖励。每次给他们提建议,得到的都是那一套说辞:"我以前都试过了——我什么办法都用过了。"由于摇摆不定,这些父母根本没有能力采纳别人的建议。他们可能刚开始尝试一种方法,很快又会转向另一种方法。他们没有勇气坚持某种确定的行为方式,总是以不知所措为借口,逃避真正的责任。

有一种逃避,是让自己完全处于自我防御状态,最明显的表现形式就是精神紧张。这些"精神紧张"的父母发现他们的"紧张"是一个特别方便的"借口",既能让他们逃避责任,还能让别人勉强接受。他们总是不厌其烦地宣称他们有很多美好的计划，但是"精神紧张"让他们没有办法去付诸实践。他们人不坏，但确实能力不足，他们不知道如何取舍，也为自己的自我放纵付出了沉重的代价。这些家长需要我们的帮助和同情，他们在处理其子女的问题之前，应当接受适当的治疗。

有时，他们的紧张情绪也只是在特殊情况下才会显露出来。"我要崩溃了"，或者"我真受不了了"，这是他们最常用的说法，每当他们做错了事情又找不到合理的理由时，就会用这两句来搪塞。比如，当父母责打了孩子后认识到自己的错误时，或者当他们发现自己的言行既非权宜之计又毫无道理可言时，他们通常会给出这样的解释。"受不了了"是一个人在感到无助时最常使用的一个借口。当孩子占了上风，你又不愿意认输时，为了保全面子，你会采取一切简单粗暴的方法来维护自己表面的权威，最常见的方法便是责打、训斥和威胁。如果你不想让别人知道自己之所以如此，完全是因为不想在孩子面前丢面子，或者你想为自己不当的言行找个借口，你就会说是因为你自己"精神紧张"或脾气暴躁。这个策略还能带来一项额外的好处，即让你逐渐意识到自己想要什么。

父母的无助

我们必须认识到，在孩子面前有自卑感是非常正常的一件事情。从婴儿时期开始，孩子在家庭关系中就扮演着非常重要的角色。他们不仅仅做出被动的反应，还学着按照自己的想法和目的采取行动。孩子在出生后的第一年就会开始出现一些主动刺激和挑衅的行为。父母常常意识不到其实孩子的计划往往是影响家庭决策的重要因素。

当然，婴儿的行为并非出于有意识的计划，他们的心智发展水平还不足以让他们进行有意识的思考和决策。但他们的行为很可能非常坚定且目的性极强。婴儿体验过被抱起来的快乐，他便会学习各种各样的技巧来达到自己的目的——被抱起来。随着孩子一天天长大，他们能越来越迅速地制定出策略和技巧来实现他们的目标，以至于父母和其他家人可能很久之后才意识到发生了什么。在生命最初的几年里，孩子会越来越多地了解自己的身体功能以及周围的人、事、物。他们不断地观察、尝试和体验。因此，孩子对父母的了解比父母对他们的了解还要多。通常来说，孩子对付父母的办法要比父母对付他们的办法厉害得多。难怪这么多父母在教育孩子时都会感到力不从心。

家长对教育的理解

父母之所以在对孩子的教育过程中缺乏自信，还有另一个原因，就是他们不懂得正确的教育方法。即便对于一个性格健全且自信的人来说，这种方法上的缺失也很容易令其产生挫败感。倘若再加上深深的自卑情绪，亲子关系就完全扭曲了。

众所周知，很多父母都没有准备好承担起其作为孩子老师的职责。每一门手艺都必须先学习，然后才能付诸实践。然而，世界上最困难的任务之一——子女教育——却交给了完全没有受过训练的人。对一个老师来说，系统学习和实践培训是不可或缺的。然而，那些父母哪里有时间和机会来准备这些呢？

无论我们对这种现状感到多么失望，无论我们在今后多么努力地去纠正这种错误，我们都必须承认，缺乏指导和训练本身并不是最糟糕的情况。最糟糕的是"一知半解，自欺欺人"。如果父母对教育一无所知，他们反而有可能做得很好。他们更有可能遵循自己的常识，在适当的时候寻求他人的建议，更愿意听从别人的劝告。然而，就目前的情况而言，每个人都认为自己对教育有一点点了解，而这一点点了解往往是错误的。我们所有人都经历过"被抚养"，以及伴随这个抚养过程而来的问题和突发事件。但是，你是否还记得我们面对这些教育方法时的反应？一些诗人和小说家经常能够回忆起他们童年时期所遭受的挫折和屈辱、打击和痛苦，这些悲伤的回忆甚至超过了快乐的回忆。但很少有父母记得这些。许多人对待孩子的态度正是以自己的父母为样板。他们或许愿意对过去的方法做出一些调整。鉴于以往的痛苦回忆，他们可能会在某些方面对孩子更加宽容，给予孩子更多的自由。或者，如果觉得自己的父母对自己过于宽松，他们可能会倾向于更严厉的管教方式。在与自己父母的方法背道而驰的过程中，他们可能会犯同样的错误。但是，这些方法上的调整与变化——往往是将父亲与母亲的管教方式融合在一起——并没有改变大多数人在养育子女时都以自己的父母为榜样这一事实。

如此一来，孩子教育过程中同样的错误就会代代相传。而今，这些不断累积的错误的教育原则成了这一代父母的重担，他们身处一个不断变化的世界中，对人际关系有着不同的看法。此外，由于小家庭的普遍存在，他们的处境变得更加糟糕。在以前，在大家庭更为常见的时代，父母的教育方法远远没有这么重要。那个时候，孩子们主要是在彼此接触以及同邻居的接触中自我学习，父母缺乏训练远远不会造成如此严重的后果。然而，大多数父母不愿意接受科学的育儿方法。他们总是不愿意听取别人的建议，因为他们相信（现在许多人仍然相信），他们小时候的经历使他们有足够的能力以自己的方式、自己的人生哲学以及用和自己小时候同样的关系模式来教育他们自己的孩子。

试图说服一个被棍棒带大的父亲不要用暴力对待孩子，通常会激起父亲的抗议："我就是那样被带大的，而且我活得好好的。为什么我不能用同样的方法来教育我自己的孩子呢？"所有持这种态度的父母，他们从未停下来想过，如果当初享受到一个不同的、更好的成长环境，自己会变成什么样子。所以，坚持己见的后果就是把一个聪明的孩子养育成了一个愚蠢的成年人，过去如此，现在也是这样。这是孩子持续受挫导致的不良结果。虽然卢梭很早就认识到了这个事实，但是如今在家庭教育的实践上并没有发生多大变化。这位"信奉"棍棒教育的父亲，根本不知道他小时候所遭受的责打，对他今后的婚姻生活、朋友关系以及对自己孩子的态度造成了多大的影响。在某些方面，他可能发展得"还不错"，但与此同时，他也变得比以前更加多疑、残忍和专横。[1]同样的道理适用于所有父母，他们很多人都正在以自己人生的成功来证明父母的教育原则是正确的。我们无从估量原本有多少不必要的心理障碍以及性格缺陷可以被避免，也无从估量有多少人的潜力未被开发。

父母也需要接受教育

如果我们想要降低教育的难度、减轻父母的负担并彻底纠正孩子们的错误，就必须打破这个由来已久的恶性循环，决不能任由这些错误的思维方式和教育方式肆意蔓延。当然，实现这一目标的前提是父母也要接受教育，重新学习对孩子的教育方法，并进行彻底的改变。如果我们希望孩子变得更好，那我们自己必须先成为更好的父母，毕竟父母是孩子最

---

[1] 参见第4章中的"体罚孩子"部分。

好的老师。首先，必须学会理解孩子，知道他们在想些什么，并理解他们行为背后的动机。其次，必须学会区分哪些教育方法是正确有效的，哪些方法是错误无用的。

此外，我们还必须认识到，仅仅有知识是不够的。很多老师在教学方面具有深刻的见解，在教育他人的孩子时取得了巨大的成功，却在教育自己的孩子时惨遭失败。其中，最突出的一个例子就是现代教育学的先驱卢梭。

父母本身也有许多需要克服的情感障碍。情绪失控是由于看待事物的方式方法不当，比如对生活的担忧、对未来的焦虑以及对权力的争夺等。对父母进行教育是现代教育学的核心问题，解决这一问题必须从两个方面着手。第一个目标是启蒙，即对家长传授必要的事实性知识。第二个目标是培养家长的个性。父母本身就像孩子——有的甚至是"问题"孩子，必须让他们"成长起来"。但是，通过外界因素来影响一个成年人并非易事。因此，在很大程度上，他们需要承担起自我教育的责任。他们必须学会如何认识并了解自己。首先，他们必须克服对自己的不信任，进而才能以一种平和、自信的态度来对待自己的孩子。只有这样，他们才能停止权力之争，避免那些阻碍孩子健康成长的冲突。

如果你希望自己在和孩子相处时更有乐趣，在教育孩子时更有效率，你就需要努力提升自己。你必须随时做好准备，不断调整和改变自己，从孩子身上以及自身的经历中不断学习。你必须勇于承担培养孩子过程中加之于他身上的道德责任。如果你意识到了遵守秩序和服从规则对孩子发展的重要性，那你也要让自己服从同样的规则，与孩子保持一致。如果你自己言行不一，那会很难让你的孩子信服。

孩子的行为是他对你的行为的真实回应。教育不是一种强加于人的机械的学习，孩子也不是任由你支配的无意识对象。养育孩子意味着父母和孩子之间要持续不断地互动。父母和孩子的行为互相回应，正如谈话中的双方彼此回应一样。这一彼此互动的过程称为教育，它是双方互动的产物。孩子会根据周围成人的行为采取相应的行为，并随之变化。他们适应外界（自己所接触的人）的能力比成年人要强得多。他们的个性尚未定型，而且更善于观察，各方面的感官也更加敏锐、灵活。你需要透过孩子的行为来反观自己的人品和性情。

母亲对孩子的影响

除了对孩子性格的影响，每个参与孩子抚养过程的人都通过其在家庭中的特殊作用对孩子产生各种各样的特殊影响。而所有家庭成员中，对孩子一生影响最为深刻的就是母亲。[1]从孩子出生的那一刻起，母亲就是最关心孩子的那个人，母

---

[1] 我们在讨论某个家庭中各个家庭成员的不同职责时，往往没有将家庭成员的不同性格因素考虑在内。实际上，相比于家庭成员的地位来说，他们的个性对孩子的影响要大得多。

亲的关心总是最为及时。即使是在婴儿时期，孩子也会根据母亲的种种行为做出回应。无论是男孩还是女孩，都会对母亲有着强烈的依恋感，除非母亲不在身边或没能履行她作为母亲的职责。即使有些母亲经常外出工作，并没有多少时间来陪伴孩子，这也不会影响到她们在孩子生活中的独特地位。她唯一需要做的就是向孩子证明，她不仅是他的母亲，而且是他在这个世界上的第一个，也是最值得信赖的朋友。她会永远陪在他身边。孩子会原谅母亲所做的一切，唯独不能原谅她的言而无信，以及对他的弃之不顾。理解、同情，再加上一点点的温柔，就能让她获得孩子永久的爱。而母亲的焦虑、过度关心、放纵、警惕等其他类似行为，都是不必要的，甚至对孩子来说是有害的。母亲必须减少对孩子的过度关注，尤其是随着孩子年龄的增长，母亲不能将太多的精力投放到孩子身上。孩子们平常需要从母亲那里获得的温暖，母亲只需只言片语或简单的几个动作就可以充分地表达出来。母亲的一言一行都要体现出这种温暖。如此一来，孩子自然而然就会愿意由母亲来引导。

因此，即使是职业女性，也可以给予自己的孩子所需要的一切母爱，随着孩子年龄的增长，她总能在"与男人以及外界各种事物的博弈"之中为孩子提供一份稳定和安全感。无论多么能干、多么富有爱心的保姆，都不能代替母亲，这主要是因为保姆的活动往往会受到时间和职责等方面的限制。但是对于保姆做不到的事情，继母却往往可以胜任。有充分的证据表明，继母和养母可以像母亲一样，完全得到孩子的接纳。

父亲对孩子的影响

父亲对孩子的影响源于男性所处的社会地位。如今，男性的社会地位正在不断发生变化。因此，父亲作为孩子的老师的角色也在发生变化。在不同国家，男性的地位有着明显的差异。在美国，男性的权威正逐渐减弱，而在拉丁美洲以及部分欧洲地区，男性的权威并未受到挑战。某种程度上，这也许可以解释为什么美国父亲一般不愿承担教育孩子的责任。他经常会说：他不想干涉妻子对孩子的管教。关于子女教育和培养等方面的研讨会或讲座往往很难引起父亲的兴趣，几乎都是女性参加。然而，男性的这些行为似乎反映出了一个更加显著的社会问题，即男性倾向于将所有与心理学、艺术以及文学相关的问题抛给女性。一般的美国男性为了保持自己的优越感，会把自己的活动范围限制在商业和政治领域，把养家糊口看成他对家庭的主要责任。

然而，即使有些家庭中母亲试图取代父亲的独特地位，父亲也依然在孩子的成长中起着重要的作用。他仍然是家里的顶梁柱，是家里的主要经济来源，是养家糊口的那个人。在孩子眼中，爸爸是要工作的，他是某个行业领域中的重要成员，这是他的爸爸最重要的特征。即使是在特殊情况下，父亲失业了，孩子们依旧会这么认为。父亲通常被看作家庭中既务实又高效的一名成员，拥有着某种特别的能力。如果这一能力受到质疑，那么在子女教育过程中，父亲这种天然的、与生俱来的优势就会受到严重影响。

父亲对孩子的影响往往体现在孩子对工作的态度和现实成就上。父亲是最能激励孩子们出人头地的人，但反过来，父亲也很容易让孩子丧失信心，以至于男孩会怀疑他是否能成为一个"真正的男人"，女孩则觉得自己将来很可能会一事无成（然而，许多孩子也可能会因为母亲的完美主义和高效强干而变得气馁）。孩子的日常家庭教育通常是由母亲负责的，父亲的任何公开干预或反对都是不明智的。如果父亲或母亲试图用极其严格的方式来平衡另一方的娇纵或放松，那就大错特错了。这样的"补偿"非但不会使情况得到改善，反而会使情况更加糟糕。父母一方若想改变另一方的方法策略，只能通过彼此真诚的探讨和协商来解决。父母在任何时候都不能让孩子察觉到你们彼此之间的分歧。

父亲也许在教育孩子方面并没有发挥积极的作用，但孩子们依然将他看作力量和权力的象征，因为父亲通常比母亲更加高大强壮。他代表了过去遗留下来的健壮的男性理想形象。对孩子们来说，他的行为代表着男子气概。因此，父亲陪孩子娱乐玩耍比其他任何事情都更具有实际意义。他是家里的"男人"，男孩们的第一个"玩伴"，女孩们的第一个"恋人"。由于他在家的时间有限，他最适合充当一个模范人物、绝对权威和终极裁判的角色。

父母之间的统一与分歧，以及他们之间的感情关系对孩子而言非常重要。这不仅影响了整个家庭氛围，还直接影响到家庭未来的发展方向，是日趋和谐还是日渐破裂。与此同时，这还会在孩子心中留下关于两性关系最深刻的第一印象。父母双方都担负着培养孩子和谐人格的职责，在适应社会的过程中，他们要引导、促进孩子获得身体、智力和情感等方面的全面成长。

（外）祖父母对孩子的影响

（外）祖父母经常会给孩子带来很多欢乐，但他们也可能会严重影响到孩子的教育。他们给予孩子最纯粹的爱，不求任何回报，总是在付出。正因如此，他们容易溺爱孩子，因此，必须小心谨慎地对他们的影响加以限制。与他们不定期地通话，偶尔进行较长时间的拜访，都会给孩子的生活增添很多温暖和乐趣。他们可以做到一直和蔼可亲，因为与父母不同，他们不需要承担责任。只要跟孩子在一起，看到孩子健康快乐，他们就很开心。

然而，对父母和孩子们来说，与（外）祖父母住在一起是有风险的。在某些情况下，（外）祖父母也许不得不承担起父母的责任。此时，他们扮演的是老来得子的年迈父母的角色。但是，一旦（外）祖父母开始干涉父母的教育方法，情况就完全不同了。如果他们生活在同一个屋檐下,那么这种情况很可能会发生。在这样的家庭中,两代人之间的冲突就会加剧父母和孩子之间的紧张关系。如果(外)祖父母与父母持反对意见,并且经常把父母当成孩子一样随意训斥,那么孩子很快就能学会如何利用一个权威来对抗另一个权威。一般来说,(外)祖母比(外)祖父带来的干扰更多,因为她更愿意参与其中。有时候,(外)祖父母比父母更通情达理。尽管如此,(外)祖父母仍然不适合参与孩子的实际教育过程。

第2章

孩子的困境

了解孩子，就是了解人类的本性。我们可以凭直觉去了解一个人，但是，要想清晰、理性地去了解一个人的性格特点，就必须深入了解他的人格发展过程。而这种深入了解必须通过对他的童年进行系统的心理学研究才能实现。无论你是成人还是孩子，使用阿尔弗雷德·阿德勒（Alfred Adler）的方法，经过一段时间的训练，你一定能够科学地了解一个人的内心世界[1]。

---

[1] 为了更好地理解本书所使用的教育方法及其理论背景，特推荐如下书目，希望能对你有所帮助：阿尔弗雷德·阿德勒的《人类的本性》（*Understanding Human Nature*）、《自卑与超越》（*What Life Should Mean to You*）、《指导孩子》（*Guiding the Child*）和《教育孩子》（*The Education of Children*）；亚历山德拉·阿德勒（Alexandra Adler）的《人类社交恐惧症指南》（*Guiding Human Misfits*）；N.E.舒布斯（N.E.Shoobs）和G.戈德堡（G.Goldberg）的《儿童问题指南》（*Corrective Treatment of Unadjusted Children*）；欧文·韦克斯伯格（Erwin Wexberg）的《个体心理学》（*Individual Psychology*）、《是什么让你的孩子感到紧张》（*Your Nervous Child*）和《变化世界中的孩子》（*Our Children in a Changing World*）。

在本章，我们主要对孩子的整体人格进行研究，孩子整体人格的基础结构在他人生的各个阶段都会保持得相当稳定。一个人人格特质的变化仅仅是他对外界环境变化的反应，并不表示发生了结构方面的重大变化。与其对孩子在不同成长阶段的偶然行为模式进行研究，不如对影响孩子人格形成的基本要素进行研究，这样才能让我们更加深入地去了解一个孩子。孩子在不同年龄段展现出的各种外在变化（这部分将在第五章展开讨论）只是孩子人格发展过程中的不同表现形式，只有了解孩子的基本人格，才能理解这些外在的变化。因此，在后面的案例中，我们会对每个孩子独特的人格结构进行分析和研究。

孩子的人生计划

孩子从出生那天起，就开始不断地去熟悉他所生活的这个世界：他逐渐学会了如何控制自己的身体，并去不断地探索与尝试，以了解周围的人和物。简单地说，他在试图从他的世界里找到自己存在的意义，试图自己去发现问题并找到问题的答案。虽然此时的他还没有形成有意识的思维能力，但他已经展现出了较高的智力水平，只不过还无法通过语言来表达。当他还是个婴儿的时候，他就会想出一些巧妙的办法来克服自己遇到的难题。例如，据观察，一个患有上眼睑肌无力症的五个月大的男婴，曾试图通过使用他的小拳头并把头歪向身体的一侧来缓解这一障碍。我们仔细观察就会发现，从婴幼儿时期起，孩子的行为就是有目的的，即便他们自己也没有意识到这一点。只有认识到孩子无意识行为的目的，我们才能理解他的行为。

孩子很早就知道如何根据他自己的印象和经验来制定他以后的行动方案。还是个婴儿时，他就知道如何去改变父母的行为态度来达到自己的目的。例如，如果他意识到自己一哭，父母就会抱他，那么后面他一旦想让父母抱他，就会放声大哭。即使后来长大了，他也很容易记住自己的某些经验，并且能够根据新的经验快速调整自己的行为。我们把这种心智能力称为智力——这是一种重要的能力，可以弥补身体弱小带给孩子的无助感。

随着年龄增长，孩子的印象和经历会变得非常复杂，如果不对其进行系统的归纳整理，他自己根本无法消化吸收。父母很容易根据孩子的行为表现看出他的目的。如果孩子的身体和心理上发生变化，他很自然地会通过行为表现出来。通过感知自己的身体，以及在进行某项活动时的难易程度，他渐渐知道自己能做什么、不能做什么。由此，他便初步地了解了自己的身体结构和个人体质——我们称之为"内在环境"。通过与周围环境、父母老师以及兄弟姐妹之间的互动，孩子的心理机能得到了发展。在这些人中，孩子与谁接触得多，对他的依赖也就多，受他的影响也就越大。但孩子并不是被动地接受外界的影响。通过观察，我们发现，孩子们那些看似被动的反应，实际上都是他们基于一个明确的行动指南而采取的自发的、有目的的行动。事实上，无论年龄大小，即便是成年人也是如此，每个人的行动指南都是独一无二的。正因如此，每个孩子对自己遇到的问题会产生不同的理解。所以，对于每一种新的问题以及新的教育方式，不同的孩子会有不同的反应。如果类似的问题重复出现，就会促使孩子的行动指南朝着某个方向调整，也就是说，他们会调整自己的行动方案以适应新的认知。

在大多数情况下，他们的行动方案会设计得非常巧妙，不细心观察，一般人绝对不会发现它们之间的联系，甚至很多家长都意识不到它们的存在。因为我们总以为，那个年龄阶段的孩子不可能进行有意识的思考。当那些经受过专业训练的老师把孩子的秘密计划告诉他们的父母时，父母往往会觉得难以置信。那些令人费解的奇怪行为突然变得有了意义，那些看似矛盾的事情似乎也能说得通了，这时，我们发现孩子的每个行为都可以看作他们秘密行动方案的一部分。

三岁的彼得，人见人爱，周围人都对他喜欢得不得了。他天生活泼好动，聪明伶俐，说话时经常妙语横生，所以无论他去哪儿都会成为人们关注的焦点。但有时，他也会乱发脾气。为了得到自己想要的东西，他往往会表现得非常固执，经常对大人拳打脚踢、大吼大叫。但很快，他就会忘记刚刚发生的事情，天真地傻笑，瞬间又能让所有人放下防备。他有一个绝活——能把所有人的注意力都集中到自己身上，为达到这一目的，他会使尽浑身解数。他的各种天马行空与奇思妙想都是为了能让自己站在聚光灯下，吸引更多人的注意。比如，他说他有一个愿望：在管弦乐队中演奏大贝斯。（小男孩弹奏大型乐器能博人眼球！）

这个男孩是家里的独生子，他身边没有和他年龄相仿的小朋友。因为自己太小了，所以他需要通过身边比自己大的人来体现自己的重要地位。通过反复试探、观察别人的反应，他很快就发现了一个能维护自己权力的好办法。然后，他开始改进自己的方法，虽然他的这种行为是"无意识"的，却是系统性的。现在，他正乐此不疲地用一切可能的手段让这种方法发挥它最大的效果，以达成自己的目标，即吸引别人的注意力，让自己成为所有人关注的对象。这是许多孩子追求的目标，尤其是独生子女或家里最小的孩子。然而，在不同案例中，孩子们吸引别人注意力的方法是不同的。有很多具体情况看似相像，但或多或少存在一些区别，由于语言表达能力有限，很多时候我们不得不使用同样的语言来描述相似的趋势。比如，我们谈到有的孩子竭尽全力想争当第一名，我们必须意识到，这只是一个概括性的说法，实际上每个具体的案例都会有所不同。想要成为第一名的计划有各种各样的实现方式。

孩子六岁之前，他的行动方案是潜意识的、模糊的，因此改变起来相对比较容易。若经验告诉他，某种行为方式不切实际、某种方法不能得到他想要的东西，他就会立即开始探索新的方式，试图找到更有效的方法。然而，孩子六岁之后，要改变他的行动方案就困难多了。到了那个时候，孩子的心智能力不断发展，他会使用各种策略技巧来维持已有的行动方案。在所有的认识和经验中，他选择只相信那些与自己的行动方案一致的部分。因此，他发展出了所谓的"意向统觉机制"，即根据自己的偏见调整对事物的认知的能力。所有成年人都存在有偏见的或被篡改过的统觉，因此他们只能从符合自己人生观的经验中学习。人们会去人为地"制造"自己的经验，他们不仅会记下与自己的统觉机制相一致的事情，而且会频繁地按照自己的想法和欲望去引发其他事情的发生。

在童年时期的特定环境中，孩子会不断尝试并测试这种行动方案是否可行，直到自己满意。之后，他的行动方案便会成为一种长期的行为模式，即他的人生计划。即使他长大成人，仍然会无意识地在言行中体现这种模式。他总是为自己的行为寻找理由和论据，却从来没有意识到，有一个明确的行动方案正在控制着他的所有行为。如果某个人的生活无法按照他的方案行事，他就会试图逃避自己遇到的问题；如果这个问题无法逃避，他可能会开始逃避他的整个人生。

约翰今年十一岁，他母亲说自己的儿子一直都是个勤奋好学的好学生，但是最近突然像变了一个人。他不再做作业，也不在乎考试得了多少分，唯一能让他感兴趣的似乎只剩下体育。约翰的故事很简单。他的父亲是一位杰出的奥地利实业家，他从小在父亲工厂所在的一个小村庄里长大。作为"大人物的独子"，他在村里的地位可想而知。不仅家里的妹妹要听他指挥，就连村子里的其他小孩也要听他发号施令。迄今为止，他被认为是学校里最出色的学生，当然，这一荣誉完全得益于他的家庭。所以，自然而然地，无论玩什么游戏，他都是孩子们的队长。

在他十岁的时候，他的父母决定带他去维也纳接受传统的中学教育。在这个大城市里，他发现自己再也无法享受到从前的特殊地位了，之前与人打交道的方法也不再奏效。他之前读的小学只不过是一所又小又破的乡村学校，而他现在大多数的同学小学时读的学校都比他的好很多，所以，同学们经常取笑他是个乡巴佬。突然变得低人一等，这让他根本无法适应，他对学习失去了兴趣，也不打算在这上面努力了。后来，当他发现自己在体育运动方面能胜过城里的孩子，便把自己的全部兴趣都转移到了田径和足球上——这令他的父母感到非常震惊，也非常失望。因为，他们无法理解为什么儿子会发生这样的变化。在他们看来，现在的约翰一点上进心都没有。所以当他们听到精神科医生说，恰恰相反，他们的儿子正是因为过于有理想、有抱负，才会遭遇现在的困境，他们简直无法相信。

每个人的行为都受到一个明确的行动方案的引导，这个行动方案是实现"统一人格"的基础。这种统一人格包含人在本性与行为方面所有明显不一致的情况。每个人的人生计划赋予他们与众不同的个性，也导致他们生活方式的不同。它决定了每个人的人品和性情，构成了这个人所有的行为动机，也在很大程度上塑造着这个人的命运。

遗传因素

如果我们不了解孩子的行为动机，没有发现他隐藏的行动方案，我们很可能会把孩子身上的各种怪癖、缺点和一些反常的言行看成是"与生俱来"的。人类与其他生物一样，受到遗传规律的制约。然而，在人类世界，遗传规律的影响仅限身体特征等不可变因素，比如我们的身高和体形，我们头发和眼睛的颜色，以及许多其他身体特征，而这些因素是无法通过个体训练和接受教育等发生改变的。

然而，遗传规律并不能决定我们的心理素质、性格特征和行为能力。从婴儿到成年，一个人的心理素质、性格特征和行为能力会发生巨大的变化。这些变化主要源于个人接受的教育和训练，是经历无数次犯错、疏忽、尝试、失误以及改正等过程之后的结果。人的成长与遗传规律之间存在一定的联系，但这种联系并不像人们通常认为的那样简单。我们一般都会倾向于从事情的最终结果来推理出与其相关的遗传因素。所以，如果一个人具有良好的品质，就认为他的遗传基础好，如果一个人缺点太多就认为他遗传基础差。但这种想法是错误的。如果得不到开发，即便是再好的遗传基础也没有任何意义。每一项人类活动都是极为复杂的，没有经过一定程度的训练是不可能完成的。无论一个人的遗传条件有多好，他都不可能自然而然地发展出特别的能力。

除此之外，还存在另外一种复杂的情况。那些存在先天不足或遗传缺陷的孩子，这些缺陷并不一定会伴随他们一生。相反，它们很可能会激励孩子取得非凡的成就。当孩子在努力克服各种潜在的困难时，他很可能会把精力集中在让自己陷入极大困难的地方。这种对个人缺陷的——无论是内部器官、感官，还是某种技巧或能力——集中训练可能会使得该部位或功能获得超常发展。很多身体、智力或艺术等方面的杰出成就都来自对某一缺陷（尤其是那些遗传到身体上的缺陷）的过度补偿。

孩子的最终发展并不仅仅是最初遗传因素的结果。在孩子的成长过程中，一些方面受到忽视的同时，还有一些方面得到了培养，在忽视和培养的交替过程中，孩子会按照自己的人生计划来随心所欲地塑造自己的能力和品质。

在孩子性格的发展过程中，遗传因素的影响并没有后天的教育那么重要。孩子后天的努力比先天的遗传天赋更有意义，下面这个案例提供了很好的证明。在绝大多数家庭中，老大和老二在性格以及兴趣、爱好等方面有着很大的不同。如果他们这方面的发展仅仅取决于先天因素，那么这种情况就不可能发生。遗传规律解释不了为什么老大和老二在这些方面会有如此巨大的差异。这些差异完全是由心理因素造成的。这两个孩子，虽然有时可能相处得非常融洽，但他们彼此之间通常是激烈的竞争对手关系。年长的孩子曾经是家里的独子，集父母所有的宠爱于一身，因此他会害怕自己的特殊地位被剥夺。所以当看到母亲的关心与爱护转移到了老二身上，他开始觉得这个新来的孩子夺走了本应属于他一人的爱，自己作为家里独子所拥有的特权似乎受到了威胁。他看到老二逐渐获得自己曾经拥有的一切，害怕自己被赶超，不如老二受宠。

而另一方面，老二也始终需要应付一个事事都占了先机的对手，他能自己走路说话、吃饭穿衣，甚至还能读书写字。在与对手的较量中，每个孩子会努力让对方的不足变成自己的优势，结果就会呈现出两种截然不同的性格。如果一个活泼，另一个就会安静；一个不修边幅，另一个就会规规矩矩；一个邋遢，一个干净；一个慷慨大度，一个小肚鸡肠；一个大大咧咧，一个心思细腻；一个温柔可人，一个蛮横暴躁；一个多愁善感，一个理性十足——这些都是老大和老二可能出现的典型差别。

通常一个孩子像父亲，而另一个孩子像母亲。这似乎证明了遗传规律的重要性，但这也可以再次表明：孩子朝着某个方向发展是因为受到一些心理因素的影响。像母亲还是像父亲，有时取决于家庭地位的排序，孩子们会根据父母在家庭地位中的高低，来决定向哪一方靠拢。有时，父母可能会因为某个孩子的一些外在特征，说这个孩子是"自己的翻版"。有时，孩子自己可能会认为父亲——或者母亲——特别强大，想要去模仿。所以，孩子是朝着父亲还是母亲的性格、习惯发展，取决于各种各样的原因。所以，子女与父母在性格上的相似并不能说明遗传因素起着决定性作用。我们可能永远都无法确定遗传因素对人的影响到底有多大，因为教育从孩子出生那天就开始了。那个时候，我们几乎无法确定这个孩子从父母那里遗传到了什么，它们是好还是坏。之后，我们也无法区分哪些是遗传因素的影响，哪些是接受教育的结果。总的来说，"表型"完全覆盖了"基因型"，以致后者完全被排除在科学研究的范围外。

一些家长和老师仍然相信遗传和"天赋"的决定性作用，这种思想的不利影响导致很多人都产生了听天由命的消极态度。那些受挫的家长和老师，他们不但不采取更好的教育方法，反而用孩子的天资差来为自己的无能辩解。"他就像他爸爸一样！"父母越沮丧、越无助，就越坚信遗传因素是不可改变的。他们也就更加无法意识到，到底是什么影响着孩子的言行。

社会情怀

人性本善？对这一问题的回答能反映出家长和老师的教育观，也能把各种教育理论明显区分开来。有些家长和老师认为，必须将孩子与生俱来的劣根性驯服；有些则认为，他们的首要任务不是阻止孩子们犯错，而是通过各种方式来鼓励孩子、保证孩子身心健康。这两种家长和老师所采取的教育方式是截然不同的。

然而，我们无须在这一哲学问题的争议中陷得太深，原因很简单，人的本质是什么与我们探讨的问题似乎并不相关。重要的是，我们相信每个人都可以变好。然而，对于"好"这个词，我们却又很难给出合适的定义，因为这又会引出另外一个道德方面的问题。因此，我们还是按照传统的意义理解，遵从大众的观点，即认识到没有"绝对的"价值标准，而是根据一种更加务实的观点来建立行为准则。在日常生活中，"好"的概念是相对的，因为它是社会制定的标准和规则。任何遵守社会规则的人都可以被视为"好人"。要想理解和遵守这些社会规则，我们就需要具备一种特殊品质，我们称之为"社会情怀"（也称为"社会兴趣"）。几千年来，人类一直过着群居生活，人们发现，可以通过彼此相互合作，来让自己适应群体生活。每个人都有一种社会参与感，这种社会参与感源于过去集体生活的传承，也是个体生存的必要基础。每个人，从他出生开始，就需要培养这种社会参与感，这样他才能在出生后的第一个小集体中有立足之地。婴儿通过哭闹、手势和微笑，让别人知道自己在想什么。他学得很快，从出生那天起，他就开始让自己适应他所遇到的各种社会规则，这就是所谓的社会情怀。

然而，孩子的社会情怀绝不能止步于此，必须获得进一步的发展，因为社会情怀的多少决定了孩子未来的生活是否成功与幸福。社会情怀将决定一个人能够在多大程度上与其他人合作——他是否能交到朋友，他会招致反感还是会获得认同，他是否能在问题刚刚发生时准确地把握情况并采取相应的行动。社会情怀是人类团结的体现，表现在与其他人的归属感、对其他人的兴趣以及共同利益方面。社会情怀还体现在人们是否会产生一种冲动：想与他人一起生活、共同合作，并做出有益的贡献。因此，一个人的社会情怀大致可以通过他的合作能力以及他是否愿意遵守社会规则来衡量，即使遵守这些规划意味着要牺牲个人利益。我们的社会情怀会不断经受来自命运以及周围同胞的挑战，面临各种压力。

成年人的生活相对比较复杂，所以往往很难对他们的社会情怀做出准确的评价。对孩子进行社会情怀的评价则要相对容易很多，因为无论他们的行为是正确的还是错误的，他们都表现得更为明显。一个孩子的社会情怀决定了他的言行是否得当，即在家是否规规矩矩，在学校是否能遵守各项规定，以及是否愿意和其他孩子结伴做事，还是更喜欢特立独行。在集体生活中,孩子将不断遇到新的问题,如果他的社会情怀无法得到自由充分的发展,那么这些问题就无法得到很好的解决。在这种情况下,礼貌、听话、勤奋、诚实、谦虚和自立等品质就显得格外重要。

因此,教育者必须认识到,哪些因素能够促进孩子社会情怀的发展,哪些会阻碍它的发展。这样才能有针对性地对孩子进行鼓励,避免问题的发生。上述观点有助于我们对当前所有的教育方法进行更好地评估。

社交恐惧

孩子生来就需要适应他所在的这个集体,在他适应的过程中,会遇到很多的问题。因此,父母和老师们在孩子的教育过程中犯下的所有错误都会对孩子造成不利影响。这些错误的教育方式,尽管很多看起来并不相同,有的甚至截然相反,但它们最终造成的结果都是一样的,即影响孩子的正常发展。父母有的过于溺爱孩子,有的则过于严厉;有的对孩子过度关心,有的对孩子却是不管不顾。但是,不管他们对待孩子是过分地宠爱,还是过分地苛责,不管他们对孩子是厌恶还是崇拜,结果几乎都是一样的:他们的孩子并不会按他们想象的那样发展,只会变得叛逆、敌对。

奇怪的是,孩子的这种敌意往往夹杂着爱的成分,主要针对的就是父母和老师。因为在孩子们看来,父母和老师就代表了整个社会,他们是社会规则的代言人。所以,这些孩子往往先是反抗父母,然后慢慢地,将这种敌意逐渐地扩展到社会生活的方方面面。最终与家长、老师的斗争一定会发展成与一切社会规则和秩序的斗争。然而,到底是什么原因使得孩子们要如此持续不断地斗争下去呢?为什么他们先是反对父母和老师,然后就开始反对整个社会?

事实上,只有当孩子切切实实地感受到自己被接纳而不是被轻视的时候,他才能感觉到周围人的善意,感受到团结是多么重要。刚出生的婴儿最开始可能仅仅是从身体上感受到快乐或不适。但他不仅仅是一个生命,他还是一个具有思维能力的人。因此,他很快就会认识到,自己快乐或不适的感觉来自周围的社会关系。因此,他会调整自己的生理需求,使之与集体规则相一致,他还会把与周围环境建立良好关系看得比自己的身体功能更重要。自此,他后面生活得是否幸福完全取决于与周围环境关系的好坏。童年时期最大的痛苦与折磨往往并不是来自身体上的疾病或不适,被自己所在的群体排斥才是最让人难以忍受的。没有归属感、遭人冷眼、不受重视、被人忽视等是每个孩子最痛苦的经历。

很多孩子出于上述原因备受折磨,却没能意识到到底是什么让自己如此不开心。每个人,如果不能融入自己的群体,就会觉得自己在某些方面低人一等。孩子虽然意识不到这点,但他会在自己的行为中明显地表现出来,就像成人一样。无论是孩子还是成人,一旦受到群体排斥,他们都会通过同一种方法来反抗,即提高自己的自尊心。小孩子会对是否受到别人的轻视非常敏感。如果他在家里没有得到足够的重视,他就会认为自己不够优秀且低人一等。他比自己周围的人要小得多,而且行为能力更弱,且更依赖别人。只有靠比自己更大、更重要的人,他才能让自己获得一席之地。他必须经常为其他人的利益让出自己的权利,即便自己在家里很受宠爱,也是如此。甚至很可能越受宠,越没有特权。所以孩子们会经常感到自己完全被忽略了!为了缓解这种所谓的社交恐惧,孩子常常会努力去争取自己的权利——这就是典型的自卑心理。人们越是感觉到自己不被重视,就越想提高自己的地位。每个人都希望自己是个举足轻重的人。

孩子们之所以会反抗,是因为他们过度自卑,正是这种自卑情绪阻碍了他们社会情怀的发展。自卑的孩子往往不再喜欢参加集体活动,而是更加关心如何提升自己的地位。以前,他努力想要融入集体,而现在他只想努力让自己变得强大。这一改变直接引发了孩子所有的缺点、问题。

自卑与挫折

孩子出现这些问题往往是因为自卑,而自卑会让人想要弥补这些所谓的社会缺陷和社会弱点,尽管它们有些是真实存在的,而有些则完全是自己想象出来的。对于自卑感的补偿通常有两种方式——自暴自弃或过度补偿。类似地,所有先天缺陷或器官缺陷，通常都只能通过这两种方式中的一种来进行补偿：要么自暴自弃，逃避、忽视自身的残疾；要么奋发努力，让这一功能缺陷获得超乎寻常的发展，最终取得非凡的成就。例如，有些孩子天生肌肉协调能力差，这导致他们行动困难、动作笨拙。但也有一些存在同样缺陷的孩子，他们通过坚持不懈的自我训练，最终掌握了不同寻常的运动技能。天生残疾会导致一些孩子性格内向、不善言谈。但也有一些孩子会因为这一缺陷更加努力奋进，最终获得卓越的成就。眼睛的缺陷往往会导致视力问题，但我们也经常见到眼部有缺陷的孩子视觉质量获得超常发展，他们具有敏锐的观察力和极高的视觉艺术敏感性。类似这种截然相反的可能性几乎存在于孩子们遇到的所有困难之中。他们可以选择向困难低头，也可以选择迎难而上、努力克服。那么，是什么决定了他们的选择呢？

勇气是决定孩子最终选择的唯一要素。只要他不气馁，相信自己的力量，他就会通过不断努力去克服困难。孩子拥有一种与生俱来的勇气，如果它没有被错误的教育方式所破坏，那这种勇气的力量是非常强大的。因此，眼部缺陷等类似的器官缺陷，很可能会激发孩子战胜困难的勇气与决心，孩子更有可能对自己的缺陷做出过度补偿，而不是选择逃避问题、向命运低头。因为在孩子小的时候，他们通常是非常勇敢的。而那些在孩子长大后出现的身体缺陷往往更有可能会成为永久的缺陷。孩子们可以完成许多成年人都不可能完成的事情。他们之所以具有这种惊人的能力，通常是因为比起成年人，他们的头脑更加灵活，精力也更加旺盛。当然，也可能是因为孩子小的时候做事情会更有勇气，无所顾忌。

如果孩子们天生就很勇敢，且毫不犹豫地去面对自己遇到的一切困难——即使是身体残疾、遗传疾病，他们也无所畏惧，那么为什么长大后，这种勇气就消失了呢？显而易见，这是教育方法不当导致的。很多教育工作者、专业人士以及非专业人士都没能意识到勇气对于孩子的重要性，所以他们也就低估了孩子对于勇气的基本需求。他们不断打击孩子的自信心。很多孩子教育方面（以及其他方面）的问题都是这样产生的。

如果家长和老师总是习惯性地清除孩子成长道路上的每一个障碍，孩子就失去了感受和锻炼自己能力的机会。同样，如果家长和老师在孩子的成长道路上设置了太多甚至太大的障碍，一次又一次地让他看到自己的能力不行，也会让他慢慢失去自信。如果父母认识不到这一点，他们就会在很多不起眼的生活细节中，一次又一次地挫伤孩子的自信，日积月累，就会使孩子越来越自卑。无论对孩子过度保护还是过度忽视，无论纵容还是压制，尽管它们有本质上的区别，但是结果都是一样的——摧毁了孩子的自信心，击垮了孩子的独立意识以及解决问题的勇气。这种自卑感与孩子的实际能力之间没有任何联系。在孩子小的时候，在他最无助的人生阶段，他们往往不那么容易感到自卑，所以常常能够勇敢地面对自己遇到的难题。反而是在长大之后，在身体更加强壮，能力也逐渐强大的时候，孩子会受到自卑的困扰。一个人的自我评价，不是看他的实力或缺陷，而是看他如何看待自己在群体中的地位，看他对自己个人能力的主观评价，看他如何看待个人的成败，以及看他如何看待自己处理问题的能力，而这些问题大都是人际交往方面的问题。勇气和自信是获得成功的先决条件，挫折和自卑将直接导致不适应和失败。

优越感的争夺

仅仅靠逃避来解决问题，并不能让一个受挫的人感到满意。眼前的问题也许暂时解决掉了，但是这种自卑感会一直困扰着他，所以他会继续寻找其他方式来寻求内心的平衡。没人会对自己的能力不足感到满意。每个人都想要在社会中占有一席之地，这是每个人内心深处最基本的愿望。因此，每个人都需要体现自己的价值，确保自己在某一个群体中的地位举足轻重。人类似乎早已习惯了自卑的感觉。人类在生物进化过程中一直处于不利地位，因此，在与自然界的生存斗争中，人类一直都处于自卑的状态。此外，人类也逐渐意识到，自己在浩瀚的宇宙面前是多么卑微，而且将来终究会有一死。

与大人相比，孩子们生活在高大的成人世界里，因此，更能直观地感受到自己的渺小。人类在生物进化上的卑微以及在宇宙空间中的渺小对人类的影响是整体性的，它能激励人类去掌握自然规律，并在精神领域、宗教领域、哲学领域等方面获得成长。然而，在社交领域的卑微对人类的影响往往是个体性的，内心不自信的孩子会逐渐脱离群体生活，越来越不合群。孩子会把自己与自己的父母亲人、兄弟姐妹作比较，比较之后，自己仍旧没有获得丝毫的安全感。他们一直非常害怕失去自己的家庭地位，这种恐惧感在充满竞争的家庭氛围中会更加严重，这种没有硝烟的斗争早已成为我们当前社会的主要特征，并逐渐渗透到家庭中，破坏着家庭成员之间的关系。然而，只要孩子足够勇敢，他就会通过自己的努力来获得个人成就，为社会做出贡献，并以此来证明自己的重要性。只有当孩子变得气馁时，他的社会情怀才会受限。如果孩子的社会情怀受限，他就很难成功，所以孩子会从"生活中无用的方面"（阿尔弗雷德·阿德勒）入手，寻求一些解决问题的办法，从而提高自己的个人地位。

孩子想变得优秀，这种愿望会促使他们制定一个属于自己的行动指南。当然这些所谓的行动指南往往都是孩子凭直觉来制定的，毕竟他们的理性思维能力还非常有限。他可能会试图模仿一个看起来强大且有影响力的人。在我们的社会制度中，人们更青睐具有男子气概的理想人物，这对孩子具有非常大的吸引力。孩子会利用一切机会提高自己的威望。

他们会非常努力地去获得别人的认可，这在那些有着强烈自卑感的孩子身上尤其明显。对优秀的渴望反映出孩子内心缺乏"安全感"，因为他们不确定自己是否被人们所接纳，不确定自己是不是足够优秀。他们还不能依靠自己的力量来生活，所以只能通过别人的帮助来获得安全感。被人关爱、得到别人的关注和赞美、能够掌控他人以及有人为他服务等，这些在孩子看来都是安全的体现。有些孩子觉得只有当他们的行为独树一帜，或成为所在集体的领导者，或让自己看起来比其他孩子更出众，这样才能被社会接纳。在这种情况下，他们对群体所做的贡献，即便对社会有益，反映出的也不是他们的社会情怀，他们不过是在追求自身利益而已。他们的行为初衷不是为了社会贡献，而是为了提升自身的地位，为了获得别人的认可，彰显自己的能力。孩子们的很多错误言行都表明他们内心缺乏安全感，他们不过是在追求自己想象中的优越感。为了获得别人的关注，他们甚至会使用暴力来让别人顺从自己的意愿，甚至还会因为别人拒绝了自己或别人不喜欢自己而去惩罚别人。

孩子们所有的缺陷、弱点和陋习几乎都是在超越别人的过程中因努力不当而导致的。他们既是在反抗父母，也是在反抗社会秩序。通过反抗、逃避父母给自己的要求和任务，孩子获得了一种战胜父母的优越感。在与孩子的所有较量中，父母和老师都会处于明显的不利地位，他们得到的永远只是孩子暂时的妥协，最终受挫的还是自己。孩子们依然我行我素，父母和老师却要面对一个永恒的难题。

因此，固执不仅是孩子反抗的表现，也是获得权力的工具。它打破了所有的秩序和父母的权威。二至四岁，孩子对家庭的规则以及家庭成员的构成有了更全面的了解，但家人错误的教育方式往往会给孩子带来更大的压力，孩子被逼无奈只能反抗，最后只会变得越来越没有信心。因此，孩子经常会出现一个又一个顽固时期。这个阶段本应该培养孩子做到言行一致，但是，由于我们目前大多是小型家庭，而且当前的教育方式还存在很大的不足，要实现这一点通常需要付出很大的努力。

道德意识

小时候，孩子的行为往往是无意识的，他们的言谈举止并不是基于言语层面的有意识的思考。尽管如此，他的行为却带有一定的目的性。对于有经验的家长来说，孩子的各种目的显而易见，但孩子自身可能对此毫无察觉，尤其是当这些行为是针对他们所在的环境时。例如：他也许能够意识到自己想要一个球、一杯水，或者想要上厕所，但是他却意识不到自己想要得到别人的关注或想要表现自己的能力。类似这样的意图，孩子们会表现得非常明显，如果家长想要了解自己的孩子，就一定要去了解他们的想法。

最开始，孩子们的行为是自发的，是基于他们自身经验的，是随机的，并且彼此之间毫无关联。随着行动范围的扩大以及理解能力的增强，他们开始意识到自己的行为可能有其他更重要的意义和影响。他们逐渐意识到什么是对的，什么是错的；开始慢慢理解社会游戏的基本规则。如果他们的家庭关系和谐，他们就会很自然地适应这个环境，做到规规矩矩。但在一般情况下，他们会觉得争取自己的地位更重要。他们会努力获得优越感以弥补自己岌岌可危的社会地位，而这些努力最终一定会与道德准则发生冲突。那时，他们后面的发展就只剩下两种可能。

一种情况是：对父母和其他家庭成员极其反感，以至于根本看不到自己与他们之间的共同利益，抛弃了所有亲情。结果就是，孩子会公开反抗——拒绝接受任何命令，故意违反所有的规矩和准则。在这种情况下，孩子的道德意识依旧得不到发展。他们拒绝接受任何道德标准和社会习俗。[1]如果一个孩子生长在一个与社会脱节，且不认同正确行为标准的家庭，也会出现类似的情况——缺乏道德意识。

另一种情况是：孩子的敌对意图更加频繁，几乎习以为常。表面上，孩子仍然会依赖父母，并和大多数人一样，接受规则和秩序。他的道德意识已经发展成熟，知道什么是对的，什么是错的，并努力做到规规矩矩。他的"社会意识"体现出他渴望获得归属感，因此，他会尽力与其他人的言行

---

[1]参见第6章中的"病态人格"部分。

保持一致。但这并不妨碍他我行我素的欲望,他的行为依然会与自己"正确的判断"以及与自己通常接受的标准、规则背道而驰。在这种情况下,他只会按照自己的"个人逻辑",即所谓的"个人意识"来行事,他知道自己应该做什么,但如果从中可以得到自己想要的东西,他就会反其道而行之。他假装接受规则,然而,一旦这些规则成为阻碍他获得个人地位与影响力的绊脚石,他就会打破规则。只有在他的个人影响力不受威胁的情况下,他才会遵守它们。

社会意识与个人意识之间的矛盾与冲突,不仅仅发生在孩子身上,成年人也会经常遇到。我们只愿意承认那些符合社会习惯的想法和意愿。那些不被社会接受的行为目的,似乎总被认为是违背我们个人意愿的、一时冲动或莫名其妙发生的。因为这些行为是不被社会所接受的,如果想要维持自己好人的形象,我们就不能承认,也不能为这些行为负责。所以,我们就会寻找各种借口来解释这些令人困惑的行为、冲动或情绪。

通过一次又一次的实践,孩子了解到了找借口为自己开脱的好处。所以,他们无论做错了什么事,总能为自己找到一个站得住脚的借口,这样父母对他们的批评和惩罚就会少一些。而父母也乐于接受这些善意的谎言,因为他们自己也经常这么做。他们最不能接受的是孩子公然承认自己的不良意图。在他们看来,这是一种赤裸裸的挑衅,他们绝不能忍受。只要孩子愿意找借口,至少说明他内心还是善良的。当孩子打碎了一件东西，然后跟妈妈说他很抱歉，东西不小心从他手里滑掉了，与跟妈妈说他是故意摔碎的，因为他还在生妈妈的气，就是想摔东西来气她，这两种说法有很大区别。毫无疑问，后者是孩子的真实想法，但他本身似乎并没有意识到自己的这一真实目的。如果有人问孩子，他为什么不乖，他往往不能给出一个令人满意的答案。[①]在大多数情况下，他会说不知道。这样的回答常常会激怒那些正在管教孩子的家长，但不管怎样，这样的回答没什么不妥。如果让他给自己的行为找借口，那这些借口也只不过是为了让自己的错误行为合理化而已。他可能会自己编造一些借口，仅仅是为了让父母不要因此而看不起他。当然，父母很可能对这些借口信以为真。一般来说，这些借口都是为了父母而编造的，但随着孩子慢慢长大，他的道德意识会进一步发展，他开始为自己找借口，以寻求心理安慰。

有一个五岁的小女孩，她对专横霸道且有着过度保护欲的母亲非常反感。母亲想不明白孩子为什么这么不听话。每次去邻居家玩，她都不按时回家，母亲怎么都找不到她。这个孩子非常聪明、率真。当我们问她："是喜欢做妈妈让她做的事，还是只做她自己想做的事？"她的回答让我们特别惊讶，她说她只做自己想做的事情。问："那妈妈让你做事你会怎么办？"答："我才不听她的。"问："那如果妈妈让你听

[①]参见第3章中的"揭示孩子的行为动机"部分。

她的话呢?"答:"那我就开始大声说话,不理她。"问:"你那样的话,妈妈会怎么做?"答:"她会让我安静下来,听她说。"问:"那你会听吗?"答:"才不会。她的话我会左耳朵进右耳朵出。"这个孩子大大方方地承认了自己的真实想法。随着年龄的增长,如果她还是想向母亲证明"她说了算",她的想法就会受到内心道德意识的谴责。这时,她就会到达另一个阶段:学会掩饰自己的真实意图。她开始给自己找借口,说自己健忘。实际上,她可能真的会逐渐变得健忘。她可能会有强迫性的说话冲动。

道德意识和自觉意志仅仅是人们性格的一部分。它们会随着说话能力和其他表达能力的发展而发展。道德意识,即对善与恶的觉察,是孩子成长过程中必不可少的。然而,人们往往会高估它的教育意义。父母的口头教育只针对孩子的道德意识和觉察。这样的教育必定认为所有构成孩子个人品格的其他方面(包括情感、习惯、冲动等)都是个人意志和书本知识无法涵盖的。由于人们往往无法理解孩子的这些动机,也无法在口头上予以纠正,所以它们常常被视为一种不可改变的遗传倾向、一种无意义的本能,或一种潜藏在内心深处的情感冲动。然而,孩子们个性的种种表现,往往是他们意图的真实体现,他们不愿意承认是因为这些意图违背了自己的良知。此时,如果孩子确实不知道自己错了,家长或许有必要给他指出来。但在大多数情况下,孩子很清楚自己的错误,所以唤醒他的道德意识显得多此一举。实际上,很多时候这样做事弊大于利。因为孩子做错事时，父母的提醒只会让孩子内心已有的社会意识与个人意识之间的矛盾更加激化。我们这代人总认为说教会让人产生愧疚感，但其实，这种想法是错误的。很少有人意识到，所谓的愧疚感并不代表他会为自己的行为感到懊悔，相反这种愧疚感会引发更多错误的行为。只有那些假装对自己的行为感到抱歉，并打算继续我行我素的人才会产生所谓的愧疚感。如果一个人从现在起愿意做正确的事，那么不管他对自己之前的所作所为多么懊悔，他都不会产生愧疚感。我们必须分清，什么是愧疚感，什么是发自内心的悔恨。愧疚感指的是对过去发生的事情感到愧疚，这并不代表将来不会再发生同样的事情。孩子可能意识到自己做错了，但没有意识到自己错误行为背后的真实意图是什么。因此，只要他的意图没有发生改变，同样的错误还是会重复出现。所以，此时，家长增加孩子的愧疚感只会阻碍他的成长。这个时候，我们应该做的不是说教，而是帮助孩子认清自己行为背后的真正意图。[1]

孩子一旦认识到了自己的直接意图，往往会立即改变自己的做法。只要他察觉到了自己的意图是不被社会所接受的，他内心已经形成的道德意识就会让他立即停止自己的错误言行。与成年人不同，孩子们不会自欺欺人，因此他们的转变非常迅速。我们成年人却不是这样，很多时候我们明知自己

---

[1]参见第3章中的"揭示孩子的行为动机"部分。

的行为是错误的,也会找各种自欺欺人的借口来为自己辩解,并以此来宽慰自己的良知。成年人很难意识到自己的真实想法,他们总是能找到各种自认为合理的理由来让自己相信自己的良好意图,尽管他们的行为明显指向相反的方向。如果你告诉孩子,他在椅子上不停扭动只是为了引起别人的注意,他很可能会立即停止扭动(如果你告诉他,在椅子上扭动是不礼貌的,他很可能对你的话无动于衷)。一旦孩子发现了某种行为的真正目的,那之前这种达到目的的方法也就不再有用了。如果他还想引起别人的注意,他就会寻求另一种方法来达到这个目的。同样,除非有人告诉他,否则他不会认识到这个方法的意义。

　　道德意识的作用是非常有限的,但这并不妨碍我们对其重要性的认识,也不会影响到我们对孩子道德意识的培养。缺乏足够的道德意识,孩子就不可能适应社会生活,但很多时候,仅凭道德意识来教育孩子还远远不够。我们有必要去了解、监督,并且——如果必要的话——去激励孩子改变自己的"个人目标"和生活方式。否则,孩子就会形成一种错误的人生观,用一系列错误的方式去获得自己的社会地位,这样既影响他未来的幸福生活,也影响到他与周围人的和谐相处。如果孩子行为不当,这恰恰说明他已经形成了错误的思想观念。此时,所有的道德说教、指责或唤醒他的道德意识的做法都是徒劳的。这些做法并不能影响他的冲动情绪。只有当他的观念和意图不再与自己的道德意识和有意识的思维相悖,而且与社会责任相一致的时候,这些才会发生改变。正确的社会态度本身就可以实现自觉意志和情绪冲动的整合。一旦个人意识与社会意识相一致,道德意识与情感冲动之间就不再对立了。

家庭地位

家长和老师的态度经常让孩子产生自卑感,但这并不是孩子自卑的唯一原因。在兄弟姐妹中的地位,对孩子的性格发展有很大影响。老大和老二之间往往很难和睦相处,随之而来的竞争会使二人在性格上出现典型的差异。其中胆子较小的那一个,即被娇纵或体质较差或在某种程度上不被重视的那一个,就有可能成为失败主义者。如果父母因为其中一个孩子是男孩或体弱多病而对他格外娇惯的话,就会惹出大麻烦。对于老大而言,因为父母往往不能理解为什么老大会在老二出生后变得敏感又叛逆,所以他往往不得不反抗。此外,如果一个孩子发展迅速或能力超常,另一个就会觉得自己的地位受到了威胁。[1]

因此,孩子们的家庭地位之争会给他们带来各种各样的考验,激励着他们在某方面品质和能力的发展。通常,家里的老二往往更加活泼,无论是在善良还是邪恶的方面,好像

---

[1]参见第2章中的"遗传因素"部分。

是要弥补自己错过的时间。另一方面,老大同样感到困扰,他觉得自己的家庭地位可能一辈子都岌岌可危,而他又无能为力。

有了老三,老二就处于中间地位了,不再是家里最小的孩子。首先,他可能会以为,现在他可以像哥哥一样享有优越地位了。但很快,他就会发现,刚出生的小宝宝拥有某些他没有的特权。结果,老二常常觉得自己受到了轻视和虐待,他既没有老大的优越地位,也没有老三的特权。除非他成功地逼迫自己超越他的两个竞争对手,否则他很可能一辈子都会认为父母对他不公平、他在这个家里没有一席之地。

因此,老大和老三通常会结盟,来对付他们这个共同的竞争对手。结成同盟的孩子们通常会表现出相似的脾气秉性和兴趣爱好,而互相竞争的孩子们往往在性格上会出现较大的差异。老四通常与老二相似,这样他们就变成了盟友。但我们必须认识到,这种一般规则并不适用于所有家庭,每个家庭中子女建立关系和平衡彼此的方式都各有不同,因此出现的联盟和竞争关系也会不同。各个家庭的情况可能会有很大的差异。

独生子女小时候尤为艰难。就像是生活在巨人王国的小矮人,他的整个童年都生活在一群能力远胜过自己的大人中间。因此,他可能会努力让自己获得一些特殊的技巧和品质,从而使他可以无须取得特殊的成就就能获得大人们的关注和认可。他可以通过展现个人魅力,表现得可爱又温顺,或者偶尔显示出自己的软弱无助、胆小害羞来吸引大人的注意，获得他们的关心与爱护。这些方法技巧他可谓手到擒来、游刃有余。独生子女通常不愿参加集体活动，除非，出席活动能证明他的地位与众不同。

最小的那个孩子在许多方面都与独生子女相似。但在某些情况下，他的位置相当于家里的老二，因此，他有一种相当强烈的欲望，想让自己脱颖而出。为了超过其他的孩子，他的努力可能会取得巨大的成功。因为他不得不用一大堆花招，让人忘记他是家里最小的孩子，所以他往往会变得非常有创造力且鬼灵精怪。

在子女众多的大家庭里，孩子之间的年龄差距可能会很大，这也许会使他们在家庭内部自发形成多个小团体，每个团体可以被看作一个整体，分别充当着老大、老二或老三的地位。一个孩子，若比上一个孩子晚很多年出生，他往往会展现出独生子女的特征。

无论什么原因，如果一个孩子表现得与众不同，那么他就会发现自己很难与其他人搞好关系。比如，若男孩多的家庭中只有一个女孩，或者姐妹多的家庭里只有一个男孩，这种情况就很可能发生。样貌很丑或体弱多病的孩子，也会面临着同样的问题。若孩子的优点太明显，也可能会阻碍他社会情怀的发展。家长必须意识到，过多的赞赏也可能会引发孩子产生自卑感。例如，如果一个孩子格外漂亮可爱，那么在实践活动中就会格外惹人注目，对他来说，通过外表获得别人的认可比通过实际成就获得别人认可容易多了。他的虚荣心会促使他持续期待获得别人的崇拜和赞美,面对任何无法轻易得到赞许的事情他都随时准备逃避。

每个人的人生起点都是不尽相同的,没有哪两个孩子的成长环境是完全一样的。因此,教育问题因情形不同而异,即便是生长在同一个家庭的两个孩子也会面临不同的问题。父母或许会认为,他们以同样的方式教育所有的孩子,结果却不一样,那么一定是因为遗传基因不同。在这一点上,他们错了。首先,父母并不能对所有的孩子一视同仁。无论他们多么努力地想做到不偏不倚,总会有一个或几个孩子比其他孩子跟父母更亲近。但是,即使父母成功地把两个孩子教育得一模一样——无论年长还是年幼,无论强壮还是弱小,无论是男孩还是女孩——他们的地位依旧存在差异和冲突。因此,每个孩子对父母和周围环境的反应也都有所不同。每个人都有着自己独一无二的童年,因此,他们会构建出一个完全属于自己的人生计划。相较于同一家庭中最小的和中间的孩子,生活在不同家庭中的两个最小的孩子的生活方式可能会更加相似。由此可见,家庭地位的影响是巨大的。一个孩子在他的一生中形成的人生计划多种多样。我们无法期待自己能洞悉一切,但我们却可以理解孩子从自己的经验中得出的结论。父母只有基于孩子对自己的诠释,才能更好地理解他们,并以此为基础来引导他们纠正错误、改掉缺点。

二

教育方法

第3章

有效的教育方法

你必须认识到哪些心理因素会对孩子的性格造成影响，否则，你对孩子的教育就无从下手。你对孩子的培养是否成功可以从他展现出来的社会情怀来衡量。如果你希望自己的孩子未来生活幸福、身心健康，你就需要把对孩子社会情怀的培养作为教育的首要目标。如果要实现这一目标，需要遵循以下几个基本原则：(1)引导孩子必须尊重社会秩序，接受社会规则；(2)避免与孩子发生冲突；(3)不断鼓励孩子。

下面我们将对这些基本原则进行深入的探讨。

1. 孩子社会情怀的健康发展，取决于他是否能够与集体中的其他孩子建立密切的联系。教育孩子的过程实际上也是培养孩子社交能力的过程。通过学习尊重社会秩序、遵守社会游戏规则，孩子会逐渐变得更愿意与他人合作。让孩子适应社会生活，是使其未来生活幸福、和谐的重要方法。

2. 尽量避免与孩子发生冲突，因为这不但会妨碍孩子团结意识的培养，还会破坏父母与孩子之间的关系。更何况，任何与孩子的争执都是徒劳无益的。和谐是社会教育的唯一基础。只有在各方面都能达成共识的情况下，事情才会顺利。很多时候，对于这一点，父母不一定会认同，毕竟他们自身的生长环境充满了争执和压迫。他们会问，在完全和平的环境中长大的孩子，经得起生活压力吗？在他们看来，儿童时期家庭生活的平静并不利于孩子以后的生活。

对这一观点最有力的证明就是那些在平静、和谐的家庭中长大的人。总的说来，他们非但不缺乏应对生存竞争的能力，反而比其他人更能经得住外界的压力。人际冲突不是为战胜困难做好准备的必要条件。它很容易让人产生敌意、冲突和焦虑的情绪，并会无一避免地增加个人仇恨与冲动。它是恶语相向和暴力行为的前奏，会激起各种纷争，甚至导致复仇心理。频繁的家庭冲突很可能会让我们的孩子未来成为恶霸，最终一事无成。他们在家庭关系中形成的防备心不利于解决任何社交问题，反而会导致一个又一个新的问题。

的确，孩子要学会如何去斗争，但斗争的对象不该是那些本该成为他朋友的人。有很多渠道可以让他发泄自己争强好胜的情绪。这个残酷的世界为他提供了许多发挥能力、克服障碍、体验胜利的机会。此外，在他与自己的朋友和同学的相处过程中，他同样有很多机会可以展现自己的能力。他必须学会如何与"敌对势力"进行抗争，在遇到好斗、恶毒、残暴的对手时，知道如何与其斗智斗勇。[1]然而，最重要的是，他要学会如何在避免争执的情况下，友好地去解决与朋友、同伴之间的分歧，以达成共识。无论是因为竞争，还是因为自己过于自信或想要战胜他人，孩子在发展过程中都要尽量避免与别人发生冲突，尽管当前社会强调竞争，但作为家长，绝不能把竞争当成一种激励措施。人与人的相处，不可避免地会发生利益和观念上的分歧，但这并不导致不友好或敌对的态度。

如果父母熟悉和平教育的技巧，这些徒劳无益的人际冲突是完全可以避免的。然而，正因为很多父母不知道什么是和平教育，所以他们就会像其他未经训练的人一样，无法在相互尊重的基础上以和平的方式解决任何利益分歧和冲突。一般情况下，他们要么争执，要么屈服。这两种方法都不能让彼此达成共识。争执是对对方的不尊重，屈服则是对自己的不尊重。任何一种选择都必然导致新的矛盾，失败的一方会进行反击，并寻找时机来重新获得失去的威望。当孩子的利益与父母发生冲突时，大多数父母都会感到非常无助。他们当中很多人都是争执、屈服同时进行——要么一开始就与孩子争执不休，最后无奈投降；要么先放纵孩子，在意识到后果之后，转而开始发生争执。正确的教育方法是既不发生争执也不屈服。凡是能在避免双方冲突或一方屈服的情况下

---

[1]参见第3章中的"营造良好的家庭氛围"部分。

获得的结果，通常都是有益的，因为它使利益双方达成了共识。有时候，大家还会选择妥协，但这并不一定是好的结果。因为，妥协过后，双方都有可能会感到挫败和不满。只有双方能找到一个彼此都能够接受的方案，才可以做到妥协，否则根本无法达成和解，而且对双方而言都是不合理的。

3. 在孩子的教育过程中，鼓励往往能带来积极的影响。孩子的成长需要鼓励，就像植物的生长需要水一样。因为孩子从出生之日起就非常无助，在后面的成长过程中，他经历了无数的挫折与失败。所以，他需要有人给予他明确、谨慎、持续的鼓励，从而增强他的自信心，让他的内心更加有力量，社会情怀越来越深，独立性越来越强，并能够拥有足够的技巧与能力来成功应对生活的挑战。

上述三个原则属于一个整体，所以我们无法将某个特定的教育方法归类于这三大原则中的任何一种。让孩子能够适应社会生活是对孩子进行教育的最终目标，平和的人际关系是孩子适应社会的一个重要手段，而鼓励则是儿童教育的实质。因此，大多数的教育过程都涉及这三个方面的内容，就连给孩子下命令这样简单的操作都是如此，更别提以"权威"这一名义所形成的各种管教力量的总和。毫无疑问，孩子需要引导，而你作为孩子的老师，要尊重孩子，并且保证在避免受到其他因素干扰的情况下向孩子传递你的观点，尤其是当孩子年幼且理解能力有限的时候。对于父母或老师而言，获得权威的方式是多种多样的。你可以通过理解与善意赢得权威，也可以通过暴力强加权威。这个权威，可能建立在你的个人优越感基础之上，也可能体现在你约束所有集体成员的规则之中，而你自己也是这个集体中的一员。

因此，对孩子的教育方法是纷繁复杂多种多样的。接下来，我们将对其中一些比较简单的方法进行深入探讨。

维持家庭与社会秩序

营造良好的家庭氛围

每个社区都有自己的风俗习惯。而家庭本身就是一个小型的社区。如果任由争执、混乱、懒散、猜忌和自私等不良习惯在家中蔓延，使其成为家庭生活的常态，那么无论孩子的性格与遗传基础有多好，他都会受到家庭环境的影响，养成上述种种恶习。因此，教育的结果在很大程度上取决于家庭氛围。如果孩子在家中的行为准则与社会普遍规定的行为准则不一致，孩子将来就无法恰当地处理他在学校、职场、工作、恋爱以及其他人际交往场景中遇到的种种问题。

父母的榜样作用至关重要。如果孩子的父母做起事来粗心大意、毫无章法，孩子怎么会养成井然有序的生活习惯呢？如果家里没有人遵循系统常规的工作惯例，那作为孩子的他为什么必须勤奋上进呢？如果家里每天都能听到粗俗的争吵和谩骂，他怎么能拥有亲切友善的举止呢？只有一种情形会让孩子性格习惯的发展与父母截然相反，即孩子对他的父母怀有敌意。在这种情况下，不好的榜样可能会刺激孩子养成恰当的行为模式。懒散堕落的家庭中培养出诚实能干的孩子，这样的情况并不罕见。如果孩子能够遇到一两个支持自己的人，让他能做到坚决反对父母的不良行为，那这种情况就会更加普遍。但是，我们对孩子的培养不能依赖于坏榜样可能带来的那点好处。家庭氛围越好，孩子越有可能获得令人满意的发展。

家庭氛围的好坏一部分取决于社会和经济因素的影响，一部分取决于父母的人生观，还有一部分取决于他们的性格特点、受教育程度、自身的教养、智力水平、精神追求以及他们的婚姻质量等因素。我们不可能改变一个人的家庭背景，却可以洞察到家庭中的一些不合理因素，并对其进行调整。一些聪明的父母甚至会利用像疾病、经济拮据、社会困境等一些无法避免的不利条件，来激发孩子产生积极的态度和动机。

实际上，父母应该在孩子出生前就为他的健康成长做好准备工作。如果他们彼此争吵，不和谐的精神就会渗透至整个家庭。和善、相互尊重和宽容是成功合作的必要前提。孩子从父母那里获得对人类的第一印象，因此，父母必须密切省视自己的言行，并尽己所能地给孩子留下好的印象。

同样，父母也给了孩子认识外面这个伟大的世界的机会，因此，父母对孩子呈现出的外面世界的第一印象非常重要：你如何谈论他人；你在谈到自己的邻居时是出于友好的理解与关心，还是对他们说长道短；你是公平公正，还是吹毛求疵、把所有人都往最糟的方面想。孩子们头脑中的大多数偏见都源自父母。

孩子们通过父母的眼睛看世界。因此，你的世界观至关重要。如果你已经形成了明确、完善的人生观，这是非常有利的；任何明确的信仰——无论是宗教信仰（即便是特殊的教派也无关紧要）还是非宗教信仰，只要它们不违背伦理道德和科学原则，就可以成为一种积极的力量来影响你的孩子。你的世界观越清晰、越正确，你就越能始终如一地遵守道德秩序，你的孩子就越容易接受这些社会规则。

你的谈话体现了你对待人生问题的态度，孩子在家里听到的谈话，对他们的发展至关重要。你必须注意自己在孩子面前的谈话内容，千万不要低估了孩子的理解能力。他懂的比你想象的要多得多。他可能无法有逻辑地、理性地掌握某些词的用法，但即使是在很小的年纪，他也能领会成年人之间谈话的基本意思。你要用一种能激励他的心智发展和心灵成长的方式来呈现这个世界。你和周围的人所表达的悲观见解无法让孩子成为快乐和满足的人；不断谈论人类和世界的邪恶，也并不能激励他们成为一个对社会有用的人。

你应该向孩子展示世界的美丽和艺术的高雅。你还可以教他如何从大自然中、从思考问题和获取知识的过程中感受快乐。如果你能经常在吃饭或散步时提到这些事物，孩子在很小的时候就会开始对这些话题感兴趣。除了那些特殊的教育方法，家庭氛围本身就有助于引导孩子在精神、智力和情感等方面的发展。它会对孩子的人品、性格和心智等产生持久的影响。如果孩子从小就在平和的家庭氛围中长大，接受积极有益的教育，那么他在后面的教育过程中将会避免很多辛苦。

我们必须认识到，在这个充满了不安、争执和激烈竞争的年代，人们很难营造出完美的家庭氛围。而且，我们还要提醒父母，不要把家庭的不和谐归咎于自己的生长环境，归咎于孩子的祖父母、外祖父母和其他亲戚朋友，更不要互相埋怨。这不仅会使现有的紧张关系恶化，还会引发更多的矛盾和冲突。你只能通过省视自己的言行来改善环境，并通过各种方式来增加你自己的贡献。经济困难、性格缺陷、父母不和、住所拥挤、邻居或亲戚不受欢迎、疾病等，一切扰乱家庭秩序、破坏家庭氛围的因素，都需要我们提高警惕，更多地关注影响孩子的方法。无论多么合乎情理，愤怒、沮丧以及心怀嫉恨，只会让已有的困境雪上加霜，甚至比原来的情况更加不利于孩子的发展。

遵守家庭内部的权利和义务

社会生活需要遵循特定的行为准则。有些行为准则适用的范围很广泛，统一适用于所有社会成员。有些行为准则仅仅用于确保个别成员的自身权利。或许没有哪个家庭真正编订过属于家庭内部的规章制度，但是大家都会默默地严格遵循着彼此的约定和习惯。

父母往往认为他们已经在如何打扫房间、如何保持物品整洁有序、做人诚实、待人亲切、学习勤奋等方面为孩子制定了相应的约束规则。但是，只有父母以身作则，自己也严格遵守这些规则，孩子才会承认这是对所有人都适用的义务，并理所当然地接受它们。当然，让孩子遵守规则的一个重要前提是在规则面前人人平等，所有家庭成员必须全部遵守，没有例外。否则，在孩子看来，它们就不是一般的社会规则，而是专门针对自己的不公平的压迫。

当然，在一个家庭中，每个家庭成员都发挥着不同的作用，这意味着他们拥有的权利和承担的职责也有所不同。孩子们对不平等现象很敏感，成年人亦是如此，他们总是怀疑似乎有人享有超出旁人的特权。他们常常借由自己的正义感来表达对自己角色的不满。实际上，真正驱动他们的只不过是他们争强好胜的心，以及他们对现存秩序的反抗。这种反抗表明，孩子没有认识到他的父母及兄弟姐妹们都合情合理且不可避免地承担着不同的作用，不同的"特权"意味着他们也承担着不同的责任。在任何一个群体中，每个人的职责和特权都不可能一直相同。最重要的一点是，职责的不同并不意味社会的不平等。（这一点必须得到其他家庭成员的认同，才能给孩子留下深刻的印象。）每一位家庭成员所承担的特殊职责都必须得到充分的认可，并且作为这个集体中的重要成员，他要得到足够的重视和肯定。这是他的社会权利，即无论他是谁，做了什么事，他都能被欣赏、被认可、被尊重。

每一位家庭成员的贡献都需要得到尊重，然而在自己的家庭里，人们却往往很容易忽略这个家庭成员最基本的权利。挣钱养家的人，通常是父亲，他自然会享有某些特权。他的工作安排必然会影响到整个家庭的日常生活。但这并不意味着其他成员的贡献就不重要或没有价值。妻子和母亲不应该被降低到次要地位。她的许多职责也会赋予她一些特权。她负责管理孩子的日常生活，在教育和管教孩子方面有决定性的影响。然而，她的职责并不能让她像女王或统治者那样轻视自己的丈夫。任何对他人社会地位的侵犯都会削弱对方的作用。家庭成员的作用越得不到认可和尊重，他就越不能履行自己的职责。这一点从很多社会群体的经历中都能得到证实，尤其是在家庭这个群体中。它对孩子的教育有着深远的影响。

孩子拥有哪些权利呢？你应该非常认真地思考一下这一问题。你可能会觉得是父母赋予孩子生命和生存的权利，所以他只需对父母负责，没有他自己的权利。或许你会觉得是你把孩子带到这个世界上来的，这并不是他本人的意愿，因此你该承担所有的责任，这一切都是你欠孩子的。这种态度非常不利于孩子的成长。从他出生后的第一天开始，他便是这个家庭的正式成员，即便在他什么都不能做的时候，他就拥有明确的权利和义务。如果被剥夺了应有的权利，或者被赋予了太多的特权，那么他长大后就会经常试图侵占许多并不属于他的权利。

前文已经提过婴儿有休息、睡眠和得到定时喂养[①]的权利。随着孩子活动范围的扩大，他的权利也会增加。他有权享有越来越多的独立和自由，以培养他自己的主动性，感受自身的力量，并且拥有与自己的同龄伙伴一起玩耍的机会。即使他还很年幼，他也需要机会做出一些贡献，比如，帮助父母做家务以及为他人服务等。他有权为自己做决定，并且有权拥有相当大的空间进行选择、掌握必要的实践能力。

此外，孩子还需要得到一定程度的认可。如果你轻视了孩子的各项活动表现，你就抑制了他的成长。你必须认识到，玩耍对于孩子们来说，和成年人的工作一样严肃和重要。玩耍是孩子成长的必要条件，就像自觉学习能够拓宽大学生的思维一样，玩耍拓宽了孩子们的经验范围。通过玩耍，孩子可以掌握今后生活所需的技巧和能力。他慢慢学会了如何运用自己的身体来了解周围物体的形状和含义。他的身体和思维都会越来越敏捷，并且逐渐具备了与他人共同生活和工作的能力。如果将孩子的玩耍当作与成年人类似的娱乐活动，那就大错特错了。孩子所做的一切都是在为他将来的人生做准备。比如，当你的孩子第一次尝试独立做事时，你一定要表现出你对他行为的肯定。比如，他很小的时候就努力自己

[①] 参见第5章中的"婴儿的护理"部分。

洗澡穿衣，保持衣服和玩具的整洁等，对这些行为，你都要给予足够的肯定和鼓励。还有一个原则也特别重要，那就是不论年龄、性别，家庭中任何一个孩子的活动，都不能比其他孩子的活动更重要或更次要。

每个孩子的义务都与他的权利直接相关。他的权利和义务都是与生俱来的。例如，睡眠和休息不仅是他的义务，也是他的权利。年幼的孩子不仅有"义务"，也有"权利"比哥哥姐姐们更早上床睡觉。孩子必须适应自己的家庭模式。他不能扰乱家庭秩序，必须学会尊重他人的权利，就像别人尊重自己的权利一样。利益互惠是合作的基础，它要求所有家庭成员的权利和利益达到动态平衡。

父母的言行要保持一致

孩子只有清楚地知道父母对自己的期待是什么，才能准确适当地调整自己的言行。规则的适用范围越广，他就越能迅速地理解其中的含义。孩子只能通过重复类似的经验来学习，因此，只有当规则和指令在所有的时间、场合都普遍适用时，孩子才能明确地理解它们。你的每一次言行不一，都会妨碍孩子们对他应当遵循的行为准则的理解。例如，如果你想让孩子养成饭前洗手的习惯，那么你就需要在很早以前就建立这种习惯，并严格遵守，任何时间、任何场合、任何人都不能例外。否则，你在教育孩子的时候，就会遇到极大的困难。只要情况适用，命令就必须执行。一旦孩子意识到某一规则长期具有约束力且在任何情况下都不会改变,他们就会自动接受并遵循这一规则。因此,当孩子第一次面对某个新的规则时,你必须特别谨慎。他对新规则的第一印象将强烈地影响到他之后的行为。你不能从一开始就放松管束,认为孩子日后随时都能听你的话,随时都能满足你对他的要求。这会让孩子觉得这个规则根本不重要。孩子只有通过遵守既定的规则并长期保持一致,才能养成整洁有序的习惯。如果家长没有要求他在每次学习过后都要整理书本,他就会觉得他不需要遵守类似这些不连贯的命令。如果偶尔一次,因为时间太紧,父母允许他不洗澡就去上学,那么他就会有充分的理由认为认真洗澡并不重要。如果有一天,你坚持要求孩子对你的任何建议,无论大小,都要立即做出回应,而第二天孩子多次不接你电话时,你又表现得毫不在意,甚至在孩子耍小聪明、逃避责任时,你还会觉得有趣——如果你经常用这种方式来给孩子下命令,你又如何指望孩子会听你的话?

你不喜欢孩子撒谎,让孩子谨记撒谎是可耻的——可是第二天早上,你却把孩子派到门口,让他告诉收账人你不在家。你的道德标准如此飘忽不定,孩子该如何遵守呢?又或者,孩子当着客人的面表现自己,大家都被他的童言无忌逗得开怀大笑,你也对此表示非常满意。几天后,当你与朋友正在严肃地交谈时,孩子尝试了同样的滑稽行为。但是这次,很奇怪的是,你生气了,并让他回自己的房间反省。孩子怎么能理解，为什么相同的动作有时候可以取悦你，而有时候又会把你惹恼了？如果你无法保持对孩子要求的一致性，那么孩子就很可能无法像你所期望的那样，遵循你的命令。

父母的态度要坚定

在对孩子提出要求之前，你必须明确地知道自己要做什么。如果不确定自己该怎么做，你可以和孩子商量。"你觉得明天去探望奶奶怎么样？还是你有太多的功课要做？"在这种情况下，应避免提出任何明确的要求，因为你的要求很可能无法实现。面对年纪稍大一点的孩子时，这点尤其重要。在任何情况下，你都需要仔细判断当前问题是否需要或允许你做出明确的指令。

但是，一旦命令下达，你就必须坚定地执行。孩子能通过你的语调判断出你的决心是否坚定。他的观察力非常敏锐，你的面部表情、音调变化，会暴露你的想法和目的，他的敏锐程度远远超出你的想象。

但是，态度坚定与否并不能通过音量的高低来衡量。许多父母认为，他们必须大声说话，孩子才会做出恰当的反应。但事实恰恰相反。提高音量通常表明内在的某种不确定性，孩子会立即意识到这一点，并加以利用。确实，命令必须坚决，有时低声传达命令往往会更有效。正是音调的变化体现了我们的意图有多坚定。

为了保证效果，家长应该尽量避免频繁地给孩子下达命令。把命令留给真正紧急的情况,即危险逼近,孩子必须立即做出反应时。大多数情况下,你要尽量避免下达直接命令,因为除非你的命令很少,不然你不可能保证很好地监督孩子执行这些命令。而且,一旦孩子意识到自己不需要立即遵循你的命令,那么将来你的话就会毫无分量。

大多数命令都可以替换为友好的建议:"如果……该有多好""你如果这样做……我会很高兴"。

自然后果

"自然后果"教育法让孩子体验到由于自己的行为不当而导致的自然后果,是维持秩序的一种最重要的方法。家长的任何直接干预(以命令、劝诫或责骂的形式),都只能依靠外力起作用,孩子或多或少都会觉得自己是被迫的。然而,正确的行为是由内而外产生的。孩子自愿地调整自己以适应某种情况,自发地形成了一种恰当的行为冲动。如果孩子的内心并不想遵守秩序,那么你在教育孩子时做出的所有努力,其效果都不会很明显。只有当他意识到遵守行为规则比违反行为规则更让他感到快乐和满足,他才能发自内心地接受。孩子在这一过程中不会有任何被迫或屈辱的感觉。这是唯一一种能够让孩子自愿承担责任的方法,无论这些责任孩子喜欢与否,通过这种方法,他会在必要的时候调整自己的喜好。

让孩子感受到违反规则造成的不良后果,这样的机会会在事情的发生过程中自然而然地出现。除非,你出于同情和怜悯，错误地让孩子免于承受这些经历。你对孩子的自豪感或错误的羞耻感往往会误导你做出一些对孩子不利的事情。他没有按时起床，在穿衣洗漱时磨磨蹭蹭，最后上学迟到了，但是你却主动给老师打电话，让孩子逃避浪费时间的后果。或者，为了确保孩子不会迟到，你会帮助他完成他分内的事情。

违规行为的自然后果会让孩子自然而然地记住正确的行为规则。孩子会经常遇到这种自然后果，所以不需要你特别努力地去创造机会。如果你能够不去热心地妨碍孩子承受这些不适，不去破坏孩子这些宝贵的学习机会，孩子就可以从自己的个人经验中学习到很多东西。如果他不注意脚下，就会摔跟头（两个房间之间的门槛就为孩子的这种体验创造了很好的机会）；如果他将左脚的鞋子穿在右脚上，他就会感到夹脚；如果他的动作慢慢腾腾，他就会错过一些有趣的事情或活动。自然后果只有在家里的成年人不干预的情况下才能很好地发挥作用。这样的方法最终会为你和孩子省去大量的烦恼。

有时候，你还可以给孩子设计一些特殊的经历。比如，你可以设计一些相对安全的场景，让孩子知道炉子是热的、针是会扎人的或者椅子是可能向后翻的。了解到这些事实对孩子非常重要。用类似这种不经意的方式引起孩子的注意，远比用自作聪明的警告和恐吓更加令人印象深刻。当然，你还必须确定，这些特定的结果一定每次都会发生。如果孩子不按时吃饭，他会发现餐桌上只有其他人的饭菜，没有他的；如果他没有收拾他的玩具，那么第二天他就会发现自己再也找不到这些玩具；如果他在你们准备出门散步或旅行时磨磨蹭蹭，他就会发现你根本不会等他，而是已经一个人独自出发了。

但是，绝不能让孩子把他这些违规行为所带来的后果看作你对他的惩罚。在上述情形中，你要表现出你是完全被动的，而且你的态度要充满慈爱。对于孩子不得不承受的这些痛苦经历，你可以表示遗憾，但无论如何不要替他承受或避开这些经历。如果孩子在经历过这些事情之后，认识到你和他一样都受到这些规则的约束，认识到这些后果的逻辑是显而易见的，认识到这些后果并不是通过成年人的权力任意强加的，那么他就不会认为你的态度是一种惩罚或压迫。

这种自然后果法是儿童训练过程中最有力的方法之一。它教导孩子尊重秩序、遵守规则。然而，这也是最难掌握的方法之一，因为父母从未接受过这种思维和教育方式的训练。许多人很难理解"后果"和"惩罚"之间的细微区别。从表面上看，这听起来像是在钻牛角尖。对孩子而言，这两种方法同样令人不适。那么，为什么要进行区分，并强调差别的重要性呢？从心理学的角度来看，二者之间的差异是巨大的。比起理性的规定，孩子们对心理因素的反应更为灵敏。无论是惩罚还是自然后果，他们都会做出同样的反抗，也会同样努力地想要逃避。但这只是暂时的反应，孩子的常识很快就会让他意识到你可能是正确的。对自然后果，孩子们往往都是可以接受的；但是对于惩罚，他们只是尽可能地忍受。

因此，你必须认真地练习并学会使用这种教育方法。这种方法的运用需要家长仔细思考、反复斟酌，甚至还要发挥一些想象力。当你在面对冲突时，如果冲动行事，那么你只是试图展示你自己的权力，你的行为只会让双方矛盾加剧，然而对于秩序打乱后所造成的客观结果，你也无能为力。

以下几点有助于你区分自然后果与惩罚之间的差别，这些差别尽管微乎其微，却至关重要。其中一点在上文中已经提及，即自然后果一定含有孩子可以理解的内在逻辑。告诉孩子如果他不吃晚饭就不能去看电影，其中毫无逻辑；但是，如果告诉他看完电影不准时回家，下周就不能再去看电影了，这是合情合理的。

还有另一个区别非常重要，但往往很难把握。自然后果是行为不当的自然结果，但不是报复。如果你说"因为你刚才行为不当，现在你必须……"，这就是惩罚。后果，更像是一种引导："如果你行为不当，你就不能……"，它很少强调已经发生的事情，而更多地强调将来会发生的事情。它不是让问题就此结束，而是为孩子将来的改变打开了一扇门。以下这个场景很好地体现了这一基本区别。假定此时，你的孩子大声喧哗且不守规矩。如果你说"我再也忍受不了你的噪声了，现在回你的房间去，待在那里，别出来"，这是惩罚。如果你换成另一种方式，说："很抱歉，如果你打扰到我们，你就不能和我们一起待在这里了。或许你更适合回自己的房间，什么时候觉得自己可以做到不再打扰别人了再出来。"这就不是惩罚。上边这两种情况，你都坚持让孩子离开这个房间。但是在第一个情况下，孩子的离开是最终的结果，事情就此结束了。而在第二种情况下，孩子什么时候感觉到自己已经准备好了，不会再打扰别人了，他就可以回来了。最终，由孩子来决定是否做出改变。

留给孩子一个让他选择的机会，这一点是非常重要的，尤其是在孩子拒绝遵守规矩的紧张状态下。成年人无法理解依据行为逻辑而非心理学因素采取行动的重要性，因为对他们而言，承担何种后果无关紧要。但是对于孩子来说，你问他："你想自己离开房间，还是希望我抱着你离开？"这两种方式区别很大。在我们成年人看来，让你离开这件事无论在哪种情况下，都是让人非常不悦的。但对孩子来说，这件事并没有那么严重。如果他能自己做决定，他就会感到自己的重要性，也就不再那么勉强。即使他不吭声，你还可以说："如果你不想自己过去，那我就只能抱你过去了。"在大多数情况下，如果孩子不是过于固执和敌对，这样的方法通常可以挽救局面。如果孩子大一些了，你就无法再把他抱出去了。在这种情况下，你留给孩子的选择就只能是：要么他离开，要么你离开。如果他跟着你，那么你先离开房子，无论他做什么，你都不要理会，这样依然可以挽救局面。但这是一种极端的情况。对于大多数孩子而言，魔咒解除的时间都会比预期来得早一些。通常，如果孩子觉得你是认真的，尤其是当他从以往的经验中知道你说到做到时，他就会直接选择第一种方案，即他自己一个人离开。

另一个可以帮助你区分自然后果与惩罚之间差别的方法是你说话的语气和语调。如果你用严厉、愤怒的声音跟孩子说话，那么就表明是惩罚；如果你能保持使用一种友好的语气和态度跟孩子讲话，那就表明你是在强调必须尊重秩序，而不是在强调你个人的欲望或权力。前者表明你站在了孩子的对立面，孩子自然而然地也感受到了你对他的反感和嫌弃。而后者表明你只是反对孩子的行为，他在你心中的个人价值并不会因此而受到威胁。语调上的区别也表现出了你们亲子关系上的差异。在惩罚孩子时，你的愤怒会使你们的关系破裂，而在后一种情况，你会始终保持你的同情心和友好态度。

尽管在使用自然后果法时，你可以对孩子给予同情，但你要注意，千万不要让过度的、错误的同情心削弱你的意志力，因为此时正是孩子从经验中学习的时候。孩子可能会巧妙地试图说服你帮他摆脱困境，出于同情你可能会被说服，实际上，这是非常不正确的。无论是自发做出的承诺，还是被要求做出的承诺，都是针对你的弱点布下的陷阱。在当前这个关键时刻，你决不能再给他"第二次机会"。（因为，以后再遇到同样的情况，他一定会一直跟你要这个"第二次机会"，一旦这个自然结果已经发生，依靠过去的经验就再也管不住他了。）此时，不是讲道理的时候，你需要用行动来帮助孩子积累正确的人生经验。

后面,我将用一个简短的案例来结束这一小节的内容。本小节中提到的教育方法对于家长来说至关重要。

一个十一岁的小男孩,在父母的陪同下来到我这里进行咨询。他们之间的最基本矛盾体现在父母与孩子之间的权力之争,他们相互较劲。其中主要的一个问题表现就是男孩从来不按时回家吃晚饭。这给他们的家庭带来了无休止的摩擦。父母无论怎样惩罚或奖励都不起作用,他总是很晚才回来。我提出了一个非常简单的解决方案:如果他回家晚了,就不让他吃晚饭。但是男孩的父母,特别是孩子的父亲,无法理解这种"惩罚"背后的道理。毕竟,"男孩的成长发育需要营养"。我花了半个多小时才说服男孩父亲相信这个方法的必要性,并让他们至少坚持一个星期。然而,第二周他们再来的时候,男孩的父亲告诉我这个方法不起作用。我大吃一惊,于是向他询问了详情。男孩父亲向我保证,在儿子第一天、第二天和第三天没有准时回家的时候,他都没有给孩子准备晚饭。据我了解,一般来说,如果孩子们确实因为回来晚了没吃到晚饭,他们不太可能执着这么久而不发生任何改变。我进一步询问到底发生了什么,在这样的情况下,他们是否真的坚持做到了不给孩子准备任何食物。男孩父亲说:"我们总不能让他饿着肚子睡觉吧!"

原来如此！三天过后，他们还是没能坚持。看到儿子饿着肚子上床睡觉，这位父亲的心都碎了——然而，这位看似内心柔软的父亲一旦遭到儿子的反抗仍然非打即骂。

避免冲突

观察与反思

只有经过认真的思考，父母才能认识到哪些情况对孩子的成长能产生重要的影响，并对其进行充分的利用。不经过认真的观察与反思，就不可能教育好孩子。如果你做事情总是不经过思考，冲动行事，任由自己被一时的想法或念头冲昏头脑，那么在面对孩子时，你总是会不知所措。因为孩子会一直深思熟虑、坚持不懈地设计新的、有效的方法来达到他们的目的——寻求你的关心，逃避自己不想承担的责任。在此，我们再次看到了孩子敏锐的观察力。他能迅速发现父母、老师和其他人身上最细微的弱点，并加以利用。他很擅长挑拨两个成年人之间互相争斗。他很清楚地知道在面对父亲和母亲时如何转变策略，从而在两边都能够得偿所愿。有时候他们会固执地反抗以达到目的；有时候他们会甜言蜜语、苦苦央求；还有时，他们会眼泪汪汪、楚楚可怜。他们会根据不同情况、不同对象而随时随地调整策略。

在这方面，你可以从孩子身上学到很多。为了能根据不同的情况有针对性地选取最合适的教育方法，你必须对孩子进行认真仔细的观察，然后再根据特定情况选择最有效的解决方案。如果你想成功地改变孩子的某个坏习惯，首先要认识到它的存在，然后再让这些习惯可能导致的后果自然而然地发生，只有这样你才可能成功地改变这些习惯。然而，不经过认真的观察和反思，这一点很难实现，因为你必须让孩子清楚地认识到其中的因果关系。此外，你还应该提前考虑到孩子会有什么样的反应。他不太可能会平静地接受这些直接后果，很可能会激烈反抗、谎话连篇、大哭大闹，甚至还可能会搞出一些新的恶作剧来。面对孩子的无理取闹，你只需要遵循一条重要原则，即你一次只能针对孩子行为的一个方面来进行教育。如果试图多方面兼顾，最终很可能会一败涂地。例如，你可以在孩子挖鼻孔后拒绝碰他的手，从而让他感觉到这个行为的后果。不管他的反应如何，你必须坚持毫不动摇，否则就会影响到这个方法实施的效果。你不可能在纠正他一个坏习惯的同时还能试图察看他各种各样的反抗行为，这些行为应当被看作孩子对于压力的一个正常回应。

这些教育孩子的方法，只要你小心谨慎且持之以恒地使用，一定会产生效果。家长的任何干预都务必言之有理、行之有据，不能冲动行事。在孩子的教育过程中，我们有必要尽可能地消除那些对老师和家长的行为造成极大干扰的消极情绪。忧虑、烦恼、愤怒——无论多么可以理解——都是软弱、无助的表现。只有当我们束手无策，或感到自己已经让步太多，必须采取某种方式坚定立场时，这些情绪才会出现。但是如果父母表现出软弱，那么对孩子采取的任何行动都注定是错误的。孩子的恶行和敌对态度会激起你的愤怒和气恼，这是人之常情。普通人发泄这些情绪或许情有可原，但作为父母和老师却不能这么做。如果有人看到一个男孩虐待动物，这个人可能会气得打男孩一巴掌。但在这种情况下，你必须认识到，打耳光并不能让对方受到教育，只是在宣泄你愤怒的情绪。这种行为也许充满正义，但它并不能改变这个男孩残忍的习惯。

家长和老师必须对自己的能力和效率充满信心，否则便不可能达到教育的目的。"失控"说明你缺乏自信。所以，如果你被孩子的行为惹怒，或者出于其他原因让你即将失控，最明智的做法就是暂时放下一切，离开房间。然后，你才能重新调整并让自己冷静下来。只有冷静下来，你才能够思考并决定到底该怎么做。

不要说你没有时间思考，或者以工作忙、焦虑、压力大为借口。当然，思考需要你花费一点时间，但这个时间远不如你频繁地警告、训诫、惩罚孩子花费的时间多，更何况这些都是徒劳且有害的。花一点时间进行反思，会让你减少很多焦虑和混乱的情绪，从长远来看，反而会节省你很多时间。[①]在孩子调皮的时候，家长随意的打骂在当时看来似乎更加简单、

---

①如果父母过于焦虑不安，以至于他们的情绪妨碍到了自己正常履行职责，他们就需要接受心理治疗，重新接受教育并重新定位自己的人生。

迅速，然而，克制和深思熟虑会让你的行为更理性、更高效。

当然，这个建议不适用于真正紧急的情况。在紧急情况下，你根本没必要对孩子进行教育，而是需要立即采取行动解决迫在眉睫的危险。但是，我们要记住，紧急情况过去之后，我们依然有机会对孩子进行教育和管束。危急时刻，一切行为都没有教育价值。训斥更多的是发泄你的紧张情绪，而不能作为一种预防的手段。但是真正危险的情况比你基于对孩子的焦虑所想象出来的要少得多。

学会自我克制

尽最大可能做到自我克制是对孩子进行教育的基础，但很多时候，想做到这一点并不容易。一般情况下，我们可以采用观察的策略，对孩子的活动尽量地少去干涉。这种办法不仅仅适用于紧急的情况，也适用于其他场合。遵循这一方法，不去干预孩子的事情，当你希望发挥自己影响力的时候，它会更有效。此外，你还不会影响孩子建立自理能力，这点十分重要。最好的教育方法就是尽快使方法本身变得多余，并实现其目标，让孩子从一个缺乏责任感、需要管教的对象转变为一个独立、成熟、有责任心的人。

实际上，孩子在很小的时候就可以承担起自己的责任，并愿意主动去履行自己的职责。当然，这并不是让你对孩子不管不顾。他们需要得到温柔的爱护，也需要得到鼓励和刺激。你绝不能对孩子不理不睬，但作为孩子的父母、老师，你也不能对他进行过多的、超过实际需要的干预。有时候，你可能不得不积极主动地去参与，但这种情况应该越少越好。只要情况允许，你就要让孩子尽可能地从经验中学习。家长只有学会自我克制才能做到这一点。你没有义务什么事情都替孩子做好。家长这种为孩子张罗一切的心态往往源于他们对自己不被需要的恐惧，以及他们想要证明自己的重要性和对权力的欲望。

灵活的教育方法

无论采用何种办法来教育孩子，如果在行动之前先进行观察和反思，可以避免你的行为方式太过死板。你倾向于对方法的即时效果进行测试和验证。那些不善于反思的父母，总是习惯于遵循现成的方法来教育孩子。这些方法可能是跟他们自己的父母学的，也可能是自己曾经在某些特殊场合使用过的，后来出于惯性或惰性而继续沿用了。这样的父母，对于孩子们的任何不当行为，他们的回应都是老一套的做法：一开始是哄劝，哄劝不成就是咆哮与责骂，有时候他们甚至会以武力威胁。通常，孩子们都会提前知道父母对某一行为会如何回应。他们早已习惯并适应了父母的态度，所以父母的警告和约束对他们不会起到任何作用。

对此，我们建议父母采取灵活的应对方式，随时调整你的教育手段。当然这与我们之前提到的父母要保持言行一致并不矛盾。我们必须牢牢确立统一的要求和标准，内容明确，决不能轻易改变。但是要让你的孩子认识并遵守这些规则，你必须在方法上做到灵活多变。

一些家长的方法太过死板，无法产生效果；还有一个原因是这些方法忽略了每个孩子的特殊性和他们的特殊需求。即使是同一个孩子，也不能总是用同样的方法来对待。家长只有通过不断地调整和改变自己的教育方式，认真观察每次调整过后的效果，反复实验新的教育手段，才有可能寻找到正确有效的方法来积极地影响孩子。

无论是宏观的教育政策还是具体的实施细节，这些尝试都非常有必要。你必须让自己适应孩子不同成长阶段的不同需求。因为，成长阶段不同，孩子需要被家长关注的程度也有所不同。在孩子刚出生的那几个月，你应该尽可能少地去打扰孩子的休息。几个月后，孩子需要家长越来越多的关注。几年过后，你必须再次退出，因为到那时他需要有更多的时间和同龄的孩子在一起。孩子一生中的某些时候，可能会特别乐于接受别人的教导；而在另一些时候，可能会拒绝听取任何建议。有时候，他会主动来寻求建议；有时候，他会坚持自己的决定。如果你的态度过于僵化死板，就无法满足每个孩子在不同阶段的不同需求。真正有效的教育方法，是家长根据孩子成长的不同阶段，不断调整自己的方法策略以适应不同场合的具体需要。

激发孩子的兴趣

如果你能激发孩子的兴趣，他们一定会更愿意接受你的建议。然而，如何能激发起孩子的兴趣呢？这个问题本身就足以激励你不断地改变自己的教育方法。父母可能经常抱怨孩子对他们的话总是左耳朵进右耳朵出。然而，那些千篇一律的命令、责备和解释实在过于单调，孩子们必然会无动于衷。

所以，你在跟孩子说话时，请务必注意自己的语音语调。你的声音表情越是活泼自然，孩子就会越喜欢听你说话。暴躁易怒的家长不可能培养出乖巧听话的孩子。很多父母在跟孩子讲话时，总是会采用一种沉闷无趣甚至刻薄刺耳的腔调。这样只会让孩子沉默或逃避。类似地，有些大人总是喜欢使用小孩子的口吻跟自己的孩子对话，这会让孩子们特别反感，他们会觉得这样的方式很可笑，事实上也确实如此。

每个家长在教育子女的过程中都会遇到各种各样的情况，这让他们很难处理好与子女之间的关系。孩子往往会表现得非常固执，以至于任何的谈话和建议都不能影响到他。在这样的状况下，你很容易失控，因为你是如此的无助与失望，这让你无法忍受。下面为你推荐一种方法，它普遍适用于所有的场合，即使在你完全不知所措的时候，也必然有效，这种方法可以挽救很多看似完全失控的局面——弄清楚孩子期待你下一步做什么，然后反其道而行之！无论什么情况，即使孩子看起来完全无视你的态度，他仍然会非常期待你的反应。他或许在等待威胁、爆发甚至是体罚，或者仅仅在等待责骂或说教。他已经为此做好了准备，并决定无动于衷。

这时，家长通过认真观察自己倾向于采取何种行为，就会发现孩子在期待什么。你的反应通常完全符合孩子的预期，这正是他们期待的，甚至可以说是他们自己引发的。对于孩子的预期，家长如果反其道而行之，就会让孩子猝不及防、不知所措。如此一来，你不仅引起了他的兴趣，还能迫使他重新反思自己的态度。至少你可以获得一个休息或思考问题的机会，换一种新的方式来应对你眼前的问题。当孩子以为你会责骂他时去表扬他；当他以为你要压制他时去鼓励他、认可他的行为；当他以为你会大发雷霆或恼羞成怒时表现得毫不在意；当他以为你一定会制止他的行为时允许他行动自由。这些策略都可以用来缓解紧张情绪，并使孩子乐于接受家长后面的要求。家长通常可以利用这种彼此放松的方式与孩子进行友好的交谈，这样孩子就会愿意听取家长的意见和建议了。

由此可见，激发孩子的兴趣，并引导他们做出特定的反应，一点都不难。下面的故事就是一个很好的案例。一位男士最近非常恼火，因为村里的孩子们总是喜欢跟在他屁股后面嘲笑他的红头发。于是，他想到一个办法。他把孩子们都召集起来，然后告诉他们如果他们每天都能热情饱满地嘲笑他的头发，他就每天给他们一便士作为奖励。男孩子们很吃惊，但都兴高采烈地接受了这个提议，于是在第二天，他们每人都按约定领到了一便士。到了第五天，这位男士不再付钱。孩子们都很生气。"如果那个红头发的不给钱，"他们喊道，"我们才不会无缘无故地卖力叫唤。"于是孩子们再也没有聚到一起嘲笑他了。

赢得孩子的信任

一旦你能成功地赢得孩子的信任，你对他的影响就会越来越大。但是光靠爱和温柔还不足以达到这个目的。孩子可能非常依恋你，却仍然对你充满敌意和反抗。直到他不再反对你，主动接受你的建议，并自愿满足你的愿望时，你才算赢得了他的信任。他之所以听话是因为他相信你公正公平、言行如一，相信你是为他好，值得他依赖。你任何争夺权力的迹象都会导致你们的合作无法达成。

对于家长来说，懂得如何在困境中赢得孩子的信任尤为重要。你可以通过上面说的这些出其不意的办法来引起孩子的注意，但想要赢得他的信任还需要做出更多的努力。最好的方法是友善的关心和真心实意的爱护。孩子们的洞察力极强，他们能很容易地分辨出虚情假意和真心实意，也能很快识别出谁才是他们真正的朋友。（这一说法始终是正确的，尽管表面看起来并非总是如此。也许你一直认为自己是孩子的朋友，但实际上你对孩子的态度往往不自觉地充满恶意和敌对。）

因此，你要注意自己与孩子说话时的语气，务必尽可能地保持友善。尤其是在关键的场合，家长能做到这一点非常的重要。在这些场合，如果你不能做到时刻保持友善的态度，那么你将来就很难看到孩子的成长。因为，无论你做什么，都只会增加他对你的抗拒。所以，你要尽量避免自己对孩子的任何谴责或惩罚，让孩子从自己不当行为的自然后果中去学习，这些后果纯粹是由于他们的行为不当所致，不带任何个人色彩。遵循这一原则，你就可以避免让自己在孩子面前表现得如此不友好。苛责的话总是会引起孩子的反感，对孩子一味地纵容也不会获得他们的信任。放纵并不会让他感受到你的善意，相反他会认为这是你软弱的表现。要想赢得孩子的心，最容易的办法就是对他和他做的事情表现出真正的兴趣——陪他一起玩耍、带他去散步、和他聊天，或者给他讲故事。但是，你要像孩子那样全身心地投入，否则你的努力不会有任何效果。这样的转变往往不会受到彼此之间矛盾冲突的影响，而且这种方法远比讨好或宠溺更有效，因为讨好或宠溺往往会给孩子一种被占有或地位低下的感觉。如果有人对孩子表现出积极、友好的一面，必要的时候，他就会很容易赢得孩子的关注和回应。

缓和僵局

在与孩子的相处过程中，很多时候，父母都会在不经意间引发孩子的敌意和反抗。因此，父母应该学会如何在不发生冲突的情况下缓解孩子对你的抵抗情绪。最有效的方法就是转移孩子的注意力，让他不再关注争议的焦点。对于小一点的孩子，这个方法尤其管用。如果孩子很固执，或者发脾气，拒绝服从你的安排，你只需要找一些方法快速地引起他的兴趣，就可以成功地转移他的注意力。但如果孩子极其叛逆、顽固不化，那么眼前这个简单的权宜之计可能就不起作用了。尤其对于那些年龄稍大一点的孩子，你可能根本无法迅速、轻松地化解眼前的矛盾。然而，此时此刻，你也无须立即采取行动。年长一些的孩子往往更加理性，真正遇到危险时，他更有能力照顾好自己；对于其他情况，你可以静候时机，让他自己去体验自己不当行为产生的自然后果。

比如，在下面的案例中，假设小玛丽不听大人的劝告，坚持在玩水时走向深水区，或手握尖锐的物体，或把身体探出窗外，或爬上椅子时，你一定会立刻喊她停止。如果她没有回应，你可以试着转移她的注意力。你可以对她说："看看我这里有什么。"或者大声吹口哨，或突然拍手——任何可以激起她好奇心的事情你都可以尝试一下。在大多数情况下，这种方法足以平静地化解危险。当然，如果孩子习惯性地顽固不化，那么这些方法可能还不足以解决问题。即便在危险时刻，虽然时间紧迫，但你仍然可以让自己始终保持一个友好的态度。如果孩子还小，你只需要把他抱起来，或者牵起他的手，带他离开就可以了。

还有一个方法，能够有效地缓和僵局，只可惜这种方法很少被用到。那就是幽默。许多人往往忽略了自己的幽默感，他们不知怎的，总觉得为人父母就该表现得严肃、阴郁，他们甚至还会把偶尔的笑声看作有失尊严的表现。然而，在与孩子打交道时，幽默是不可或缺的。如果你是个有幽默感的人，那你跟孩子的相处就会轻松很多。因为你不仅可以缓解别人的紧张，也可以减轻自己的压力。如果你能让别人开怀大笑，他就不可能对你怀恨在心。但是，你一定不能把幽默和嘲弄混为一谈。幽默风趣通常指的是一个人的说话方式，这种说话方式主要通过语音语调的变化来实现，并不看重说话人表达的语意。此外，幽默不应该跟严厉、刻薄联系到一起，否则它会立即失去幽默的效果，不但无法达到缓解僵局的目的，甚至会令彼此矛盾加剧。幽默的目的是让孩子和你一起开怀大笑。切不可开孩子的玩笑。

这一点很难举例说明，因为这在很大程度上取决于当时的具体情况、你的说话语调及措辞。通常，我们只需要欣赏有趣的情节，感受到自己的快乐，就足够了。如果没有出现合适的机会来发挥你的幽默，你还可以给孩子讲一个有趣的故事或奇闻逸事。小孩子们经常会被一些简单的小把戏逗得开怀大笑——在一根绳子的末端挂一个小东西晃来晃去，做一个幽默的手势或者扮一个滑稽的鬼脸。

不管孩子们有多生气、固执或叛逆，你都要始终保持冷静和友好的态度。这是所有父母都必须遵循的原则。父母温暖的话语，以及他们对孩子的同情和理解，经常会带来意想不到的效果，可以让孩子压抑的情绪得到释放，将他对父母的反抗和愤怒转化成抽泣和眼泪。因为在许多情况下，孩子表现出来的傲慢、无礼、反抗和固执都只是为了掩盖自己受伤的心和被家长忽视的孤独感。只要家长愿意为孩子提供帮助，就能立即使孩子的紧张、敌对状态得到缓解。但前提是，孩子愿意相信父母的诚意，相信他们是真心实意地想要帮助自己。不幸的是，很多孩子对自己的父母都缺乏这样的信任。有关"适时退出"的讨论，请参阅第99页。

鼓励与赞美

真诚赞美

正如我们在前一章节所提到的，一个孩子之所以会问题重重，基本上都是由于某种形式的打击所致。也许是孩子的父母或身边的其他人伤了他的心，或许是他为了完成某项任务或获得某种能力而竭尽全力，却一再遭遇失败，使他对自己的能力失去了信心。但是，不管是什么原因造成了他现在的困境，也不管这些原因是多么难以察觉，父母都有责任帮助孩子增强他的自信心。孩子的成长需要父母的鼓励，就像植物的成长需要水一样。缺少了鼓励，孩子无法健康成长；离开了水，植物更是无法存活。父母要想办法让孩子相信，他并不像自己所认为的那样软弱无能。孩子需要表扬，尽管他不够完美；也正是因为他不够完美，才更需要表扬。但父母对孩子的表扬应该是客观的,不带有任何个人的感情色彩:"你做得很好……""这样做是对的……""我很高兴你能这么做……"基于他所做的事情表扬他,而不是基于他是什么样的人,无论他是乖巧懂事的、英俊漂亮的,还是聪明伶俐的。

如果孩子还不太会自己穿衣服,你可以表扬他多么成功地穿上了一只袜子,然后他可能会尝试穿上他的鞋子。你应该称赞他的努力,无论成功与否。又或许他写字不怎么好看,你可以翻翻他的作业,找到写得相对较好的一页或一行——哪怕是零星的几个字母,然后真诚地赞美他。无论孩子在哪方面失败了,你都可以通过鼓励来促使他进步。性格和道德品质的发展也是如此。即便孩子没有主动采取正确的行为,他也需要得到你的认可。

如果想要孩子朝着正确的方向发展,他就必须做到勇敢自信。你要避免任何可能会打击孩子自信心的行为。尽可能多地使用以下语句:

> 如果别人能做到这件事,你也能。
> 不入虎穴,焉得虎子。
> 每个人都会犯错。
> 没有人生来就是完美的。
> 犯错让我们成长。
> 熟能生巧。

事情似乎没有你想的那么难。

一次撞击不足以击倒一棵橡树。

罗马不是一日建成的。

万事开头难。

永不言弃。

不要让自己泄气。

好的开始是成功的一半。

人都会有失误的时候。

多尝试几次，你会做得更好。

如果你的愿望足够强烈，你就一定能做到。

困难是注定要被克服的。

任务越艰巨，你从中收获的就越多。[1]

有时候，用孩子的年龄做暗示，比如告诉他"你已经长大了，有能力做好这件事了"，会产生很好的效果，但这个方法要慎用。否则，他可能会觉得自己未能完成他应该完成的事情。你要注意自己的措辞，比如"再也不需要我帮你穿衣服了"，等等。你必须时刻注意自己的言行，观察孩子的接受情况，看他是得到了鼓励，还是恰恰相反。

---

[1] 引自爱丽丝·弗里德曼（Alice Friedman）博士的《育儿指南》（*Erziehungsmerkblätter*）。

适时退出

许多孩子之所以淘气，主要是针对他们的父母，他们喜欢看到父母被自己搞得手忙脚乱、落荒而逃。适时退出，即父母在适当的时候，选择暂时离开，这样通常会产生意想不到的效果。我们在孩子教育方面做出的大量的努力，都是为了帮助父母从不必要的压力和孩子们过多的需求中解脱出来。当父母选择适时地退出，拒绝成为孩子的奴隶时，孩子的行为必然会发生改变。孩子之所以对父母有很强的依赖性，一般都是因为他们的要求太多了。他们利用一些或有或无的弱点或天生的缺陷让父母为他们做这做那。如果父母拒绝扮演这一角色，孩子往往会克服自己的弱点和缺陷，开始想办法自己去解决问题。不听话的孩子通常都比较专横，他早就做好了充分的准备来抵抗父母施加给他的压力。此外，他不但不听父母的话，还会用尽各种办法来迫使父母按照他的想法行事。父母想要强迫他屈服是不可能的。然而，如果父母能注意不屈从于他的意愿，他就会发现自己是白费力气。

此时，他一定会大发脾气来反抗。让孩子独处，是纠正类似行为的有效方法之一。没有了观众，就没有人害怕或在意他做什么，那么他发再大的脾气都是没有意义的。孩子们之间的打斗通常都是因为父母。如果父母能做到不介入其中充当裁判并把他们分开，孩子们就会学会如何共处，学会自己化解矛盾。

为了能从乱局中全身而退，最好躲进洗手间，把自己锁在里面，直到外面的"骚乱"平息后再出来，这样做，父母就可以促进家庭的和睦。当父母感到束手无策，再也无法控制自己的情绪或再也无法忍受时，这种办法尤其适用。父母可以在自己脾气爆发或卷入纠纷之前及时退出，用一扇门把自己和孩子隔开。主动退出之后，当再次出现在孩子面前，你们又可以成为那个自己想要也应该成为的友好而又温暖的父母了。

引导与教育

当你在向孩子介绍一项新的任务或职责时，需要特别小心，以免打击孩子的自信心。最好让他通过自己的努力去学习。这样的话，每一个新的成就都是一次进步。如果你过于费心地引导，他很可能就会认为这个任务对他来说太难了，还会认为你觉得他能力不够，无法完成任务。因此，对于父母而言，聪明的做法是：你来帮助他开个头，后面让他自己去尝试，直到取得自己想要的结果。

父母一定要注意和孩子谈话的时机。只有当孩子愿意倾听时，你们的谈话才有价值。在孩子做错了事的时候，家长最好不要说教，因为这时候你说什么都没有意义，此时的他要么表现得十分叛逆，要么特别消沉。最佳的谈话时间是找一个安静、放松的时刻，比如当你和孩子单独在一起聊天或散步的时候。睡觉前半小时，也是家长与孩子进行亲密交谈的好时机。你可以充分利用这些时机。但请务必记住，只有通过友善的交谈，家长的教育和引导才会产生作用。

而且，在谈话过程中，你要避免表现出自己高孩子一等。无论何时，无论你教他做什么事情，你都必须明确地告诉他，他要遵守的那些行为规范，其他人同样要遵守。在他眼里，你应当是希望帮助他解决问题且与他平等的一位伙伴。每当你想要给他提建议的时候，如果你能对他说"来吧，让我们一起做这件事"，孩子往往会更容易接受你的建议。但是这种所谓的"一起做"并不是说让你去替孩子做那些本该由他自己完成的事情。它仅仅是用来缓和气氛，避免出现一些令人不愉快的场面。所以，当孩子不想接受家长安排的某项任务时，这样的方法最为有效。

你可能会想，为什么你的孩子更愿意听从别人的意见，而不愿意听从你的。这是因为，其他人总是能在平等的基础上跟孩子交谈，而父母则更倾向于强调自身的优越感。他们越是这样，孩子就越难以接受他们的意见。真正的优越感并不需要借助权利与威望来表现。即便是你在知识、经验以及判断力等方面更具有优势，你仍然需要平等地对待你的孩子。你在孩子面前越少提及你的能力，而且对这方面表现得越不在意，孩子往往越能认可你的能力。如果你下定决心要不惜一切代价地让自己显得高人一等，那么一旦你发现自己无法回答孩子提出的某个问题时，就会非常尴尬。反之，你可以坦率地承认自己并非无所不知。（千万不要故意给孩子一个错误的答案，这会让你直接失去他对你的尊重。）承认自己的缺陷和弱点并没有什么坏处。因为，孩子迟早都会发现它们。他的观察力比你想象的要敏锐得多。如果你试图掩盖自己的缺点，孩子恰恰会接受这件事的表面价值——将此看作你的另一个弱点。

相互信任

坦诚地告诉孩子，你身上也有着很多缺点，这样可以增进你与孩子之间的亲密关系。你的坦诚会增强孩子的自信心。如果你向孩子承认自己在他这个年龄时，并不比他做得更好，孩子并不会为此看轻你。如果你足够诚实，将真实的自己展现在他的面前，而不是非要骗他相信你小时候是个完美的天使，那么孩子也能更加客观全面地了解自己的处境。这足以让你感到欣慰。把孩子完全当成朋友一样对待，是赢得孩子信任的最佳方法。

但仅仅让孩子把你当成一个普通人是不够的，你必须也以同样的眼光来看待他。许多父母甚至忽视了孩子最基本的社会权利，他们肆无忌惮地对孩子撒谎，无故地怀疑他们，不信守自己对孩子做出的承诺，甚至对此都没有丝毫的悔意。孩子有在父母面前保持沉默的权利，也有根据自己的意愿透露或保守秘密的权利。但父母似乎从来都不懂得尊重孩子的这些权利。他们偷看孩子的书信，不但不尊重孩子的思想和感情，甚至还会言辞激烈地羞辱自己的孩子。然而，一旦他们发现孩子从来不跟他们吐露心声，他们又会感到无比惊讶和气愤。连你都不会信任一个这样对待你的人，更何况他还是个孩子。孩子也是一个普通人，他也拥有与成年人一样的感情。作为父母，你不能强求别人相信你，信任是需要靠自己的努力去争取的。如果孩子不把父母当朋友，那父母也怪不得别人，只能怪自己。一旦他们发现孩子根本不把自己当回事，他们也无须太过惊讶。孩子有时宁愿向其他人求助，也不愿听从父母的任何意见和建议。在他们看来，至少这些外人会给予他们应有的理解与尊重。

也许你认为了解孩子的所思所想，知道他都做了什么，这完全是为他好。但是你越是执着于此，你就越不可能得到他的信任。当你因为好奇而无止无休地询问时，孩子会越来越反感，他内心世界的大门会一点一点地关闭。如果你再继续施压，就会让他最终对你谎话连篇、虚情假意。要孩子向你吐露心声，这需要彼此之间亲密无间、相互信任。如果你能小心谨慎地善待你的孩子，那他们肯定会愿意信任你。很多父母，由于经常使用错误的态度和方法来对待孩子，所以他们很少知道自己的孩子在想什么。

请记住，所有的信任都是相互的。孩子需要你的信任。想要体现你对孩子的信任，最重要的方法就是尊重他的个人价值和他作为一个普通人该有的社会权利。你有很多机会来展示你的这种信任。即使是学龄前的孩子，你也可以拜托他（记住是拜托，而不是命令）承担家里的一些重要工作，并能尽己所能地帮助其他家庭成员。你可以让他帮你跑跑腿，给你的朋友传个话，或陪你一起去买东西。随着孩子逐渐长大，他对你的信任会成倍地增加。你可以和他讨论一些事情，甚至有时候你还可以询问一下他的意见和建议。这样孩子就会慢慢地成为你的朋友，你们都将从彼此的信任中受益。

在日常生活中，几乎时时刻刻都能体现出你们彼此之间的信任和依赖。这就是之前我为什么强调家长对孩子坦诚相见很重要。你可以毫不犹豫地向他透露你的一些担忧和问题。但是，你绝不能把你的信任当作负担强加给孩子。与孩子推心置腹，这并不意味着对他有信心。如果你习惯了长期把孩子当成诉苦的对象，他的成长将会受到严重的影响。他会因为你而过多地接触到成人的经历、家庭的矛盾以及婚姻的难题等他无法理解的事情，从而失去自己原本的纯真。这样的做法是非常错误的，这些父母，他们没有能力管理好自己的生活，也没有能力去结交一些可以吐露心声的朋友。这并不是信任孩子的表现，反而体现了父母的沮丧、困惑与孤独。他们一有机会就向孩子倾诉自己的烦恼，完全没有考虑到这样做可能带来的伤害。

改变说话方式

长期以来，人们一直把奖励和惩罚作为最基本的子女教育方法，除此以外，他们别无他法。如今，我们充分认识到了这些方法是多么荒谬。无论是奖励还是惩罚，它们都只不过是父母随心所欲向孩子表达自身权威的一种方式，对孩子而言都是有害的。孩子最终可能会屈服于父母的压迫，但与此同时，他们内心的反抗情绪也会被激起。当然，孩子确实需要学会服从，但这并不是服从于某一个体的专横与强权。我们唯一有理由要求他们服从的只有社会规则，这是约束我们所有人言行的法律准则。自然秩序和社会秩序都是非常明确有力的行为法则，足以让孩子深刻认识到他的行为所带来的好的和不好的结果。但这些规则发挥作用的前提是，父母并未介入其中保护孩子。这并不是说父母应该完全处于被动和漠不关心的状态，表现出一副"我不在乎"的态度，尤其是在遇到危险的时候。你可以而且也应该陪伴在孩子旁边，帮助他认识到某些特定情况需要符合哪些要求，并帮助他努力去适应。

在这一过程中，你一定要尽力使用"你可以"这一神奇的表达，而避免使用"你必须"这样的措辞。"你必须"，这一表达剥夺了孩子作为一个自由个体的独立意识，剥夺了他们主动探索、掌控命运的自主意识。"可以"代表的是一种自然秩序；"必须"代表的是个人权威的任意指令。这并不是诡辩，亦非吹毛求疵。我曾经看过两张图片，清晰地体现了二者的本质区别。两张图片中都有一座位于森林深处的房子，一条宽阔的小路通往房子的大门。第一幅图中有一群背着木柴的孩子，他们的神情沮丧而忧郁。在第二幅图中，同样的孩子们背着双倍的木柴，但这次他们快乐地蹦蹦跳跳。是什么导致了这一神奇的变化？第一幅图的下面写着"你们必须到森林里取一些木料"，而第二幅图的下面写着"你们可以到森林里取一些木料"。

你可以对自己的孩子尝试使用这一方法。如果你想让你的女儿摆放餐具，你可以分别对她说"你必须摆放餐具"和"如果你愿意的话，可以去摆放餐具"。说完后，注意她的反应。你会发现这两句话会带来明显不同的效果。

此外，最好避免发出负面的指令，你应该强调正确的做法，而不是禁止错误的做法。有时候，一点点友好的鼓励就会带来非常主动的回应，尤其是，如果你能指出孩子的成就和他的实际能力之间的差距，告诉他"我相信你能做得更好！"从此激发孩子的自尊以及对认可的渴望，往往能有效地引导孩子达到他想要的结果。

肯定孩子的努力与付出

"只要你愿意尝试，我相信你一定可以做到。"每当你想要纠正孩子的行为、改掉他的坏习惯或指导他完成一项新的任务时，你都可以用这句话来达到目标。这是另一句神奇的表达。这样的话，能够激发孩子的主动性，让他觉得自己长大了，从而激励他朝着更明确的方向努力。实际上，对于孩子身上的每一处错误或缺陷，包括任何可以通过教育而得到改变的情况，都可以转变为切实的、可以解决的问题。在必要的时候，站在一旁，保持亲切友好、愿意合作的态度，你可以避免所有冲突。即使不一定能立即产生想要的结果，你也无须采取更多极端的措施。就目前的情况而言，你有各种机会鼓励孩子，从而巩固你作为他的好朋友的地位。困难本身并不重要，想要克服它，也许需要培养一些简单的技能，也许需要克服一些将来可能会带来麻烦的性格缺陷和不良习惯。但是，不管这个过程有多漫长、多乏味，承认和强调孩子的每一点进步，都能帮助你维持你们之间的友好关系，这个进步再小都没有关系。你的这种态度有助于消除所有可能会引发冲突的因素，让敌人变成盟友，一起朝着一个可以实现的目标而努力。

揭示孩子的行为动机

到目前为止，我们主要讨论了教育孩子可以使用的一些外在技巧，然而一些心理学方法也不容忽视，它们的影响往往会更加深远。每个父母都需要具备一些实用的心理学知识，这样才能更好地了解你的孩子，更好地处理他们所遇到的问题。因此，我们在第二章和第五章详细讨论了心理学方面的问题。而现在的问题是，你应该在多大程度上将你对孩子的了解告诉他？

孩子通常并不知道自己为什么会以这样或那样的方式行事。所以当你问孩子"你为什么要那样做"时，通常是没有任何意义的。当孩子回答"我不知道"时，父母往往会非常生气。但大多数情况下孩子并没有错，因为他们确实不知道自己为什么那么做。孩子往往都是一时冲动，他们并不能清楚地意识到自己的行为动机。即便他如实地去解释自己的行为，这些解释也大多是一些看似合理的借口，而不是真正的原因。你应该主动告诉孩子他这么做的原因，而不是去问他为什么要这样做。这些关于他的行为目标和动机等方面的信息，对孩子会非常有帮助。他必须先了解自己，然后才能改变自己的态度。任何与儿童相处的人，都应该掌握一些必要的心理学知识和育儿经验，以便他们能充分地理解孩子遇到的问题，并正确解读他们的行为。

家长有必要采取一些预防措施，即与孩子进行一次有效的心理沟通，从而避免造成巨大的伤害。首先要注意的是进行沟通的时机和场合。切勿在孩子做出一些不当行为之后立即进行沟通，因为这时候孩子和大人都处于情绪激动的状态。其次需要注意的是，谈话应始终保持冷静和实事求是。父母对孩子丝毫的批评和责备，都会引起孩子们的反感，让他们对父母的谈话充耳不闻。父母必须时刻牢记，心理学可以是强大的帮手，但也可能是极具破坏力的武器。将心理学应用于惩罚和辱骂，会比身体虐待更具伤害性。为了能成功地与孩子进行心理沟通，你必须始终保持冷静、友好的态度，利用关系比较亲密的时间进行交谈，尽量使双方都能接受彼此的观点。无论某种心理解读多么正确，一旦沟通方式不够友好或没有选对时机，后果就会不堪设想。

对孩子进行心理解读与对其潜意识进行分析与窥探，与对孩子进行深层行为动机的挖掘不同。我们不提倡那些未经过系统培训且没有心理治疗资格的人对孩子进行心理治疗。心理治疗和心理解读是有着明显区别的，我们必须对二者进行区分。心理治疗是精神科医生和训练有素的心理专家的一种治疗手段，而心理解读是每个与孩子相处的人都应该能够使用的教育手段。两者之间的主要区别在于它们所检查和分析的心理机制和心理问题不同。只有心理治疗才能揭示一个儿童或成人在过去生活中逐渐发展形成的一些深层的观念。而心理解读只涉及对当前的行为态度和目的的分析和解读。

所有父母和老师都应该具备一些心理学知识，并对影响孩子性格形成的可能因素有所了解。如遇到比较困难的情况，可以向精神科医生或训练有素的儿童心理专家学习和请教。但这些心理学知识不应该在你与孩子之间的交谈中分析和使用，它只能用于指导你对孩子的综合管理。你必须了解孩子的行为，并试图影响他们。与孩子一起探讨他行为上的一些问题是使问题得以解决的最有效方法之一。然而，若要使你们的讨论卓有成效，就一定不要去深究孩子为什么会以某种方式行事，你只需要解释他那样做的直接目的是什么。从表面上看，"为什么"和"目的是什么"之间的区别似乎并不明显。然而，二者最明显的区别在于你关注的焦点是过去还是现在。导致孩子形成现在的行为态度的理由可能有一千个，但他的行为目标只能有一个。对未受过训练的人来说，一味地去探寻"为什么"只代表了你的猜疑，对孩子行为目标的认识则表示出你对他的理解。

孩子对原因解释的反应和对其行为目标解释的反应是不同的。嫉妒，缺乏自信，感觉被忽视、被支配或被拒绝，感到内疚或自怜，不管这些归因对孩子的行为解释得多么正确，孩子最多就是冷漠友好地接受而已，出于这些原因只能告诉孩子他是什么样的人。当孩子被告知自己想要什么：得到关注、显示自己的优越性、成为"老大"、展示自己的权力、报复或惩罚别人，此时他的反应是截然不同的。这种对孩子真实意图的解读，如果正确的话，会立即引起孩子非常明显且极具特色的反应。这种反应是即时的、无意识的，是一种"识别反射"，体现了解读的正确性。这种识别反射有时是一个淘气的微笑，有时是眼睛放光，有时则是表现得特别吃惊。孩子一个字也不用说，甚至他还可能会直接否定地说"不"，但他的面部表情已经暴露了他内心的想法。这种对孩子心理态度的识别通常会使他的某些特定行为即刻发生改变，对年幼的孩子来说尤为如此。即使是很小的孩子，一旦他们理解了词义，也就是从两岁开始，就能够有意识地理解意图，并且当他们意识到这些意图时，就会有意识地去改变自己的行为态度。[1]当然，这并不意味着孩子的生活方式会彻底改变，但最终可能会促使关于人际关系的基本观念发生变化。

---

[1] 参见第2章中的"道德意识"部分。

即便是心理学的解读也要谨慎使用。解读一旦重复或过度，就不再是揭示了。这些解读绝不能让孩子产生被羞辱或被贬低的感觉，也不应该被孩子理解为吹毛求疵和批评。一般来说，建议不要明确地对孩子说"你这样做是因为你想……"，一些模糊的猜测往往更有说服力，如"我想知道你是不是不想……？有没有可能……？"这样的表达不会带来任何的伤害。如果解读有误，你最多也只是得不到他的回应而已。之后，你还可以再猜一次，孩子的反应会告诉你哪一个是正确的。

一个五岁的小男孩总是威胁要殴打和咬伤其他孩子，尤其是对一个小表妹，已经威胁了她很多次。我们的第一反应是，他可能是觉得自己被忽视了，所以想要伤害他们，以此来获得心理平衡。然而，当我们把这个解读说给他听时，他却面无表情。于是我们继续一探究竟。"你是不是想要向他们显示一下自己有多么的强大？"但他依旧毫无反应。"是不是你妈妈对你威胁他人的这种行为感到很不高兴，而你想让她对你上点心，想让她主动跟你谈起这件事，告诉你不应该这样做？"这时，他面露喜色。他对此感到很得意。当然，同样的行为在另一个孩子身上可能会有着不同的意义。对这个五岁小男孩来说，他这么做只是为了让他的妈妈对他多一点关心。

一个九岁的男孩,总是喜欢把他的头发垂下来遮住右眼。有一次,我见到了他和他妈妈。当着他的面,我问他妈妈,孩子为什么会用头发遮住眼睛。她说不知道,孩子也说不知道。我猜他可能是想让妈妈不断地提醒他把头发往后拨。她表示无法理解,问我是怎么知道她要不停地提醒孩子的?很简单——如果不是因为能用这种方式引起母亲的注意,他就不会总用头发遮住眼睛了。他面露笑容。谈话到此为止。第二天,这位母亲非常兴奋地给我打电话,告诉我孩子向她要钱去理发了。

两个男孩,一个九岁,一个十岁,他们总是喜欢睡觉时间在床上打架,这令他们的母亲非常恼火。这位母亲根本阻止不了,也不知道该如何是好,于是来到我这里求助。我和孩子们进行了一次交谈。我问他们为什么上床后会打架。我并没有期待他们能实话实说,只是想听听他们的想法。他们俩都解释说,在床上打架太有趣了,被枕头砸到也不会痛。这就是他们的理由。

我问他们是否介意我告诉他们真正的原因。当然,他们不介意。于是我大胆地说:"也许你们这样做是为了让妈妈多来几次,提醒你们保持安静。"弟弟淡淡地说:"有可能。"哥哥什么也没说,只是脸上笑开了花。我们知道,一般来说,年长的孩子是母亲的最爱,也很依赖母亲,而小一点的孩子则多少会感到自己被排斥,只能靠努力来维持自己在母亲心目中的地位。一般来说,打架都是由小一些的孩子挑起的,但这次情况特殊,显然是大一点的孩子挑起的战争,目的是引起妈妈的注意,想让妈妈一次次回到他们的房间。我们没有更多地说什么或做什么了。就在我们这次短暂的沟通之后,兄弟俩睡前的打架停止了,之后这种情况再也没有发生过。这并不意味着年长的孩子突然就可以做到不依赖他的母亲了,而是一旦他认识到了自己的目的,这种特殊的方法就不再有用了。

向孩子揭示他们的个人态度和目标,对整个儿童群体的影响也非常大。小组讨论可以极大地帮助改变个人和集体的态度,所以这一方法应该经常在班级和其他集体机构中使用。需要再次强调的是,小组讨论的目的是揭示大家的态度和目标,以及认识到所有人类活动的目的性。

让孩子融入集体生活

孩子从很小的时候开始,就需要同龄人的陪伴了。同龄人的影响对孩子的成长至关重要,因为只有与其他孩子在一起,他才能感觉到自己与他人是平等的,他才会愿意去学着调整自己以适应社会。如果一直跟成年人在一起,孩子要么处于弱势地位,要么地位过高。无论哪种情况,都是不合适的,这很有可能会让他成长为一个性格古怪、不好相处的人。也不能让孩子一直只和某个兄弟姐妹一起玩,因为这种同伴关系常常会演变成一种尊卑关系，从而滋长孩子的控制欲或自卑心。此外，让孩子和偶尔在街边或公园里认识的小伙伴玩耍也是远远不够的。家长应该把孩子送到一个组织有序、管理有效的同龄群体中，这样孩子才能顺其自然地适应社会秩序。因此，在我们这个三口之家普遍盛行的社会，家长最好从孩子三岁开始，就把他们送到一所好的托儿所或幼儿园；从六岁开始送他们去参加各种夏令营。

本章我们不涉及此类儿童娱乐问题的探讨。接下来，我们将专门针对父母亟须解决的一些问题展开讨论。在选择幼儿园或夏令营之前，你应该进行必要的咨询，以便清楚地了解你该委托什么样的机构来照顾你的孩子。一旦做出了决定，你就无权再干预这个集体的内部事务了。家长不要轻易把自己对幼儿园或托管机构的不满和顾虑传达给孩子，这样会影响到他的自我适应，阻碍他的成长。任何幼儿园、托儿所或夏令营都必然会存在这样或那样的不足，家长要相信这些问题后面肯定会得到改善。你要记住，在孩子的一生中，他不可能永远都只属于一个完美的群体，因此，他应该尽早学会忍受现有的不完美。最重要的是，不要以你的焦虑为借口去为孩子争取特权，因为这必定会阻碍你目标的实现。

总之，当你的孩子与其他孩子在一起时，你应该尽量不要介入其中。他必须亲自去摸索如何与其他孩子相处，如何协调彼此之间的利益关系。如果孩子们在幼儿园或夏令营时做错了事，他们就会承担一定的后果，只有认识到后果他们才会知道自己做错了。老师或营地辅导员会通过正确的方式来告诉孩子下一次如何做得更好。如果孩子在玩耍的时候没有人照看，你应该远远地看着他，但要保留自己的意见，直到只有你和他两个人的时候再向他说明。但是，当你和他交谈时，你一定要小心谨慎，切忌向他灌输任何自负和厌世的情绪，不要把你对他人的不信任、对威望的渴求以及胆怯等情绪流露给他。这些负面情绪不利于孩子健全性格的形成。他只有把自己的玩伴当成朋友而非敌人，才能尽情享受他们的陪伴。

另外，你对于孩子之间打架是什么态度呢？这是一个备受争议的问题。孩子之间要尽可能避免发生争吵，而且家长决不能允许孩子之间出现严重的矛盾与争执。但是，冲突有时在所难免。孩子们总是喜欢相互较量，在受到别人攻击时，孩子必须做好准备，知道如何自我保护。如果禁止孩子打架，那么每当被别的孩子欺负时，他就会束手无策，只知道哭。在孩子小的时候，你尚且可以威胁并赶走他的对手。但等他长大了，该怎么办呢？你又不能一直在他身边保护他。孩子必须能够保护自己，这是理所当然的事情，所以每个孩子都应该像其他孩子那样学会跟人打架。当然，你应该让他远离那些粗野的、不受欢迎的玩伴，并且阻止他的暴力倾向。性格平和并不通过惧怕打架来展现，而在于他有能力通过其他更加温和的方式来解决分歧。

除此之外，家长不应该因为害怕孩子生病而拒绝把孩子送到幼儿园。如果疾病是传染的,在家不一定比在学校更安全。因为无论是走在大街上,还是坐在公交车里,抑或是去走亲访友,他都面临着与在教室里一样多的风险,都有可能被传染疾病。家长不要太把这些问题当回事儿了。我们做的任何事情都有一定的风险,凡事不冒险就不会有收获。

对很多父母来说,送孩子独自去参加夏令营可能是件非常困难的事情。但是,我们要知道,夏令营对孩子来说是非常难得的锻炼机会,且近年来越来越受家长的欢迎。在这种情况下,需求往往会促进好制度的形成与发展。如今,家长往往自己都舍不得给自己放一个长假,但是他们却非常乐意给孩子放几个星期的假,让他们好好娱乐一下。越来越多的家长愿意接受与孩子暂时分开,所以夏令营的种类和数量也逐年增加。这样的变化对双方都有好处。它缓解了家长与孩子之间普遍存在的紧张关系。到了秋天,孩子与父母之间往往会更加团结,也更愿意互相妥协。这时,双方都可以重新开始,拥有更多勇气和更少敌意。如果在此期间孩子能有所进步,而你也有时间进行一些思考与学习,暑假就有可能成为家庭关系的转折点。

家庭会议

社会赋予了孩子们越来越多的权利,他们也逐渐意识到自己的平等地位,因此有必要让他们作为平等的家庭成员参与到家庭事务中来。这里所说的平等并不意味着孩子与大人有相同的职责。家里的父亲母亲、兄弟姐妹、长辈晚辈都分别履行着不同的职责，然而，家庭职责与分工的不同并不意味着家庭地位的高低，否则孩子就会不可避免地产生怨恨情绪，不愿意履行那些象征着较低家庭地位的工作。

当今社会所倡导的民主氛围让每个家庭成员拥有了更多的自由，也意味着每个家庭成员都要承担起更多的责任，为了整个家庭的幸福一起努力。如果父母，特别是母亲，一个人承担起所有的责任，而让孩子们享受着随心所欲的自由，那么家庭地位的失衡就在所难免。家长剥夺了孩子们发挥作用的权利，孩子就会变得越来越蛮横、暴躁、难以满足。自由意味着孩子要自觉、自主地承担起一定的职责，需要有一定的责任感，否则就会导致混乱。

家庭会议让每个家庭成员都有机会在与家庭相关的事务中自由地表达自己的意见。他可以反对和批评任何他不喜欢的事情，但在提出反对意见之后，他应该针对问题的解决提出自己的意见和建议。让孩子享有批评的权利，意味着孩子和大人一样，都需要对家庭的幸福生活做出属于自己的贡献。所以，从这个意义上来讲，家庭会议包含了对孩子的民主教育。这样的教育实践对孩子非常重要，对家长而言也是一样的。

我们从父辈那里传承下来的教育方法并没有告诉我们彼此之间该如何平等共处。我们必须通过反复实践、多次尝试来建立这些指导原则。在这一方面，每个家庭都是先行者。

如果孩子在小时候未能学会如何在家庭中民主地生活，今后可能也不会有什么机会学习了。这是因为我们对地位的高低这些等级观念的主观认识已经根深蒂固，我们努力让自己获得优越感，但实际上非常害怕自己处于劣势地位。与其他民主方式相比，家庭会议更能让每个成员在权利和义务方面享有平等的地位。从这个意义上讲，它促进了民主原则在家庭生活中的应用。

很多家庭会议难以维持，主要原因是家庭成员难以建立和维持平等的民主关系。很多家庭都是刚开始的时候父母热情很高，怀着各种期待，但随后不久，要么是父母，要么是孩子，开始不断违反民主程序的基本要求，家庭会议就失去了它的意义和作用。维持家庭会议需要相当多的毅力，需要家庭成员认识到自己的错误，并有能力去改变自己的态度，尊重他人的意见；也需要彼此有足够的勇气去探索和规划新的方向，无所畏惧、互不猜疑，坚信其他家庭成员同样希望家庭和睦，只是不知道如何去做。

如果家庭成员彼此之间缺乏一定的信任与尊重，大家就很难去一同探讨遇到的困难和冲突，也就无法找到机会去解决眼前的问题。

所以，在此我们提出一些需要遵循的基本原则，以确保家庭会议的持续实施。

（1）规定每周召开家庭会议的具体时间。建议不要由某一个成员随心所欲地召开临时会议，没有什么事情会紧急到需要立即解决的程度。"立即"通常意味着这时候家庭成员之间出现了矛盾或利益冲突，所以，此时并不是交谈的好时机。因为冲突下的言论已经不再是沟通手段了，而是彼此相互攻击的武器。因此，可以在定期举行的家庭会议中为紧急情况制定专门的议程。

（2）召开家庭会议要邀请所有家庭成员参加，但不要强制要求大家出席。如果某个家庭成员（无论是父亲还是孩子）不愿参加，可以利用他缺席的机会达成一些他可能不喜欢的决定。这一方法通常足以促使这个不合作的成员参加下次会议，这样才有机会改变先前的决定。

（3）家庭会议中，所有成员全部平等，每个人都有表决权。参会成员的年龄要求取决于孩子的理解能力。即使是非常年幼的孩子也可以参与家庭会议并发表他们的意见。另一方面，如果有任何成员扰乱家庭会议，那么在其他成员达成共识的前提下，可以要求他离开。

（4）家庭成员每周或每月轮流担任会议主席，以便每个家庭成员都体验到这种特权和责任。人们通常会认为，孩子往往不能胜任会议主席的职责。确实如此，但父母其实也是一样的，我们经常会发现父母有时也不能以民主的方式主持会议。

（5）作为会议主席，要负责维持会议秩序，使每个成员都有机会自由地表达他的想法和意见，同时每位成员也有义务去认真听取其他成员的意见。如果父母利用家庭会议进行

"解释"、说教、责骂或想方设法地将他们自己的意愿强加给孩子，那么这次会议就不是民主的，这样做违背了会议的初衷。父母与家庭中的其他成员一样，只能在会议中向大家提出自己的想法和意见。会议的首要目标应该是所有人都愿意认真地去倾听别人说的话。在获得令人满意的解决方案之前，会议主席要严格要求大家，务必做到相互倾听并了解其他家庭成员的想法。

（6）大多数的"紧急"决定并不像父母或孩子认为的那样紧急。所有家庭成员无论是否喜欢，都需要耐心地去履行自己的职责。大多数的父母在出现问题或孩子行为不当时，很难冷静地进行处理。实际上，他们可以采取或正在采取的方式根本无法改变这种局面，但是，任何一种方式似乎都比"等着瞧"的态度好得多。在家庭会议还没有针对某一问题做出决定的情况下，每个人都有权采取自己认为的最佳方案。此外，除非经过家庭会议批准，否则任何一种个人的解决方案都不能影响到其他家庭成员的利益。在有可能出现生命危险的情况下，可以随时做出决定，基于约定好的信号，省去家庭会议的环节，所有家庭成员必须立即服从。孩子之间发生冲突时，大多数情况下父母只需要离开即可，让孩子们在父母不在场的情况下，自己想办法解决问题。

（7）在家庭会议中做出的每一个决定都需要格外慎重。这些决定需要为所有家庭成员服务，而不是仅仅满足某个人的利益。家庭会议是一个解决问题的平台，而不应该成为针对某个人的"批斗会"。无论出现什么问题,所有人都需要思考:"我们该怎么办?"要始终将重点放在我们可以做什么,而不是某个成员应该做什么上,这一点非常重要。家庭会议不能成为某个人行使权力的工具,更不能将某个人的决定强加给任何一位家庭成员。如果要对某个人施加一些影响,那么流程应该明确说明"如果……的话",其他人做些什么。此外,每次会议决定都需要拟订一份行动计划,针对某些家庭成员未能执行会议决定情况下的行动计划。也就是说,无论这些决定或计划是受到欢迎,还是遭到反对,行动计划都是必需的。对于行动计划的具体内容,最好是所有家庭成员都能达成共识,否则,就只能是少数服从多数。家长必须记住,在大多数情况下,如果能以一种客观的方式来讨论他们之间的问题,并且这种讨论不会当即引发其他冲突,孩子们往往会非常通情达理。

(8)父母通常会害怕孩子们做出某些错误决定,这些决定可能会与他们本身的想法背道而驰。其实,对于这些错误的决定,家长可以好好地加以利用。家长不要试图阻止孩子做出这样的决定,而是应该静观其变,让孩子去亲身经历后面发生的事情。其实,一般情况下,即便是放任错误的发生,也不会造成太大的伤害。在认识到自己的决定是错误的之后,在下次家庭会议中,孩子们就会更加谨慎,也更加愿意去和家人们一起商讨出更好的解决方案。

(9)在家庭会议中,一旦针对某件事情做出了决定,就务必执行下去。若想对其进行更改，就必须等到下一次家庭会议再进行讨论。在此期间，任何人都无权决定采取新的行动方案或将自己的决定强加于他人。此外，如果孩子忘记了做某事或承担某项职责，那么家长也可以不受之前决议的约束。比如，如果家庭会议决定妈妈负责买菜做饭，孩子们负责洗碗，那么母亲就无权让孩子帮她买菜或做饭。然而，如果孩子们忘记了洗碗，那妈妈也可以不用做饭，毕竟厨房没收拾干净的话，她也没办法做饭。

（10）家庭会议是唯一的权威。在家庭会议制度下，谁都不能私自制定规矩，随随便便地向他人发号施令。也没有人需要为家里面一切事情运转良好承担责任，没有哪一个人需要对所有的事情负责。这一点对于大多数的父母，尤其是对于母亲而言，是一门难以攻克的学问。母亲通常会觉得所有事情都是自己的责任和义务，如果没有照顾到所有人的需要，她们就会觉得是自己粗心大意、玩忽职守。这就导致孩子们根本没有机会独立承担责任。如果母亲愿意把家庭会议作为家里一切事情的最高权威，那么即便家里的事情进展得不顺利，她也没有必要感到内疚或自责。比起让事情一直进展顺利，让孩子们承担起他们的责任更重要。

（11）家庭会议制度的建立，需要让所有家庭成员都认识到，一个全新的、未经试验过的行动方案已经开始执行。

这一方案的实施需要所有家庭成员的共同努力。此外，大家对具体方案和流程的熟悉也需要一定的时间。实际上，无论是父母还是孩子，都没有对此做好准备。父母与孩子之间互不信任，所以他们对需要彼此合作的事情都没有什么信心。孩子们害怕所谓的家庭会议可能是父母用来对付他们的又一个圈套，目的就是让他们乖乖听话，做那些他们不愿意做的事情。父母也担心孩子们会借助这次民主的机会提出一些不恰当的要求。因此，家庭会议制度往往一开始会成为所有人的负担。在有些家庭，可能这个制度根本难以启动。而在另外一些家庭，可能即便启动了，大家也是三分钟热度，很快就没了兴致。要让家庭会议有效地召开，父母可能会觉得困难重重，但这都是暂时的。如果他们熬过这一困难时期并坚持下去，那么它必定会对所有人大有裨益。

第4章

教育孩子过程中父母最常犯的错误

在教育孩子的过程中,每一位家长都不可避免地会犯错。如果有人告诉你,在教育孩子的过程中,你所做过的很多事情都是错误的,甚至对孩子的成长是有害的,你可能会质疑你的做法是否明智。以下理由有助于缓解你对自己不足之处的担忧。

首先,每个人都有缺点。如果你想要让自己事事都做到完美,那你一定会备受打击,最后可能连本该做好的事情都搞得一塌糊涂。如果我们想要和孩子(以及周围的朋友们)和谐地相处、帮助他们改掉缺点,我们就要先接纳他们的缺点,毕竟每个人都有缺点,这是不可避免的。我们自己也是一样的。我们只有先接纳自己的缺点,与自己和解,然后问问自己:对于这些缺点我应该做些什么?只有这样,我们才能进步。

其次，正如我们在第一章中讨论的父母的困境，在教育孩子的过程中，父母很难找到一个正确的教育方法。在本章中，我们指出父母的错误，并不是为了控诉或者批评他们，而是为他们提供一些有用的信息，帮助他们找到合适的教育方法。要找到正确的教育方法，最好的办法就是避免错误的教育方法。如果你当前正遇到某个难题，急于寻找答案，你首先应该停下来想想哪些事不该做，你会发现这样很有帮助。比起思考正确的教育方法，明确指出教育过程中的错误要容易得多，因为错误总是体现在一些具体的问题中。针对某个问题，家长可以千方百计地找到所谓的正确方法。然而，对于某个明确而又具体的方法，应用起来可能会具有一定的局限性，而且它可能还会阻碍你去寻找其他更好的解决方案。你可以准确地采纳关于不要做什么的建议，却不可能准确接收到积极的建议。因为很多时候，这些所谓的正确方法能否实施，在很大程度上取决于各种不确定因素，比如想象力、敏感程度、情感态度、面部表情、声音语调等。如果有人告诉你打孩子是不对的，你很容易就理解了这个建议的要点，然后照做就是了。教育孩子的方法有很多，虽然每一种方法都有一定的可取之处，但父母若完全照搬这些方法的话也会出现问题，因为这些方法很多时候并没有真正帮助父母解决问题，甚至还会带来不好的影响。

所以，最好的办法是去认真地学习，去理解你在教育孩子的过程中犯了哪些错误。你会发现，弄清楚哪些事情不应该做是很有帮助的。但你要格外小心，千万不要对自己犯下的错误感到气馁，因为那样你可能会犯下更严重的错误。如果你正处在气馁、沮丧、内疚、受挫的状态，不管多么努力地想要做出正确的决定，你都必然会出错。"为打翻的牛奶哭泣"是没有意义的，在教育孩子的过程中你一定打翻过很多次牛奶，为过去的事情感到悔恨没有任何意义。我们一直以来都承受着父母对我们各种各样的伤害，如果内心不够强大，那现在的我们会变成什么样子呢？诚然，我们本可以做得更好，我们应该努力地帮助我们的孩子变得更优秀，生活得更幸福。但在帮助他们的过程中，我们往往忽略了一点，那就是他们是否能够承受我们对他们造成的诸多不良影响，一些行为也许并非我们的本意，却在不知不觉中对孩子造成了影响。

在这一章中，我们将深入讨论父母在教育孩子的过程中最容易犯的错误。所有的错误都源自以下三个方面：(1) 父母没有要求孩子遵守社会秩序；(2) 父母经常与孩子发生冲突；(3) 父母让孩子产生挫败感。

一些父母为了避免与孩子发生冲突，不断地妥协与让步，从而忽视了对孩子的社会教育。还有一些父母则一意孤行，强迫孩子在任何情况下都要遵守社会秩序，从而让自己与孩子陷入一场痛苦的斗争。无论哪种方法，最终都会带来失望与失败。如果我们与孩子发生冲突，就不能让他很好地遵守社会秩序；如果我们不严格教育孩子、不坚持让他遵守社会秩序，我们必然还会与他发生冲突。我们似乎只有两种选择——遵守社会秩序而不发生冲突，或发生冲突而不遵守社会秩序。

维持正常人际关系的一个基本原则是互相尊重。教育中的所有错误都是因为违反了这种合作原则。如果父母不尊重孩子，他们就会羞辱他、奴役他、打击或者溺爱他；另一方面，如果父母任由孩子对自己发号施令，过分地娇纵他们，让自己成为他们的奴隶，那么孩子就会无视父母的尊严，完全不懂得尊重自己的父母。教育孩子的过程中，父母最容易犯的错误可以分为两种：一种是父母不顾孩子的尊严；另一种是父母不顾自己的尊严。父母正是因为忽视了这种尊严，所以才会不断地强迫孩子，又不断地向孩子妥协。

溺　爱

孩子成长过程中最大的障碍是父母对孩子的溺爱。这是一个既特殊又让人难以捉摸的问题。我们经常使用"溺爱"这个词，却没有人了解它的真正含义。毫无疑问，我们同龄人中的大多数小时候都是娇生惯养的；即便有些人强烈反对家长对孩子的娇惯，他们也总是言不由衷，因为他们的内心依然渴望得到父母的一点点溺爱。所以只有那些从小就被娇生惯养长大的孩子才会渴望继续得到父母的溺爱。

要给所谓的"溺爱"这个词下一个准确的定义并不容易。这个术语包含了各种各样的行为和态度。这个词本身的意思是：一种为了能够让孩子适应生活而采取的错误的教育方法，即我们本该教育孩子在生活中要勇敢地承担责任，却在孩子应该承担责任的时候，对他进行特殊的"关照"，使他免于承担本来应该承担的责任。

在大多数情况下，我们溺爱孩子是出于善意，不想让孩子经历某些不愉快的事情——对于那些焦虑的父母，这是他们最普遍的愿望，他们非常关心自己的孩子，特别喜欢黏着他们。独生子女或家里最小的那个孩子最容易受到父母长辈们的溺爱，尤其是那些体弱多病或出于某种原因让人很容易产生同情和怜悯的孩子——他们可能在很小的时候就失去了父亲或母亲，或者存在身体上的残疾。一个长相出众的孩子很可能会被溺爱，爷爷奶奶带大的孩子也很容易会被溺爱。如果父母曾因为某些事情感到焦虑——前一个孩子夭折、长时间怀不上孩子或怀孕的过程很艰难，他们也很容易溺爱孩子。

有时候父母为了保护孩子远离一些不愉快的经历，他们可能会破坏秩序和规则，而这些秩序和规则对社会的和谐格外重要。父母对孩子的这种保护几乎从他刚一出生就开始了，这让孩子一开始就形成了错误的观念。即使是刚出生的婴儿也不能无视规则和秩序，在父母和外界环境的刺激下，他们要么遵守这些规则和秩序，要么无视它的存在。给婴儿制定明确的喂养时间表，既符合生理规律，也是一种必要的经历，能让孩子在小时候就认识到遵守规则和秩序的重要性。

婴儿可能会对这些规则产生一些抵触情绪,他可能会在饿的时候哭起来(一些父母一听到孩子的哭声就感到焦虑,他们往往会误解孩子哭声的含义,以为他是饿了或是哪儿不舒服,实际上很多时候,这只是意味着他想要获得父母的关注。)如果父母足够聪明、冷静,他们就不会被孩子的哭泣所欺骗,去打破经过深思熟虑制定的喂奶时间,除非孩子生病了,才需要刻意调整喂奶时间。只有这样,孩子才能很快意识到,他不能通过哭闹来改变吃饭的时间,几天后他可能就会习惯这个规定的喂奶时间。然而,一些父母总是喜欢对孩子过度保护,不想让这个"无助的孩子"在他们人生刚一开始就遭受这些烦恼。他们见不得孩子"挨饿",因为一开始对孩子的哺乳可能很困难,孩子在出生后的头几天体重可能会持续下降。"以后,等他长大一点,他就会习惯这些规矩了。"[1]但是,孩子越大,父母就越难纠正过去因为对孩子的

---

[1] 现在,很多儿科医生建议,婴儿一饿,父母就应该立即给他喂东西吃,其实这种做法是有害的。这些儿科医生可能是根据某些精神病学的理念而做出的判断——认为"感情受挫"是人类无法适应社会的主要原因。事实上,很多孩子自己就会养成规律生活的习惯。不管有没有制定喂奶时间,孩子都能健康地长大。如果对时间设置得太过死板,也存在一些不利因素。妈妈可能会因为这个时间表的设置而感到焦虑,整天提心吊胆地看着时间,这很可能会让她变成一个"时间的奴隶",从而导致她根本无法放松下来,让自己慢慢适应这个规律。但如果让父母从一开始就故意纵容孩子,让孩子养成不规律的饮食习惯,也一定会产生深远的不利影响。我们没办法把现在父母的这种故意纵容孩子不规律饮食的情况与原始时期或几个世纪前的情况相比较,毕竟在那个时期,人们还不知道孩子科学规律饮食的重要性。因为在过去,人们不了解养成规律的饮食习惯对孩子来说有多重要,那时的父母只知道,孩子饿了就得吃东西。而且,在那个年代,溺爱孩子并没有像现在这么危险。如果我们仍然生活在秩序(转下页)

纵容所造成的各种问题，因为他已经习惯了无视秩序。若想改变他现在的习惯，孩子的反抗就会非常强烈。此外，如果因为饮食不规律而影响了孩子的健康，母亲就会更加牵挂他。她可能会尝试让孩子执行某种命令，但孩子一定会加倍反抗，因为孩子知道只要他反抗肯定会成功。最后，母亲必须放弃抵抗，尤其是随着孩子慢慢长大，他的表达能力不断发展，母亲就更不是孩子的对手了。

只要父母溺爱孩子，他们最终都会得到同样的结果。孩子总能成功地逃避自己需要承担的责任，为了让他保持安静，父母也不得不一次次地破例。一旦开了先例，后面破例的次数就会越来越多。对婴儿时期的孩子，还没到喂奶时间，但只要他一哭闹，他的母亲就会把他抱起来摇一摇，以此来安抚他的情绪。他慢慢开始喜欢被人摇来晃去，所以当他应该安静躺着睡觉的时候，他就开始哭闹，直到有人再来摇晃安

（接上页）僵化的原始文化之中，必须通过社会秩序与规则来维持社会生活；或者，如果我们仍然生活在大家庭中，孩子们互相陪伴、一起长大，父母忙得没有时间教育他们，那么，即使孩子养成了不规律的饮食习惯也没有那么危险。而就目前的情况来看，如果在孩子小时候，父母纵容他们养成了不规律的饮食习惯，那么孩子长大以后，父母普遍会因为过度焦虑而更加地溺爱孩子。毫无疑问，"按需喂养"可以避免孩子和父母之间发生冲突，这样做确实有利于孩子的成长。但是，父母不过度担心孩子是否饿着，能做到合理减压，减少焦虑，这对孩子的成长来说也是非常有利的。其实，很多时候，亲子关系不够稳定，孩子对父母充满敌意，并不是因为孩子"受挫"，而是因为父母太过焦虑、对孩子没有信心。反之，如果父母情绪稳定，能够与孩子和谐相处，只要时间表足够合理，孩子一般都不会抗拒。幸福不是来自对孩子模糊的"情感需求"的一味满足，而是要让孩子愿意去自觉遵守规则和秩序。（了解更多详情请参考第5章"婴儿的护理"部分）

130

抚他，因为没有人安抚他的话，他就无法入睡，而睡眠对他的成长发育非常重要。

父母总是以各种各样的方式来溺爱、纵容孩子。社会秩序可以规范人类的行为举止，但对温室中长大的孩子并不能起到约束作用。也就是说，这种孩子与其他家庭成员不同，他并不受社会秩序的约束。这种孩子从小被小心翼翼地包裹在温柔和爱的保护层中，不需要通过任何成就来证明自己的价值。父母对他的怜悯与纵容使他无论做了什么都不需要为自己的行为承担后果。一直以来，父母总是对他过度保护，所以他自己根本不需要付出任何努力，也无须忍受种种麻烦。他的父母总是对他过分保护，所以他根本不会遇到任何危险，也没有勇气去冒险。当他还是一个小孩的时候，就总有人抱着他，摇着哄他入睡，长大后他也不需要完成自己的任务，不用自己穿衣洗漱，不用自己独立完成作业。他在各方面都能得到精心的照料，只要是他想要的，无论对错都会得到满足。他想做什么就做什么，即便是影响到家庭秩序，他也可以为所欲为。

这些情况都会影响到他未来对社会生活的适应，一旦他以后遇到必须将他人的需求放在第一位的情况，他就会感到特别痛苦。与父母的期望正好相反，大多数被溺爱的孩子其实并没有那么快乐，甚至会生活在各种痛苦之中。生活就是这样，没有人可以事事都顺心如意，也没有人可以把一份糟糕的工作做得尽善尽美。其他人在生活中可能已经习惯遭到别人的拒绝，但是，被溺爱着长大的孩子可能就会认为这是环境或命运对他们不公。许多被溺爱的孩子都经常会表现出不满、不耐烦和不愉快等情绪，这在很大程度上表明，父母的溺爱并没有让他们的生活变得更加轻松。他们在心里面总觉得自己无法适应生活，他们缺乏自力更生的能力，一丁点的责任或困难就能令他们感到崩溃。

因此，任何形式的溺爱都必定导致父母和孩子之间发生冲突。孩子越大，他所需要承担的责任就越大，父母想要继续纵容他、满足他也就越困难。一旦父母无法再继续满足他的要求，孩子可能会认为是父母冷漠无情。他无法理解为什么自己会失去长久以来早已习惯了的纵容与帮助，他不愿失去自己的资源，也不愿看到自己的幻想破灭。与此同时，父母也可能会对孩子的行为感到不满，他们会恼羞成怒，为自己的失败而惩罚孩子，双方的争吵由此愈演愈烈。结果就是，父母对孩子有时严加管教，有时又故意纵容，有时百般喜爱，有时又失望至极，在父母教育孩子的过程中，他们打着为孩子好的旗号，不断与孩子发生冲突，这一状态可能会贯穿他们对孩子的整个教育过程。

这些都是关于溺爱孩子的极端案例。要父母完全不溺爱孩子是不可能的，即使父母只是偶尔溺爱，对孩子的成长也是无益的。尤其对独生子女和家里最小的那个孩子，家长一定会溺爱得更多一些。对孩子的一些违反社会秩序的行为，比如他的一些花言巧语以及那些为了得到你的宠爱而耍的小花招，你可能根本无法察觉。不幸的是，正是因为孩子的这些行为太过细微，所以你根本认识不到它们的重要性，也意识不到它们影响到了你们的亲子关系。甚至你可能还会觉得根本没有必要花功夫去阻止孩子的这些小把戏，比如：要求父母过度关注自己、让别人为他服务、逃避责任、扰乱家庭秩序等。事实上，我们都喜欢溺爱孩子：保护他们、照顾他们、帮助他们做一些他们自己力所能及的事情。

正是对孩子的娇纵，导致父母忽略了建立和谐人际关系的重要性。对孩子的过度焦虑导致父母总是对孩子过度保护；对个人优越感的执着导致父母承担了太多不必要的责任。对于这样的父母，我们表示理解与同情。但是他们势必要为自己的错误付出巨大的代价，在造成严重的后果之前，父母应该尽己所能地去努力改善他们与孩子的亲子关系。

缺少足够的关爱

现代社会中，很少有父母会不爱自己的孩子。然而，这种情况一旦出现，孩子的命运就会非常悲惨，甚至会成为政府部门的重点调查对象。不受欢迎的孩子常常在缺少爱的环境中长大。[1]有时，一件很小的事就足以让父母对孩子心怀怨

---

[1]以前，过继的孩子常常会觉得自己不受欢迎。目前，人们普遍认为家长应该让孩子感受到爱和关心，无论是过继的孩子、领养的孩子还是寄养的孩子，父母都应该与他们成为朋友，让孩子感受到温暖。

念——也许是孩子长得像某个父母讨厌的亲戚，或者孩子的性别不是自己所期待的——一直想要男孩，却不料生了一个女孩。

在缺爱的环境中长大，孩子可能会难以适应社会。这种内心的缺失会让他们难以行使自己的权利，还会让他们产生强烈的敌意和抗拒心理。缺少了爱，孩子往往很难适应社会生活，更没有办法接受社会行为准则。表面上他可能表现得乖巧听话，但内心深处他对任何事情都提不起兴趣。他的内心缺少一定的社会意识。

计划生育的提出，使得大多数的父母在生孩子之前都做好了准备，不被需要、不被喜爱的孩子数量得以减少。然而，尽管大多数父母都很喜欢自己的孩子，但还是有很多孩子感觉自己不受欢迎、缺少关爱。对于父母与孩子之间的这种矛盾，我们是可以理解的。如果父母长期娇纵孩子，突然间停止了这种娇纵，孩子可能就会觉得自己不受欢迎。一个七岁的小男孩曾当众说道："你们不按我的意思去做就是不喜欢我了。"同样地，没按自己的方式行事、得不到宠爱或赞美或者没得到礼物或关注，会让许多被宠坏了的孩子以为自己不再被人喜欢或被人爱了。所以，父母后面再与孩子发生冲突时，他们往往不再能忍受孩子不合理的要求，开始对他们不断地责骂、唠叨与惩罚。虽然在争吵的同时偶尔会出现某些温情时刻，但孩子还是会对父母表现出来的敌意更印象深刻，不再相信他们的爱。尤其是当家里的弟弟妹妹总是调皮捣蛋，从而得到父母更多的关注时，孩子与父母的冲突就会愈演愈烈。他只有在做错事的时候才能引起父母的关注，如果他表现得安静乖巧，母亲就会去休息了，她实在太累了。因此，这样的孩子只能感受到不满、批评和责备等负面情绪，认为自己没有人爱。我们必须记住，不管孩子是真的不被人爱，还是以为自己不被人爱，结果都是一样的。许多罪犯在童年生活中都缺乏关爱，无论他们是真的缺爱，还是这只是他们自己的想象，都会让他们感觉自己在童年时期遭受了虐待。

过度疼爱

孩子在成长过程中需要父母给予他们足够的爱和温暖，但如果父母爱得太过，也可能会给孩子造成伤害。在日常生活中，过分紧张的家庭氛围并不适合孩子成长。许多人一生都在寻求他曾经从母亲那里得到过的那种爱和温暖，因此，他不能让别人打破他的幻想。父母对孩子爱得太过，就会把孩子绑得太紧，让孩子无法适应他以后在爱情和婚姻中的角色；他在其他方面爱的能力也可能受到损害，导致他无法真正地去爱一个人。

父母对孩子爱得太过可能导致孩子性早熟。每天早晨或周末，家长频繁地去亲吻孩子（尤其是亲吻孩子的嘴）或让孩子和父母一起睡觉都对孩子的成长有害。然而不幸的是，即便有些家庭住房条件并不是很拥挤，家长还是让孩子跟他们一起睡，直到孩子十岁或者更大一些的时候才分床睡。

的确，频繁表达对彼此的爱，可以让父母和孩子之间更加亲密。然而，如果父母与孩子只能通过这种方式来表达对彼此的信任和爱，那么这种信任和爱就会变得没有意义。孩子可能会非常依赖父母，但这种依赖和身体接触不能避免父母与孩子发生冲突。恰恰相反，在孩子成长过程中，父母对孩子爱得太过必然导致他们对孩子的纵容，过度地娇纵只会引发他们之间越来越多的冲突，最终以各种各样的方式显现出来。孩子可能不会公开反抗，相反他甚至会表现得善解人意。但是，孩子内心的反抗情绪会让他变得绝望无助、笨手笨脚。最常见的表现是精神紧张。

孩子对父母的依恋和一些充满爱意的亲昵动作，无疑会让父母感觉非常幸福，但如果父母对孩子爱得太过，就会让孩子误以为自己的地位很高。他可能会以为，他的人生目标应该是仅仅借助自己的存在赢得别人的喜爱，而不是通过努力获得实实在在的成就，来获得别人的认可。当你以孩子为中心，给予孩子所有的爱，你就应该明白这样一个事实，即你之所以如此溺爱自己的孩子，很可能是因为你在人生中的某些阶段，没有得到自己渴望的爱。

迪基非常爱他的母亲。他总是喜欢与周围的人针锋相对，但为了母亲，他努力"控制自己的情绪"，尽量让自己表现得好一点。然而，他的努力在学习上似乎没有太大作用。

他不想写作业，一上课就心烦意乱，感觉非常紧张。通过这个例子，我们可以看到由于母亲对儿子太过疼爱，当她的儿子变得难以管教的时候，她也会变得严厉起来。直到迪基七岁的时候，他还经常和母亲同床睡觉。后来，母亲限制他只有在他做噩梦的时候，才能和母亲一起睡，但后面很多年，他还是会时不时地跟母亲一起睡。他非常爱他的母亲，一有机会他就抚摩、亲吻她。因为他太黏人了，很难跟母亲分开。

他从四岁开始上幼儿园，但每次去幼儿园时他都会激烈地反抗，参加夏令营时，他的反抗更加强烈。他总觉得周围都是敌人，从不主动结交朋友。无论去哪儿他都只想着赶紧回家。他四岁时就开始手淫，性兴奋出现得非常早。他非常自负，也特别好面子。虽然他的智力和体力都处于中上水平，但他总对自己的能力没有信心。为了获得别人的关注，他总是做一些让人厌烦的事情，比如做鬼脸、扮小丑等。他甚至会做出一些奇怪的举动，比如摆弄东西、傻笑或喋喋不休等。

假装不爱他

你肯定不想让别人指责你冷酷无情。但奇怪的是，你可能有时总想给人这种感觉。每当你的孩子调皮捣蛋时，你就会"发火"，虽然你一般都只是虚张声势，但有时却是发自内心的恼怒。你可能像大多数父母一样，认为这是对孩子最好的教育方法，可以让孩子立即变乖，阻止他继续抵抗。现如今，有一个非常流行的心理学流派，甚至赞扬、鼓励父母采用这种教育方法，这是非常错误的。孩子喜欢你、喜欢那些照顾他的人，这是很正常的心理感受；如果你突然让他感觉到自己不受欢迎、失去了你的爱和关心，无疑会让他非常痛苦。这样做，的确能让他压制自己的叛逆情绪。然而，如果你觉得这种叛逆情绪消失了，那你就错了。孩子不想失去你的爱，所以，如果你不赞成他的某些行为，他们会克制自己不再去做。但这种叛逆情绪只能得到暂时的压制，不可能消失。要消除孩子的叛逆情绪，你必须采用其他的方法。

然而，糟糕的是，因为你的疏远，孩子会变得胆小，这会让他更加敏感地意识到自己有多么依赖他人、多么渺小。你假装不爱他，通常会起到一种反作用，即孩子会强迫你表达对他的爱。他可能会说自己一个人睡觉害怕，以此来达到他的目的：让你一连几个小时坐在他的床边，甚至还要握住他的手，否则他就会哭个不停，一直不睡觉。

你对他"发火"产生的最严重的后果是孩子会质疑你是否值得他依赖。如果他最好的朋友突然去斥责他，他如何能感觉到人与人之间的信任？如何增强自己的社会意识呢？你想要纠正孩子的错误，让他感受到自己的不良行为所带来的后果，可以采用更加妥当的方法，完全没有必要假装不爱他。争吵和冲突并不能改善你们的关系。父母和孩子之间的感情很难发生改变。对于父母某次一不留神脱口而出的那些刻薄伤人的话，孩子们总是很快就忘了。但是对于父母的冷落、刻意的疏远以及"我不喜欢你了"这样的话,却能始终耿耿于怀。要是孩子把这句玩笑话当真,那它就会引发父母和孩子之间的争执,但之所以发生争执,归根结底还是因为孩子想要得到父母的爱。父母对孩子"生气",还有一些更极端的表现形式,比如,刻薄、冷漠、严厉地对待孩子或拒绝与孩子交流,这些都是父母对付孩子的招数,都会让孩子对父母产生敌对心理。事实上,父母应该让孩子知道,无论如何你都是爱他的。然而,很多孩子并不知道这一点。我们在前面也提到过,许多孩子感觉父母嫌弃他们,没有人喜欢他们。只有当他们捣乱的时候,才能得到父母的关注;当他们表现得乖巧的时候,很少有人会注意到他们。因此,他们对父母的印象大都是责骂与惩罚,这让他们误以为父母不爱他们了。有时候父母围着弟弟妹妹转,也会让他们误以为自己不被喜欢。

你可能会问,那家长是不是以后就不能批评孩子了?当然不是,这是不可避免的,甚至有时候你要把你的不满情绪表达出来。因为我们不太可能保持绝对的客观和实事求是,这既不符合自然规律,还会影响孩子的成长。但你必须小心,搞清楚你到底是批评孩子本身,还是批评他的行为。如果你不讨厌这个孩子,你可以明确地告诉他你不讨厌他,你只是不喜欢他的某些行为。很多时候,我们不能明确分清自己到底是讨厌孩子的某个行为还是讨厌孩子本身。很多父母都没有意识到这一点,从而给自己带来了沉重的负担。我们不太能明确分清一个人的个人价值和他的行为价值，包括对我们自己也是如此。如果我们的某个行为达不到我们为自己设定的标准，我们就会怀疑自己在社会中的价值。很多家长和老师，会根据孩子们偶然的几次失败或成功表现就把孩子们分为好孩子和坏孩子。这种分类不仅毒害了孩子们的思想，甚至会给他们的整个人生带来难以弥补的消极影响。世上没有坏孩子，只有气馁和不快乐的孩子，他们还没有找到正确的方法来融入社会。

过度焦虑

孩子之所以对父母产生强烈的敌对情绪往往是因为父母对他们太过担心和焦虑。如果你对孩子过度地焦虑，你就总觉得他会遇到危险，想要去保护他。一想到"他可能会出事"你就会瑟瑟发抖，完全没有考虑到他要学会照顾自己，学会识别危险，并具备主动应对危险的能力。"一朝被蛇咬，十年怕井绳"。胆小的父母让孩子们无法获得宝贵的生活经验。这些孩子没有预见危险的能力，更容易受到伤害。他们会玩火柴，打开煤气，爬到高高的架子上。与此同时，父母会越来越焦虑，一旦他们放松警惕，就有可能发生不好的事情。

五岁的汤米正是看准了他母亲对他过度焦虑，所以才故意从母亲身边跑到大街上，让母亲追他。当他的母亲来找我咨询时，我向她解释，一个五岁的男孩应该可以意识到，如果他跑开可能会迷路，我告诉她，她必须让孩子亲身体验这种经历。她可以选择一个适当的地点，可以是在公园里，也可以是在一条没有车辆来往的街道上，让汤米体验一下迷路的感觉。她一听吓坏了，这算什么建议！作为一个男人，我不太能理解这位母亲的感受。

谈话后不到两个星期，她又来找我，这次她看起来非常激动。"医生，你猜汤米做了什么！昨天我进到他的房间，发现他不在。然后我听到他在喊'妈妈，妈妈'。我的心都提到了嗓子眼。医生，你想象一下，我们住在三楼，窗户打开后直接通向陡峭的屋顶，屋顶下面就是阳台。汤米当时就坐在屋顶上对我大声呼喊！我们没有办法说服他进来，当我试图跟着他爬出去时，他爬得离我更远了。我们不得不跟他讲条件，用糖果诱使他靠近，直到可以抓住他。"在这种情况下，汤米完全是在故技重施，他不会判断风险，所以用风险来吓唬他的母亲。这位母亲终于意识到，她的过度焦虑只会让汤米陷入新的危险之中。

只要孩子有一定的自理能力，他们长大后就不会像他们父母所认为的那样粗心。和很多其他的事情一样，在这方面，人们总是严重低估了孩子的能力。尽管有许多孩子在城市街道和乡村公路上玩耍时无人看管，但统计数据表明，发生车祸的成年人比儿童还要多。如果有人在繁忙的十字路口对过街的行人进行观察,就会发现,在危急时刻,这些成年人比他们的孩子还要粗心大意。聪明的孩子,在面对其他危险时也会谨慎行事。孩子只有在两岁以前,在他熟悉家里某个物件的性质和功能的过程中,有可能发生危险。与其用尚未发生的危险和各种严词禁令来吓唬孩子,激起他的反感,不如简单说明他可能会面临的危险,并安排他去亲身体验一下,这种经历也许不那么愉快,但也不至于危及生命。吓唬他会激起他的敌意,但让他亲身体验,他很快就能知道该如何正确评估他所面临的危险。

有些孩子到了八岁,甚至过了八岁,家长都不相信他们能自己过马路。在这种情况下,责任主要在他们过度焦虑的父母,他们没能让孩子学会照顾自己、适当地保护自己。孩子必须学会照顾自己。他们越早学会这一点,父母就越轻松,否则他们就会一直被紧张焦虑的情绪所困,难以解脱。

吓唬孩子

焦虑,让许多父母夸大了孩子生活中可能面临的危险。他们觉得面对街道上的事故频发、人心险恶、儿童绑架现象不断、病毒横行、感冒着凉等,有必要提醒孩子要格外小心。如果孩子从父母那里接受了这种谨小慎微、畏首畏尾的态度,他们就不能很好地生活,只会让自己变得更加焦虑。过度谨慎与轻率的结果似乎是一样的,这点非常奇怪,却是事实。

如果我们总是在事情没做之前就想着可能会面临的危险，这不仅会让我们犹豫不决，还会让我们更容易陷入那些之前极力想要避免的危险中。规避风险需要沉着冷静、审时度势。因此，高估危险无异于增加危险。

那些过于焦虑、束手束脚的人，最有可能在马路上摔跤，或者在下公交车时摔倒。与其让孩子陷入焦虑，不如让孩子勇敢起来，这样更能避免危险的发生，父母吓唬孩子相当于故意把他推入危险的境地。父母想保护孩子不生病也是同样的道理。如果总是因为害怕孩子感冒而把他裹得严严实实，密不透风，孩子反而会感冒。

如果你看到杰里（一个八岁的小男孩）的奶奶是怎么监视他的，你一定会觉得非常难受。"别跑那么快，会喘不过气的！""别使劲拉，会受伤的！""不要从楼梯上往下跳，会摔断腿的！"如果孩子完全照着大人的话做，那就像被裹在棉絮里，或关在玻璃罩里度过一生。很可惜，让家长感到头疼的是，孩子们往往都很固执，他们会坚持自己的想法，忽视他们的唠叨。

父母吓唬孩子还有可能是出于另外一个原因——想强迫孩子好好表现，但这样做似乎并没有什么效果。你可能会吓唬他，"妖怪"会来抓坏孩子的，或者跟他说街角的警察马上就会过来把"调皮的孩子"抓走了。你可能会觉得这种方法能让孩子更听话。实际上，这些都不过是权宜之计，在短时间内可能有效，但孩子们在不断地长大，慢慢地，他们就会知道你是错的。由于你的恐吓，孩子可能会变得胆小，然后他们就会千方百计地把自己的恐惧当作对付你的武器。[①]吓唬孩子不会得到任何好处；播下恐惧的种子，最终收获的只能是担忧。

监管过度

那些忧虑不安的父母，他们既不相信自己也不相信孩子，更不相信未来。他们脑子里只想着要保护他们的孩子，不让孩子发生任何危险。父母对孩子的过度关心致使他们总是采取各种各样的方法来帮助孩子、关心孩子，每一种方法都曾经非常有效，但是他们使用得太过频繁，导致这些方法逐渐失效了，甚至再去使用的话还会影响孩子的成长。父母越来越焦虑，对孩子管教得也越来越多。他们不让孩子单独出门，孩子的每一项活动都要经过他们的精心安排。这些父母不但对自己没有信心，对孩子也不放心。他们越管不好自己，就越想管别人，不断插手孩子的事情、给孩子提建议。这样的父母会不停地为孩子的事情操心："你最好坐在这把椅子上"，"把书放在这里"，"拿这支笔"，"戴这顶帽子"，"别吃那么快"，"坐直"。父母的建议没完没了，多得数都数不过来！只要孩子在身边，父母就会对他的一举一动指手画脚。

[①]参见第4章中的"假装不爱他"部分。

他们迫不及待地想看看孩子是否会按他们的要求去做。他们监督孩子的每一项活动，不停地对他们的行为指指点点，禁止他们做这做那。每一个行动都会引发表扬或批评，当然批评比表扬多多了。孩子每天都会听到大人无数次的劝告和训诫。

我有一个朋友，她也是一位母亲，对孩子有操不完的心。有一次，我们谈到她也许是过度焦虑、对孩子管得太多。她自己并没有意识到这一点。我问她，一天中她批评孩子多少次，警告、命令孩子多少次？"呃，没有很多次吧。"她说。我请她说出一个大概的次数。她无法回答。然后我又试探性地问："也许一天一两百次？""呃，没有那么多次。"她愤愤不平地回答，"最多一天十次。"于是我提议：让我去她家观察一个小时。"我在场的这一小时里，你觉得你会训斥孩子多少次？""呃，可能两三次吧。"我估计我在场的这一个小时内，她至少会训斥孩子三十次。她笑了："肯定不会那么多次的。"于是我去了她家。我只是坐着观察，每次她告诉孩子该做什么、不该做什么，我都大声数着。尽管她知道我的存在，也知道我在大声地数数来提醒她，但不到半小时，她就已经说了孩子三十多次。她根本停不下来。

为了充分理解这种"过度监管"有多荒唐，我们必须记住，只有给孩子留下深刻的印象，对孩子的管教才有持久的效果。一次单独但有益的经历，虽然不能改变孩子的性格和品质，但足以激发新的态度和方法。教育的价值就在于此，教育能给孩子一个思考和反思的机会。他必须明确立场，善于总结。一些难忘的经历可能会深刻地影响孩子的性格，并引导他朝着某个方向发展。

因此，家长不停地对孩子严加管教，往往并不能给孩子留下什么深刻的印象，甚至还会让孩子逐渐失去思考的能力，甚至引发反抗。在父母的监管下，孩子们变得越来越迟钝，对任何事都提不起兴致，甚至因为父母对他们的管教太过频繁而晕头转向、自相矛盾。孩子要么放弃一切独立做事的机会；要么变得忧郁、迟钝、肆无忌惮。因此，对孩子监管过度不会产生任何积极的影响，只有尽可能少地去施加影响，才会给孩子带来真正的改变。

说得太多

在孩子的教育过程中，父母都喜欢对孩子操各种心。从他们的说话中能看出这种倾向。然而，大多数家长都只是说说而已，他们不会采取行动，更不会去用心思考。不管孩子做什么，他们都有话可说。如果孩子不知道该怎么做，他们就会开始唠唠叨叨。当然，父母的唠叨对孩子起不了任何作用，因为他们没有提出任何有用的意见和建议。

不过，该说的话还是得说。孩子需要得到有意义的解释和指导，就像他们需要娱乐和玩耍一样，因此，语言往往能给人带来印象深刻的影响。然而，话如果说得太多，就失去了它本来的意义和目的。所以你必须少说话。每一句没有意义的话对孩子而言都是多余的，甚至有时候是有害的。没有意义的话，说出来并不能达到人际交往的目的，有时候反而会影响我们的人际关系。语言可以是我们彼此交流的工具，也可以是引发战争的武器。和孩子说话时，你必须想清楚你的目的：你是想通过这些话来消除自己紧张、烦恼或愤怒的情绪，还是想把这些情绪传递给孩子。如果你的目的是后者，那你需要确定孩子是否已经做好了倾听的准备，否则这些话你永远都不要说出口。你必须管理好自己的情绪。只有当你自己完全冷静时，你说的话才是有意义的。否则，你的话就是一种具有攻击性的语言暴力，很容易激起孩子的敌对情绪。如果你希望与孩子进行有意义的交谈，那就要仔细观察你的语言效果，如果发现孩子对你的话并不感兴趣，那就不要说了。或者，如果在谈话中你或是孩子的情绪越来越激动，那么你也应该知道此时该结束你们的谈话了。

当后者发生时，你要做的就是采取一些实际行动而不是继续嘴上唠叨。你最好停下来好好思考一下后面要做的事情，而不是火上浇油再补一句。最重要的是，你千万不要重复自己曾经说过的话，也不要告诉孩子他已经知道的事情。告诉孩子他犯了什么错，同样没有任何意义，因为大多数时候孩子都知道自己犯了什么错。即使你说的话都是为了孩子好，但如果你在第一次与孩子交流时并未起到任何作用，再次找他谈话反而会起到负面的效果。不断重复已经说过的话会让人生气，而生气则容易引发争吵。你应该少说话、多思考，凡事顺其自然即可。有时，当孩子犯了错，相比用激烈的言语责备他，你沉默不语可能会给他留下更加深刻的印象，因为沉默往往意味着你非常不赞同他的行为。

你说的话是否荒谬、是否会给孩子带来伤害，可以从以下几个方面来判断。[1]

当孩子准备开始学习时：

> 做不完的事就不要开始。
> 我很好奇你能做成什么样子。
> 你就是三分钟热度！
> 臭皮匠，做好你自己的事吧！
> 即使你做到了又怎么样呢？
> 你只是想炫耀！
> 把学习搞好才是硬道理。
> 这并不像你想象的那么容易。
> 你以为所有事情都是轻而易举的吗？
> 你这是不自量力。
> 我看你根本就是不懂。

---

[1] 引自爱丽丝·弗里德曼博士所著《育儿指南》(*Erziehungsmerkblätter*)。

你坚持不下去的。

整天不务正业!

你要是能做到,别人早就做到了。

当孩子取得成功时:

这条路你走不通的。

你离好学生还差得远呢。

你以为你飞得很高吗?迟早有一天你会摔下来。

你就是运气好。

走了狗屎运。

瞎猫碰上死耗子。

当他失败时:

看看你浪费了多少钱!

你看,我说对了吧!

我早告诉过你了!

像你这么大的时候,我什么事都能自己做。

我比你聪明多了。

看你一天天笨手笨脚的。

你做什么都会出错。

光是看着你我就气得不行!

以上这些话以及类似的表达，会严重打击孩子的自信心，挫伤他们的实际能力。但在日常生活中，父母总是不假思索地说出这些话。父母对孩子说话前一定要三思。你说话的目的应该是激励、帮助你的孩子，而不是伤害、压制他。

忽视孩子

到目前为止，我们所讨论的父母的许多错误都是源于他们对孩子教育得太多。尽量少去干预孩子的成长，让孩子自己去积累经验，才是最合理的做法。但是，如果对孩子干预得太少，少到低于一定的合理限度，也会让孩子受到严重的伤害。作为孩子的家长，你要关心他，陪伴他的成长。孩子不仅需要身体上的照料，更需要他人在心理上的同情、理解和鼓励。如果他们长期缺乏这方面的关注，就会因为父母对他们的忽视而受伤，这同样会影响孩子的成长发育。孩子会逐渐失去与别人合作的能力，最终难以融入整个社会。

你应该注意对孩子教育方法的使用。如果运用得当，那么稍加使用就可以让孩子乖乖听话。但是，在与孩子的相处过程中，你一定要尽可能多地去陪伴他们，并对他们做的事情表现出足够的兴趣与关心。随着孩子不断成长，他们越来越需要父母与他们感同身受、需要父母陪伴他们一同参加各种活动。父母的关心是他们成长进步的动力，只是父母切记不要以压迫和攻击的方式来表达你对孩子的关心。如果父母对孩子的成长发育、外表相貌、道德品质的发展表现得漠不关心,孩子会非常受伤。然而,如果你关心他们的方式方法不当,同样会引起孩子的反感,导致他们与你的愿望背道而驰。

没完没了地敦促

孩子经常需要父母的敦促。你必须鼓励他,并友善地提醒他听从你的建议。但如果孩子对此表示抗拒的话,你也无能为力。当孩子的顺从需要内在的准备时,这样做尤其有害。在孩子出去玩之前,告诉他穿得暖和些,这是恰当的敦促。但要让孩子以后遇到类似的事情都能乖乖听话,父母可能就需要表现得友好一些,并给孩子适当地施压。千万不要试图去劝孩子吃东西、睡觉,或阻止他们宣泄一些情绪,如哭闹、发脾气等,也不要强迫孩子做任何他不想做的事情。如果他不想吃饭,那么那些外在的诱惑最多只能让他咬一口食物并放到嘴里咀嚼,但对食物的吞咽、消化还需要他发自内心地愿意才行。睡觉也是一样的。你可以不顾孩子的哭闹,强制性地把他放到床上,但再进一步干涉就会影响到他们的睡眠。类似地,孩子的情绪也不能被强制性地改变。除非他自己想要停止,不然谁都阻止不了他哭闹和发脾气。父母的压迫只会增加他们的抗拒心理。因此,在这样的情况下,说再多的话都是没有用的，甚至对孩子有害，因为孩子根本不会照着我们说的那样去做，甚至还会与你的想法背道而驰。

当然，在这样的情况下，孩子是可以被影响的。这一切都取决于你是否能说服他保持正确的态度——让他心甘情愿地听你的话。他要有一定的自觉性，才会去做那些看起来必要的事。即使他一开始很抗拒，后面自然而然地，他的想法也会逐渐发生转变。

小伊芙很抗拒饭后小睡这件事，但当她知道如果饭后不好好睡一觉晚上就不能熬夜看室内音乐会时，她立马就乖乖听话了。还有一次，她拒绝吃麦片，但是当她发现如果不吃麦片就吃不到其他东西时，她说："你知道吗，爸爸，麦片的味道好像也没那么差。"她内心的抵触情绪就这样消失了。如果家长总是不停地去劝说与敦促，永远也得不到这样的结果。与此相反，施压只会更加影响到孩子的睡觉和吃饭。

因此，如果家长不去没完没了地唠叨和哄骗，而是直接让孩子自己去做决定，让他去体验自己的决定所产生的自然后果，那么即便是再不听话的孩子也会安静下来。一旦孩子的兴趣转移到其他事情上，他就会立刻停止哭闹。然而，敦促永远达不到这样的效果。

让孩子做保证

很多家长喜欢通过哄骗的方式让孩子保证，保证以后一定会乖乖的，不再做某事。这样的做法没有任何意义，甚至会对孩子造成不好的影响。家长的这种做法非常普遍，比如："答应我以后再也不说那个字了"，"答应我下次你会表现得更好"，"答应我你不会再对我撒谎了"。一般来说，孩子向你做保证时都是心不在焉的，因为他们别无选择，所以只能选择暂时安抚你的情绪或逃避惩罚。即使他当时的确打算信守承诺，但也很少有孩子会真正做到。孩子的个性没有改变，因此，以后他还是会那样做。如果他不小心又犯了以前的错误，那么你就会在他之前的错误基础上给他记下一个新的罪名，贴上言而无信、不可信赖的标签。为了逃避这些指控，孩子极有可能会找借口说自己犯错只是因为考虑不周、比较健忘。因此，首先，让孩子做保证并不能纠正原来的错误；其次，它让孩子背负了一个新的罪名（不可信赖）；最后，它让孩子越来越倾向于认为自己是个"弱者"。

为了防止他再次犯错，你要让孩子认识到犯错会产生的不良后果。如果孩子觉得犯错的结果就只不过是让他做个保证，那他会欣然接受这个结果。当下次再犯错时，他就会非常淡定地像之前一样做保证。因此，很多时候，家长让孩子做保证只是一种形式，通过这种形式，孩子逃避了他实际应该承担的后果。你为孩子感到难过，想让他免受犯错的惩罚，而且，为了证明你是对的，你让孩子保证他会改。所以，你应该可以想到，如果他以后想要逃避不愉快的后果，他可能会漫不经心地答应别人的任何要求。

到时候，他会把承诺当成一种手段来获取其他好处。如果他想要表达对某个人的爱，想要去看电影，想要受到某种待遇，他会愿意做出任何保证。或者，当有什么开心的事情在等着他的时候，你可能会事先说："我不会那么做的，除非……"这会产生同之前一样的后果。做一些事情让孩子开心，不应该附加任何条件。

如果你真的想以完成某个任务为条件，让孩子得到一些奖励，那么，这个任务必须与你的奖励有一定的逻辑关系，而且这个任务必须是真实存在的，否则它就很容易成为对孩子的一个空头承诺，从而产生比之前更严重的后果。如果你任由孩子用保证取代他们的行动，任由自己被这些"空头支票"收买，那么你只会让你的孩子养成言而无信、大言不惭的性格。

对于孩子做出的任何保证，你都必须非常小心。如果孩子能够友好地、主动地向你做出一些保证，那肯定非常好。但你需要注意的是，绝对不要让孩子把他们的保证当成免于承担后果或获取某些不当利益的手段。在任何情况下，任何人都不应该让孩子做保证。这样做只会给自己招来更多的麻烦。

让孩子"振作起来，好好表现"

想让孩子一直都好好表现，就像逼迫孩子做保证一样，都会影响孩子的成长。你可能会在各种场合让孩子"振作起来,好好表现",但你的话里通常并不会暗示他"你一定可以做到"。因此,在他看来,你的意思是想让他自己通过意志力来克服眼前的困难,让他不要如此的软弱无能。这就是孩子的理解。他的理解往往与你的想法截然相反。他不但没有意识到自己的能力,反而觉得自己什么都做不好。他很可能也会去尝试改变,但是很难获得成功。他所有的努力都不会有任何的效果,他只不过是竭力地在进行自我控制而已,其结果是更强烈的无助感。因此,家长的这些话只会增加孩子的无助感。孩子甚至会越来越觉得自己缺少意志力,不愿做出任何改变。

父母之所以会要求孩子振作起来,是因为我们没有意识到这样的心理是完全错误的。孩子刻意表现出来的想法与他们的真实想法之间是有很大区别的,正是那些潜藏在内心深处的真实想法影响着他的言行。即使他不小心犯了错,他的行为背后也具有一定的目的性。他的真实想法并不一定是友好的,因为这些想法表达的是他在特定情况下的对立,而其他人或许已经发现了他的这一对立趋势,只是孩子自己还没有意识到而已。这时,你告诉孩子要"振作起来",会让他产生抗拒,而这种抗拒心理可能会影响他的成长。如果家长的这种心理得不到控制,孩子就很容易出现神经问题。

在家长说完这句话后,孩子真的会"振作起来好好表现"吗?大多数情况下,听了家长的这句话,孩子的真实态度不会发生任何改变。他依旧轻视秩序、反抗社会、渴望得到别人的认同或者想要逃避自己应该承担的责任,所以父母喊他们"振作起来"对他们而言没有任何的作用。然而,这些家长不但没有认识到孩子的敌对情绪,不去想办法解除矛盾,反而还要求他们振作起来好好表现,这是根本不可能做到的。孩子可能会假装让自己变得更加勤快、更爱干净、更开朗、不那么咄咄逼人,但由于他内心的真实想法没有改变,所以家长说这样的话不仅无法改善他的缺点,反而会让他变得更加软弱,削弱他的意志力。可能孩子会心怀歉意,表示自己已经尽力了;他也可能会找各种各样的借口,假装自己健忘,什么也不关心,与自己较劲。但实际上这些都是他装出来的,他不想进行任何改变。父母对孩子的批评、挑错,责备他不够坚强,只会让他陷入越来越剧烈的危机。这些看似外表软弱的孩子会变得越来越难以管教,他们会放任自己错误的言行,似乎根本无法控制自己。他们以自己的"弱小""无助"为借口,强迫他们的父母和其他人为他做决定,让所有的亲朋好友为他的行为买单。然而,没有人可以劝得了他们,因为他们看起来似乎是在"努力"做好自己该做的事。

如果不想让你的孩子出现这种问题,你就不应该让他"振作起来,好好表现"。当你发现孩子的缺点时,最好找出问题的根源,帮助孩子改变他的行为动因。家长应该避免给孩子任何机会让他觉得自己"软弱无能"。如果一个孩子不服管教、粗心大意或缺乏主动性,这与他们是否坚强、是否缺乏意志力没有任何关系。你必须认清他内心的真实想法，帮助孩子一同解决困难，而不是让他们独自承受。

惩罚孩子

在教育孩子的过程中父母常常认为孩子的任何行为都需要家长给予一定的奖励或惩罚。不通过奖惩的方式，大多数父母似乎都不知道该如何教育孩子。从古至今、历朝历代，人们都在使用奖惩措施。因此，这一方法早已深深扎根于我们的社会环境之中，而这一社会环境代表了我们对过去的人际关系的传承。只要有阶级特征的存在，人们就可以通过惩罚或赏赐的方式让别人为自己服务。当权者可以通过某些手段实现对他人的征服和统治。只要当权者足够强硬，他们就可以通过惩罚的方式来维护自己的统治。

但是在我们当今的社会中，人与人之间的关系已经发生了根本性的变化。如今，人人平等不仅仅体现在政治关系和社会关系中，还体现在亲子关系中。在父母与孩子的较量过程中，他们彼此之间可以相互惩罚。父母早已不再像过去那样，享有绝对的强权和优势。父母可能想要试图保持自己的优越地位，但他们根本没有意识到社会观念已经发生了变化，他们的优越地位也受到了最直接的影响。尽管父母也想尊重孩子，想把他们当作其他人一样平等地对待，但实际上，他们还是习惯性地把自己当成孩子的主人。然而，社会普遍规定的行为准则让父母不能再随心所欲地去威胁与惩罚孩子了。这导致如今的孩子甚至比父母还要善于使用惩罚的手段来达到自己的目的。无论父母是否惯用惩罚手段，他们对孩子的惩罚已经不再有效了。

显而易见，通过奖惩的方法来教育孩子是错的。无论是奖励还是惩罚，都表示父母仍然掌握权威并处于优势地位。而如今，如果你继续使用奖励和惩罚的方式来教育孩子，那你只不过是在通过施压的方式让孩子听话，但他们本身大多是心不甘情不愿的。毫无疑问，你可以像大多数人一样，通过各种方式给孩子施压，从而让孩子好好表现，但孩子做出的任何改变都只是表面上的。通过施压的方式让孩子听话，并不能培养孩子的社会情怀，孩子也并不是真的想按照父母说的做。他们也许表面上乖巧听话，但在内心深处仍然十分叛逆。这不可避免地会让孩子形成一种反社会人格，他们会拒绝与别人合作，甚至还会做出各种违反法律法规的事情。内心的叛逆被表象所掩盖，这是一种普遍存在的社会现象，我们这辈人几乎都存在一定程度的逆反心理，我们可以把它视为一种普遍存在的社会缺陷。只有在我们能够获得一定的优势或者能够规避困难的情况下，我们才会愿意遵守规则和秩序。孩子的遵从不是发自内心的，他们的合作也不意味着他们对社会秩序的认可与接受。在孩子们看来，社会就像是一个暴君，他们必须服从，但这并不是他们想象中的平等社会的样子。父母不能通过奖励和惩罚的方式来告诉孩子合作和秩序的重要性。这样做掩盖了真正的问题，即父母只是在强迫孩子遵守社会秩序，强迫他们去适应社会。只有让孩子知道不遵守社会秩序会产生哪些自然后果，才能促使他们真正地去适应社会。无论环境是否有利，无论他人的行为如何，这些自然后果都会刺激孩子去认可、接受这些秩序。

经常惩罚孩子的父母可能会颠倒逻辑上的因果关系。他们可能会威胁孩子："如果你这样做，就会造成某种结果。"父母的这句威胁再次把他们自己的主观意愿强加到了社会秩序之中。如果父母像警察一样监视孩子，一旦孩子做出反击，以牙还牙，将父母对他们的所作所为报复到父母身上，父母就会觉得难以置信。结果就是，父母和孩子会陷入一场无休止的拉锯战，双方都会为对方之前的所作所为付出代价。

实际上，父母使用的很多教育方法都会引发类似的战争，而父母一方早已被孩子打败，无力反击。父母并不知道自己为什么会一直采用这种教育方法，尽管他们自己也觉得这种教育方法并不会起到太大的作用。几乎所有的父母都喜欢通过奖惩的方法来教育孩子。我们要格外地小心谨慎，仔细去了解这种教育方法可能带来的影响，并尝试使用其他更有效的教育方式来替代这种奖惩措施。

要求孩子绝对服从

当孩子对你的命令提出异议，你觉得他的行为严重影响了你的个人威望，或者你觉得自己的权威受到了挑衅时，你就会特别想要使用武力来教训一下他。但你这样的想法是对的吗？

有时候，你需要孩子马上按照你说的那样做。这种情况发生在孩子即将有危险，或必须遵守某个秩序时。但是，这种紧急情况并不是经常遇到，如果想让孩子在这种情况下立即按你说的去做，那么只要表现得非常坚决就可以了。但如果父母想要通过这种方式让孩子在任何情况下都这么听话，那就大错特错。孩子有他自己的想法和主见，如果你希望他在以后的生活中取得成功，你就应该让他独立思考。如果你阻碍了孩子个性的发展，那就意味着你也阻碍了孩子意志力和判断力的发展。

当然这并不是说，每当孩子有自己的想法的时候，你都应该为他高兴，然后由着他的性子来。我们需要深入认真地考虑，孩子什么时候应该为了维护整体的秩序而牺牲自己的个人意愿，什么时候可以在不损害他人利益的情况下自己做决定。

但是，即便是孩子一定要放弃自己的想法而服从大多数人的意愿，他也需要用一点时间来调整自己，然后再做出改变。如果父母坚持认为孩子的每一次反抗都威胁到了自己的权威，他们当然就很难静下心来等待孩子做出改变。父母对孩子不耐烦，必然会导致双方之间发生冲突，但这场冲突完全是可以避免的。对于孩子的犹豫不决，父母往往会非常生气、暴躁，甚至还会使用暴力。如果父母在急于为自己树立威望的同时能够对孩子多一点耐心，他们可能很快就会发现：与其对孩子不断使用暴力，不如冷静下来思考一下。父母可以使用"自然后果"教育法，引导孩子自愿放弃那些不妥当的想法和意愿。或者父母还可以想出其他更合适的方法，朝着正确的方向去引导孩子。

十岁的哈利交了一个朋友，可他的父母却不喜欢这个朋友。父母不准他和这个朋友玩儿，但他们的命令似乎并不管用，哈利早就习惯了无视他们的任何命令。后来有一天，他妈妈问他和谁去散步了，哈利撒谎了，当谎言被戳穿时，他竟然还感到特别兴奋。撒谎必须受到惩罚！但是，父母最好不要吼孩子，也不要打孩子，而是好好反省一下自己，想想孩子是否有权利选择和谁交朋友，是否应该选择一个与他志同道合的玩伴。如果父母不喜欢孩子交的朋友，父母唯一应该做的事是想些办法让孩子主动放弃这段友谊。

他们可以向孩子指出这位朋友的缺点，并冷静地同他讨论这段友谊可能会带来的一些问题。在这一过程中，父母不要采取任何过激的行为。其实，最好的办法是让孩子与其他孩子接触，父母可以邀请其他孩子到家里玩，让哈利有机会和其他孩子交朋友。哈利撒谎是因为他想避免与父母发生争吵。如果孩子撒谎，父母应该反省自己对孩子的态度是否正确，思考自己解决问题的方法是否有效。但相反的是，很多父母反而认为孩子撒谎是不听话，挑战了他们的权威。难道你真的以为在对孩子大吼大叫、拳打脚踢之后,父母的地位会有所提高吗?孩子会变得更加听话吗?

我们要认识到,对孩子的教育是不可能一蹴而就的。当孩子因为之前的一些不愉快经历而与父母针锋相对时,或者因为自己的麻烦越来越多、责任越来越重(如弟弟妹妹的出生、马上要开始上学或者生病等)而对父母心生怨念时,父母就更要清楚地认识到这一点,孩子的教育需要多一点耐心。当然,孩子在其他成长阶段也有可能出现叛逆情绪,比如三到四岁或者青春期。在这些关键时期,如果父母再因为要争取个人威望而与孩子发生冲突,就很容易给孩子造成毁灭性的影响。父母越不自信,这种冲突所造成的影响就越大,他们就越害怕有什么事情没有完成。他们害怕如果不立即完成父母认为重要的事情,就会有不好的事情发生。

唠 叨

如果父母很不耐烦,那么就容易变成唠叨。父母的唠叨最让孩子感到厌烦。从早到晚说个不停!更要命的是,有些父母不仅说个不停,他们还缺乏创新,总是千篇一律地重复说过的话。孩子无论做什么都会受到批评,在他们眼中孩子哪儿哪儿都不对,什么都做不好。孩子哪怕只犯了一点小错,父母都会把它放大成十恶不赦的罪过。

父母的唠叨对孩子的教育没有任何的好处。相反,过多的唠叨只能让孩子更加地抵触，他们会更加叛逆，也更容易失败。如果父母能停下来及时地反思并认识到自己的唠叨给孩子带来的负面影响，他们很可能会大吃一惊，然后立即转变自己的教育方法。然而，他们根本不会停下来思考，因为他们从来都是根据自身的需要来教育孩子，很少会考虑孩子们的需求。虽然父母对孩子有诸多的不满，但在内心深处，他们自己也不知道为什么不满。其实这完全是他们自己对生活的失望，以及自身的挫败感导致的。

挑错

父母监督孩子、对孩子唠叨是轻视和贬低孩子的体现，他们这样做只是为了彰显自己为人父母的优越性。对于这些错误方法可能给孩子带来的影响，我们可以结合另一种类似的教育方法来一起讨论。在养儿育女的过程中，哪会有父母从来不挑孩子毛病的呢？自古以来，挑错一直都是教育孩子的重要手段之一。（当然，有很多国家并不使用这种方法来教育孩子。）我们之所以挑孩子的错是为了让他知道他做得不对。但为什么非要通过挑错的方式来让孩子认识到问题呢？我们已经知道，强调正确的东西可以培养孩子辨别是非的能力。[1]通常在我们纠正孩子的错误之前，他们就知道自己犯

---

[1] 参见第3章中的"真诚赞美"部分。

了错。家长只需要做一点点尝试，就能发现，与其通过挑错的方式来达到目的，不如鼓励孩子、用一种友好的方式指导孩子，这样会使孩子更愿意接受父母的教育，从而达到更好的教育效果。

然而，很多时候，家长会觉得通过挑错来教育孩子确实非常管用。首先，我们所理解的挑错专指那些具有贬损意味的言行。如果我们对一个孩子说："你做得不对，你应该这样做。"这不是挑错，而是指导。挑错带有一种责备的语气，我们在这个章节讨论的内容都是这种带有责备意味的挑错。

其次，很多时候，父母责备孩子确实能够达到更好的教育效果。有些孩子只有在受到严厉批评之后才会乖乖听话，而其他教育方法对他们都起不到任何作用。父母友好地劝说与鼓励似乎达不到什么效果。换句话说，那些对大多数孩子而言效果最好的教育方法，对他们反而起不到任何作用。这是为什么呢？实际上，在这种情况下，我们面对的这些孩子内心叛逆、特别顽固，他们早已习惯了各种矛盾冲突，只有暴力才能让他们屈服。我们将结合后面体罚的教育方法，更详细地讨论这些孩子的心理构成，在体罚这个问题上往往能更清楚地看出他们的想法。

此外，对于一些孩子，尤其是对于那些野心勃勃的孩子而言，父母偶尔挑他们的错有时候也会达到很好的教育效果。但即便如此，这种方法还是有可能给他们带来一些不良影响。因此，对普通孩子来说，如果父母能偶尔挑一下他们身上的错,可能会促进他们的发展;但是,对于那些野心勃勃的孩子,频繁、过激地挑错会严重打击他们的自信心,他们很可能会因此一蹶不振,放弃之前的努力。这也再次说明,对不同的孩子,即使父母使用同样的教育方法,也会产生不同的教育效果。

除了上面提到的一些个别案例,在一般情况下,挑错这种方法所产生的效果几乎都是一样的,那就是让大多数孩子的自尊心受到打击,从而导致孩子做什么事情都畏首畏尾,很难获得成就。因此,如果孩子已经习惯了父母的批评和指责,对他们的话完全不当回事,那便是最好的结果了。但无论是哪种结果,都会造成一个恶性循环:父母挑错—孩子的问题没有改进—父母继续挑错—孩子的问题愈加严重,也越来越固执—父母对孩子越来越不满意,这个循环会一直继续下去。我们的国家每年有多少悲剧都是因为这种错误的亲子关系造成的?

更加危险的情况是父母不但总去挑孩子的错,还会不断批评甚至侮辱孩子的缺点。如果父母抑制不住内心的冲动,想要对孩子的缺点横加指责,请一定要先考虑下后果。你的心情可以理解,你不断地受到孩子的挑衅,伤心难过,你恨铁不成钢,特别希望他们能变好。所以,情急之下你可能会说:"你真是太笨了","随便哪个人都比你强","谁看到你都会觉得讨厌","你真是笨手笨脚的","你什么事都做不好"。有一点可以肯定,这些话可以让你发泄自己内心的愤怒,但这些话会给孩子造成什么样的影响呢?责骂会让他变聪明吗?结果可能恰恰相反,因为可以肯定的是,孩子之所以显得笨手笨脚,在很大程度上是因为他受到了打击。他们觉得自己很笨,所以就破罐子破摔。你没有告诉他任何有意义的东西,只是一味地强调他很差劲,从而让他越来越不自信。

反复指责孩子的愚蠢、懒惰、邋遢或其他缺点,只会让他们更加愚蠢、懒惰和邋遢。有时候,孩子可能并不觉得自己有这些缺点,但你说出的这番话一定会让他确信这一点。然后这些缺点就会在他心中扎根,因为你对他的批评与指责会让他彻底失去改变自己的勇气。他会觉得:"如果我真的那么蠢、那么笨、那么懒,那么努力又有什么用呢?"然后他就会把自己的缺点看成理所当然的。更糟的是,当他看到别人因为自己的缺点而抓狂的时候,他反而会有种心满意足的感觉。

因此,你对孩子的挑三拣四、指指点点很可能会**直接导致他们养成这些坏习惯**。在后面关于孩子撒谎这一问题的讨论中,你可以更加清楚地了解这个现象。孩子想象力丰富,容易将幻想与现实混为一谈,如果父母不了解孩子的这些特点,随随便便就去指责他们撒谎,那他可能会觉得自己天生就爱撒谎,然后也许就真的开始撒谎了。

怕什么,就来什么。你或许因为内心烦闷就去打击你的孩子。因为你很生气,所以就去放大孩子的缺点,而且你说话的语气比你想象的还要重。你似乎总是在解决一个问题的同时制造出更多的问题。这样做值得吗？

打击孩子

唠叨、挑错和体罚，这些教育孩子的方法，简单地说，都是对孩子的打击，它们很容易使父母和孩子之间发生冲突，最后造成与家长的期望完全相反的结果。

大多数父母经常会通过训斥、警告、责备、威胁以及让孩子做保证等方式来纠正孩子的坏习惯，如啃指甲、挖鼻孔、邋里邋遢等。然而，如果不想孩子养成这些坏习惯，父母首先需要做的事情，是学会忍受这些坏习惯。如果有人问，怎样做才能让孩子不再挖鼻孔？父母仅仅给孩子做示范显然是不够的，劝孩子不要挖鼻孔也不一定有效。但有一种方法一定会奏效：只要孩子把手放到鼻子上，就打他一巴掌，过一会儿，如果他的手又放上来了，你再吼他几句，反正坚持不许他碰自己的鼻子就行了。然而，如果父母一直重复这个过程，不断地威胁、打你的孩子，同时伴随着激烈的呵斥和不耐烦的指责，过不了多久，孩子恐怕就会真的养成挖鼻孔的习惯了。这不正是父母所采用的方法吗？唯一不同的是，父母以为这样做能纠正孩子的缺点，却完全没有料到，这种方法很可能会适得其反。他们的父母用这样的方法对待他们，他们也不假思索地沿用同样的方法来对待自己的孩子。

然而，如果一个孩子受到了刺激，他一定会做出反抗。

每个人的反应都是一样的。人们可能会觉得，随着时间的推移，父母和老师会逐渐明白这一点，然后会放弃这些无用且有害的教育方法。但令人惊讶的是，情况并不是这样。

这可能是因为我们并不了解不同的教育方法会对孩子造成什么影响，我们只能看到眼前的表象。父母的处境与一百年前的医生一样，尽管他们都是出于善意，但因为他们对自己所使用的治疗手段及其产生的效果缺乏足够的了解，从而给病人带来了严重的伤害。几百年来，医生们对在事故中或战场上受伤的人，都是使用破旧的亚麻布来包扎伤口。没有人对这种治疗方法表示质疑，人们并不知道这种处理方式会造成严重的感染，甚至会致命。维也纳医生伊格纳斯·塞梅尔韦斯（Ignaz Semmelweiss）最先发现，伤口必须在无菌的环境下进行包扎处理，这才有效防止了人为的伤口感染。

就像以前的医生不知道处理伤口时需要消毒一样，如今，绝大多数父母也不知道一些教育方法会给孩子造成严重的精神创伤，这些创伤会导致孩子更加顽皮、不听话、无法完成规定的任务，经常会犯各种各样错误。我们在教育孩子的过程中必须谨慎对待孩子的精神创伤，以免让情况变得更糟。如今，随着现代心理学研究的深入，我们可以更加客观理性地了解孩子及其他人的内心世界。有史以来，我们头一次可以详细观察和记录各种教育方法所带来的行为及反应。现代教育学试图让父母和老师们擦亮双眼，让他们更清楚地认识孩子们的本性和缺点，避免采用错误的教育方法，对孩子造成伤害。

教育学领域的创新比医学领域的创新要艰难得多。的确，塞梅尔韦斯（Semmelweiss）遭到了同行尖酸刻薄的批评，即使他对人类的发展做出了巨大的贡献，但他还是被人看不起，生活贫困潦倒，最终英年早逝。但随着时间的推移，他的贡献一定会得到世人的认可。虽然，心理学上的发现不一定能像医学发现一样，能得到清晰有力的证实，但一些教育方法所产生的效果已经十分显著，并得到了很多人的认可。而目前家长所面临的最大困难是，他们无法客观对待孩子。大多数医生都不愿意治疗自己的亲属，但所有的家长都必须教育自己的孩子。

在第一章中，我们反复提到，要对孩子保持客观的态度是非常困难的。我们还提到，许多父母出于某些个人原因，对孩子采取了毫无用处的教育方法。即使我们清楚地理解了这一点，但如果我们不能发自内心地接受它，那又有什么用呢？对于不愿接受事实的人来说，无懈可击的证据又有什么用呢？如果你认真反省自己，就会发现，你经常打击你的孩子。许多父母不敢大方承认孩子取得的成就。这就是他们不愿意表扬孩子的原因，如果他们真的大方表扬了孩子，他们也肯定会紧接着补上一些打击孩子的话。"你今天表现得很好，但你为什么不能再接再厉呢？"父母觉得孩子表现得好是理所当然的，犯了错才是不能饶恕的。父母不肯表扬孩子是因为父母自私，但他们却声称表扬孩子会让孩子变得骄傲和自负。

如果孩子调皮捣蛋，父母的自私就会显露得更加明显。在与孩子的相处过程中，如果父母的内心是坚强而又自信的，他们就会平心静气地去引导孩子克服困难。但那些不自信的父母就不会这么做。也许他们不知道如何正确地解决问题，或者他们此刻没有时间管教孩子。这些父母特别害怕孩子在成长过程中发展出不良后果，所以，他们会不断地打击、严厉地批评自己的孩子。父母开始会大声地吼孩子，然后会责打他们，后面还会通过责骂、训斥和嘲笑等方法打击孩子。父母打击孩子可能只是一时冲动，许多父母都有过类似的体验。他们对孩子的打击可以表现为各种形式，比如过度地监视孩子、对着孩子唠叨，以及不断的呵斥和不耐烦的指责。

在教育孩子的过程中，那些习惯打击孩子的父母都存在这样的倾向，尽管很多父母表现得并不是很明显。有些父母认为，只有对孩子严格要求，并适时地羞辱、教训一下他们，才有可能培养出优秀的孩子。但这些父母没有意识到，他们的这种想法体现了他们的个人欲望：他们想要采用最极端的方法来培养出最优秀的孩子，从而维护自己的优越感。因此，打击孩子是为了维护他们的个人权威。

父母这样做，孩子一定会反抗。父母的权威本该用来教育孩子遵守社会秩序，随意滥用权威一定会招致孩子的反抗。不管孩子表面上多么听话，他的内心一定会越来越叛逆。通过暴力手段获得的权威往往不堪一击。

太过严厉

拉里是家里的独生子。他的母亲在他三岁时去世了。他的继母善良又能干,但继母和父亲都不理解儿子为什么会如此沉默寡言、不服管教。因此,他们试图"驯服"他,他每一次犯错都会受到严厉的惩罚。他做任何事,继母都要挑点毛病。每天晚上,继母都会向丈夫仔细地汇报拉里当天做了什么,如果他表现不好,他的父亲会一连几天都不跟他说话。

拉里很难从别人口中听到一句夸奖——因为他觉得自己脾气不好,"不配"得到善待。表面上看,拉里是个乖孩子。尽管如此,父母对他还是不怎么满意,因为他不能融入家庭生活。他不仅沉默寡言,还经常固执己见,不尊重父母的意见。他有时会冒出一两句挑衅的话,有时不在规定的时间回家,有时拒绝完成父母交给他的任务,即使接受任务,他也表现得非常不情愿。

父母对孩子太过严厉,也许表面上可以"驯服"孩子,却不利于培养孩子的社会情怀和归属感。如果父母对孩子太过严厉,不管孩子怎么做,他都会感到越来越无助,他会觉得自己非常软弱,不得不依赖他人,这让他感到非常痛苦。他不会把父母当成朋友,而父母也不会把他当成朋友。在孩子内心深处,他对父母无比抗拒,因此他随时随地都会表现出对父母的冷漠和恶意。如果父母对孩子太过严厉,虽然孩子表面上乖乖听话,但双方都能感觉到这段亲子关系中暗藏敌意。

羞辱孩子

许多父母认为,羞辱孩子可以让孩子不那么叛逆,从而让他改掉某些缺点和坏习惯。父母可能会让孩子站在墙角或跪在地上,有时候,即便这样做也不能让他们解气,他们满脑子都是自己施虐成性而产生的妄想。

每当八岁的爱伦"不听话"的时候,她都要在父亲面前下跪,大声、清晰地说出自己的错误,不断地反省,最后让父亲惩罚她。我们可以想象,这样的做法对一般家长而言是多么艰难。在爱伦进行忏悔之前,总是会经受父亲漫长的吼叫、威胁和责打。

父母羞辱孩子的负面影响显而易见。孩子可能会逐渐地习惯这些羞辱。凡是父母要求他做的事,他都会不假思索地去做。但是,用这种方式教育出来的孩子,他们的内心想法与他们所表现出来的完全不同。从表面上看,他言行得体、谦逊有礼,但内心却很可能在嘲笑和诅咒对方。因此,他被教育成了一个虚伪的人。他表现出来的良好品行非常值得怀疑。

这类孩子的精神状态往往会受到严重的影响。他们通常会出现精神问题,这些受虐经历会导致他们情感生活混乱,甚至产生受虐倾向。孩子有可能会把所谓的惩罚当成一种享受——父母可能会觉得他们对孩子的羞辱与虐待会让孩子感到非常难受,但相反,他们给了他精神上的快感。因此,孩子在看似最惨的时候反而成了获胜者。

体罚孩子

体罚曾经是父母在教育子女过程中最常使用的方法,然而,近年来越来越多的父母开始反对对孩子进行体罚。我们对此感到非常欣慰。但仍有不少父母认为这种教育方法非常有效,他们认为体罚孩子可以让孩子承认父母的权威和优越感。尤其是在孩子小时候,父母认为,跟孩子讲道理没用,只有打他才能让他听话。甚至后来,还有父母认为,在遇到危险时,必须通过体罚才能让孩子避免即将发生的危险,其他方法都达不到这个效果。父母有时打孩子,只是因为他们自己压力太大了,一旦"恢复理智",他们有时会意识到体罚这种教育方法并不可取。

因此,首先我们要思考一下,是否会存在一些只能通过体罚才能解决的问题。那对于刚出生的婴儿来说,父母根本无法通过语言来影响他们，因为他还听不懂大人的话。但这是打他的理由吗？事实上，语言在教育孩子的过程中并不是必需的，有些话说出来往往是多余的。因此，对小孩子来说，父母说了什么并不重要。不管是在婴儿时期还是在孩子长大以后，让孩子亲身体验事情的逻辑关系才是更有效的教育方法。如果孩子想要抓住某个东西，而这个东西可能对他造成伤害，那么不管他会不会哭闹，我们都会直接拿走这个东西，放在他够不着的地方。有时，对于那些可能会对他造成伤害的东西，如果伤害不会太大，我们可以直接拿给他，让他去亲身感受一下拿这个东西会给他带来的痛苦。假如我们在行驶的列车上，孩子坚持要站着，但如果他站不稳，他可能会摔倒。骂他只能在短时间内有效。有时候，你甚至想打他一巴掌。但是，如果你在给孩子做好防护的情况下，让孩子感受一下站不稳要摔出去的感觉，这样岂不是更有效？他只要感觉到有可能会摔倒，自己就会坐下来了。

如果一次这样的经历还不够，可以让孩子在类似的条件下多经历几次，孩子可能很快就会自己乖乖地坐好。

大一点的孩子也是如此。有一次，父母正在讨论体罚孩子如何不可取，一位母亲提出了异议，并分享了这样一个故事：

她有两个年幼的儿子，大儿子经常打开厨房的煤气阀门。父母告诉他这样做会发生危险，但孩子根本听不进去。

父母将报纸上的一篇新闻读给他听，从这个新闻中他知道煤气泄露会导致严重的爆炸事故，但他仍然不为所动。后来，他又去开煤气阀门，这一次，他母亲狠狠地打了他一巴掌。后来，他再也没有开过煤气阀门了。几年后，孩子告诉她，每当他经过煤气灶时，就会想起自己挨过打，所以就不想打开煤气阀门了。（注意，他其实仍然想过要去打开煤气阀门！）

从这件事来看，体罚似乎是唯一有效的方法了，但事实真是如此吗？当然不是！任何人都能想得到，如果男孩继续去开阀门的话会导致什么样的后果。其实在这种情况下，这位母亲可以对两个孩子说，只有不乱开煤气阀门的孩子，才可以随时到厨房去玩，而另一个孩子则必须待在外面，除非他能够保证不碰煤气灶。如果坚持这样做，父母很可能毫不费力地就纠正了孩子的恶习。当然，还有很多类似的方法也可以避免孩子去乱开煤气阀门。

从婴儿时期开始，孩子就必须尊重并遵守社会秩序，让自己的想法符合社会规则。但要实现这一目标，父母没有必要非得采取体罚的方式，即便有时候孩子觉得自己做错了事确实该被罚。如果父母在体罚孩子的时候有机会去了解一下孩子的想法和感受，他们就会大吃一惊，再也不敢动手了。（即便是身心非常健康的孩子，在挨打的时候也会感到极其恐惧。）孩子如果经常挨打，他们受到惩罚的时候，会在心里萌生可怕的念头，他们会憎恨自己的父母，内心怒不可遏，甚至希望折磨他们的人死掉。你真的相信通过体罚就能让孩子发自内心地想要变好吗？相反，我们完全有理由认为，孩子会越来越不听话，即便后面被打得再厉害都不能让他的态度发生任何改变。挨打不会让他内心的叛逆情绪消失，反而会让他变得越来越叛逆。

有些孩子偶尔挨打，有些孩子经常挨打，我们必须对这两种情况分别进行讨论。有些孩子，以前从来没挨过打，所以挨打会让他们特别害怕，挨打的经历可能会给他们留下非常深刻的印象。因此，他们可能会尽一切努力避免再次挨打。一般来说，这些孩子都很听话，根本不需要体罚，某次挨打的经历甚至可能会对他们造成严重的精神打击，对他们产生深远的负面影响。这样的孩子会害怕暴力、屈服于暴力，每一次挨打都会打击他的自尊、勇气和自立。

然而，还有些孩子只有挨过打才会听话。有时候，他们似乎故意让别人惩罚他们。他们表现得任性、无礼，似乎是在故意让父母生气。父母的规劝、警告、威胁对他完全没有效果。最后，心烦意乱的父母只能选择体罚孩子，以此来发泄自己的愤怒。挨完打后，孩子立刻就像变了一个人——乖顺、听话、举止得体。我们经常可以看到这种情况，而这些结果充分证明了体罚这种教育方法是有效的。但结果真的像看上去那么美好吗？为什么孩子挨打后会变得如此乖顺？

有些专家提出了一个相当大胆的解释，他们提到了一种所谓的"渴望惩罚",即孩子内心所产生的愧疚感让他渴望被父母惩罚。在我看来,事情真的要简单得多。在这些案例中,我们通常接触到的是那些觉得自己被父母忽视,甚至觉得自己不受欢迎的孩子。他们在有了弟弟或妹妹之后,往往会变得特别调皮捣蛋。那是因为他想通过恶作剧或调皮捣蛋来吸引父母的注意力。只要父母不发飙,他就觉得自己受到了忽视,直到父母烦透了,放下了手上其他的事情转过头来关注他,他才觉得安心。如果父母在对孩子发完脾气后,立即对自己的行为感到后悔,并试图通过爱抚、亲吻孩子的方式来弥补,那么孩子这种故意引起父母关注的行为就没有什么可奇怪的了。他不过是想得到父母的一点关爱而已。就像那个农夫的妻子一样,她哭着跑到神父那里,抱怨她的丈夫已经两个星期没有打她了,一定是不爱她了。殴打代表了打人者对被打人的关爱,正是这一想法让许多孩子形成了如此奇怪的态度。有时,他们会为自己能把父母惹怒而感到开心。

但是,父母打孩子并不是为了高兴。他们以为自己这样做是在教育孩子,但实际上,他们不过是在发泄自己内心的愤怒。孩子在挨打的愿望实现后,就开始好好地表现。为了实现自己的愿望而付出这一点点代价,他们是心甘情愿的。孩子的这种调皮讨打的行为都是他们无意识的计划,他们要么是为了引起父母的注意,要么是为了惩罚报复父母。

孩子们挨打时的反应往往还会有很大区别。表面上看,挨打时孩子们都会反抗,但细细观察你就会发现,有些孩子的表情似乎并不是特别的痛苦。通常孩子挨打时会觉得害怕、厌恶，但有的孩子会明显表露出对挨打的喜欢和渴望。在某种程度上，我们这里讨论的内容与上一章关于情感问题的讨论非常相似。孩子通过父母对自己的体罚而获得精神上的快感，所以体罚并不能达到教育孩子的目的。像这样的孩子，他们会经常故意挑衅父母。

在这种情况下，如果父母很严厉，孩子长大以后反而会非常尊敬和爱戴他们。当孩子成年后，对小时候挨打时的那种感觉他们早就不记得了。他甚至还经常会说，自己对曾经挨过的打心存感激。我们可以看到，这样的孩子，无论谁对他严格管教，他都会心存敬意。在这种关系中，经常体罚孩子的父亲理所当然地成为家里权威的象征，所以当他们后面不再对自己的孩子暴力相向的时候，也只有这个时候，他们的孩子才会开始喜爱他。他们长大以后，这些孩子甚至还会模仿自己的父亲，也会觉得孩子不打不成器，所以对于他们自己的孩子，也会采用同样的方法管教。几乎每个在童年时挨过打的人都有暴力倾向。从他们那里，我们经常可以听到这样的说法："我小时候就是因为挨过打，所以才变得这么优秀，所以我自己的孩子也得这么管教才行。"所以，正如其他孩子一样，挨打会给他们留下深刻的影响，只是他们没有意识到这一点而已。

小时候挨过打的孩子，性格中多多少少都会留下一些印记。在童年时期挨过打的孩子要么卑躬屈膝、胆小怯懦，要么阿谀奉承、诡计多端，要么言行傲慢、自以为是。而且几乎所有小时候挨过打的孩子，都有暴力倾向。他可能会非常能干，坚毅、严苛的性格特点让他特别容易在商业上或职场上取得成功。他有一个漂亮的妻子，妻子非常爱他，他们还有漂亮的孩子，但他没有感受过真正的温暖和亲切，所以很难与人亲密相处。他并非无法做到跟人密切交往，只是他很难去相信别人。追根溯源，他可能害怕儿时受到的羞辱和打击会重演，所以，他变得冷酷无情。

F先生小时候经常挨打。他的父母非常爱他，在许多方面对他都很宽容，但每当他们情急之下不知所措的时候，就会狠狠地打他。F先生是一个非常成功的商人，性格稳重、头脑冷静。他的妻子美丽迷人，两人看上去很恩爱，他们还有一个帅气可爱的孩子。但事实上，F先生连一个关系要好的朋友都没有。大家都害怕他，因为他非常专横傲慢，总是给人高人一等的感觉。他谁都信不过，在他眼里，没人能比他更理解他的工作。因为他情商不高也不够善解人意，所以他得罪了很多人。其实很多人本可以成为他的朋友而不是敌人。他对待家人也非常残忍。

他极尽容忍，才让他的孩子没像他小时候一样挨打。虽然他做到了不打孩子，但家里大大小小的事情都得由他做主。家里人都害怕他。他的妻子在家里没有任何自由可言，因为他嫉妒心极强，严格限制妻子的出行，什么时间和谁去哪儿，都要经过他的批准才行。他常常在陌生人面前让妻子难堪，并以此为乐。只要妻子不站在他这一边，他都会大发脾气。他经常会对妻子大呼小叫、骂骂咧咧，或者用尖酸刻薄的语言挖苦她。

我们可以明显地看出，他尽管表面上优越感十足，实际上内心深处却充满了恐惧。他害怕被人拒绝，也不想遭到任何人的打击。因此，他树敌众多，并疏远了他的妻子和孩子。他不知道那些表面上顺着他的人，实际上却可能一直在欺骗他、捉弄他。他可能也感觉到了，只是不想承认这个事实。他害怕在面对这些人的时候会唤醒他内心深处的一些不好的记忆。同样的道理，如果他的事业出现困境，他也会感到特别恐惧，任何突发事件都会让他提心吊胆、夜不能寐。正是基于这些物质优越性，他才建立起自己的权威，而这些突发事件的到来，有可能意味着他将失去这种优越性。

众所周知，体罚孩子是一种无效的教育方法，荒谬至极，甚至极大地影响了孩子的成长。但尽管如此，还是有很多父母仍然在使用这种教育方法，这到底是为什么呢？事实上，那些提倡"棍棒教育"的父母都是从小经常挨打的孩子。他们长大之后，理所当然地继承了自己父母的教育方法。所以，这才是问题的答案。他们觉得自己打孩子是为了孩子好，但实际上他们只是跟随内心深处一种奇怪的冲动，对此他们自己只是没有意识到而已。父母想通过这种激烈的方式向孩子展示自己的优越性，因为他们感到害怕，如果不体罚孩子，他们无法压制孩子的反抗。父母没有意识到，他们在体罚孩子的同时已经暴露了自己的弱点：他们对孩子已经束手无策了。他们不愿承认自己内心的恐惧。

如果一个男孩打一个比他小得多、弱得多的孩子，我们会认为他这样做很不公平，是欺凌弱小。那么，一个成年人打一个弱小可怜、毫无反抗之力的孩子，这和前者又有什么区别呢？父母完全没有必要去体罚孩子，这样也达不到他们想要的效果，所以如果你以后产生了体罚孩子的冲动，请务必从自身的性格来寻找原因。

这时，你就会意识到，你自己具有某种暴力倾向。你喜欢展示你的力量和优越感，最重要的是，你不能忍受任何人来挑战你的权威。实际上，在你抬起手来准备打孩子的那一刻，你就已经意识到了自己对孩子的无能为力。因此，父母应该教育孩子融入社会，而不应该压制、羞辱孩子。

第5章

生活中的具体问题

孩子在生活中出现的各种情况往往都会呈现出不同的问题。如果家长对这些问题处理不当，它们很可能会对孩子今后的发展产生深远的影响，甚至还会引发很多后续问题。在这种情况下，一些隐藏的冲突会突然爆发，令你猝不及防。

如果能以正确的态度来对待孩子，并遵守一些基本的行为准则，那么无论出现什么情况，父母都可以毫不费力地妥善处理。当然，如果你能对孩子在不同成长阶段的各种不同的需求有更多的了解，那就再好不过了。如今，那些新手妈妈参加的各种培训课程和实践练习主要针对的是新生儿身体方面的护理。但是除了对孩子身体进行护理，你还需要了解孩子其他方面的需求，比如孩子需要参加什么样的活动，玩什么样的游戏以及他的兴趣爱好是什么，等等。随着孩子年龄的增长，他们在这方面的需求也在随时发生着变化。在本书中我们无法将孩子在不同阶段产生的所有的需求都进行详尽的描述,[1]在这一章节中,我们主要从心理层面对一些重要问题进行深入探讨。

产前调整

即将成为父母的你们在孩子还没出生的时候,就遇到了人生中的第一个教育任务。父母对孩子的期盼,使你们的亲子关系早在孩子出生之前就已经建立。这时前面章节中讨论过的一些父母最常犯的错误就有可能出现在你们身上。对孩子的担忧、焦虑以及过度的期待与要求都是父母常见的错误。因此,对这些问题一定要高度重视。父母应该好好利用孕期来增强自己的意志、勇气和自信。最好通过书本或培训课程来学习巩固一下自己在婴儿护理和儿童心理学等方面的知识。但与此同时,你也要注意这些学习所带来的影响。如果因为接收到大量的信息和建议而让你感到气馁、焦虑,那说明这种学习方法并不适合你,无法让你从中受益。如果你任由这

---

[1] 为方便您进行深入学习,我们推荐以下书目:

格塞尔·阿诺德:《儿童生活的最初五年》(*The First Five Years of Life*),纽约:Harper & Brothers出版社,1940年。

格塞尔·阿诺德、弗兰西斯·伊格尔:《五到十岁的孩子》(*The Child from Five to Ten*),纽约:Harper & Brothers出版社,1946年。

本杰明·斯波克:《婴幼儿护理常识》(*The Common Sense Book of Baby and Child Care*),纽约:Duell, Sloan and Pearce出版社,1945年出版,1957年修订。

些焦虑和恐惧来削弱你的意志和勇气，那一定会影响到你后面对孩子的教育。因为在教育子女过程中，勇气与智慧是你必不可少的重要工具。

初为父母

孩子出生后与周围人的第一次相处非常重要。孩子一旦对外界产生了不好的印象，他就会给出错误的回应，那么后面父母就需要投入大量的心血与精力来纠正他们错误的行为模式。早在孩子能听懂别人说话之前，他就能对外界环境做出反应，并能感知到周围人与人之间的关系。他能够强烈地感知他人的情绪并做出回应。[1]因此父母的焦虑和担忧很容易让婴儿感到胆怯和紧张。相反，父母之间的冷静与平和有利于孩子获得平静与安宁。母子之间的关系很可能会因为孩子的一些问题而变得不和谐，陷入一种恶性循环。如果孩子早产、罹患严重的疾病或者存在发育障碍等，那必然会使母亲情绪低落。而母亲的情绪反过来又会影响孩子，阻碍孩子对周围环境的适应，继而不断引起母亲新的情绪波动。这种恶性循环还有可能是由一些其他方面的麻烦引起的，这些麻烦可能与孩子无关，但它能引起母亲的不安，进而影响到孩子。即使这些麻烦后面得以解决，但母亲与孩子之间的关系已经

---

[1]参见第7章中的"如何应对孩子的哭闹"部分。

出现问题，后面也一定会继续影响彼此。因此，作为孩子的母亲，你一定要格外小心，尽量保持情绪稳定。尤其是在婴儿刚出生的头几个月，保持母亲的情绪稳定至关重要。

母亲理应尽力去保护和帮助这个弱小无助的婴儿，然而，如果孩子从一开始就体验到了无助带来的好处，他就失去了锻炼的机会，无法形成克服困难的勇气和一定的自理能力。所以，当孩子遇到一些小困难时，父母需要极力地克制自己不去帮助他。虽然要做到这一点并不容易，但你一定能为此得到丰厚的回报。首先，孩子能越来越准确地控制自己的身体，并能独自应对一些简单的困难；其次，孩子的勇气和独立意识也会越来越强。父母的怜悯和担忧是孩子行为不当的重要原因，不仅会阻碍孩子的发展，甚至还会妨碍孩子与其他人的相处。父母的野心和虚荣也是他们经常虐待和压迫孩子的原因。

婴儿的护理

婴儿从出生之日起，就是一个独立的个体，必须适应周围的社会秩序。虽然他在某些方面还需要别人的帮助，但他完全能够通过自己的努力来适应生活。而且，适应生活和体验生活也是他的一项基本权利，任何人都无权剥夺它。

婴儿在第一次吮吸母乳的时候，就开启了他与别人合作的冒险之旅。当然，用奶瓶吃奶也是一样的道理。因此，从他出生第一天起，他就可以开始接受必要的规律性训练了。一旦他习惯这种规律的生活，那么按规则行事对他来说就会成为一种愉快的体验。从婴儿出生后就开始有规律地喂奶有两个好处：让婴儿认识到规则和秩序的重要性，这是社会生活的一个重要组成部分；规律饮食符合生物学规律，因为人体的所有生理机能，尤其是成长机能具有一定的规律性。孩子越早建立这种自然规律，就越能在身体机能和人际交往上获得较好的发展。随着孩子越来越有规律地进食，还可以对孩子进行规律性的如厕训练，当然，对孩子如厕习惯的培养要等到孩子能够很好地控制自己的排便后才可以进行。进食并不需要孩子控制自己的身体器官。当孩子养成规律的饮食习惯之后，他的肠胃就会自动地进行相应的调整。

家长在制订婴儿喂奶计划的时候需要考虑不同孩子的不同需要。可以咨询一下儿科医生，从而制订一个适合孩子的喂奶时间表。对于一般的孩子来说，最好每隔四个小时给他喂一次奶。但是，如果孩子的身体特别虚弱或容易生病，可能就需要对他的喂奶时间进行调整。当然，随着孩子慢慢长大，时间表也要相应地做出改变。但无论什么时候，家长都需要有一个明确的计划。

家长在孩子喂奶方面出现的大多数错误都是他们不必要的焦虑导致的。家长总是担心孩子吃不饱，但是他们低估了孩子作为一个生命有机体所特有的顽强的生命力。只要父母不干扰孩子进食，他就能照顾好自己。如果孩子某一顿吃得少了，那么他下顿就会补上。如果他在吃奶时睡着了，你也不必担心。如果孩子睡醒后，因为饿了又哭又闹，父母也不必被孩子的哭闹左右，或者打乱喂奶规律，提前给他喂奶。一旦真的做出让步，你就阻碍了孩子从规律中受益的可能。

然而，使用喂奶时间表也会让父母产生焦虑情绪，他们担心给孩子喂奶的时间不够准确。实际上，家长不必把时间表看得太过死板。早几分钟或稍晚几分钟并没有太大的差别。母亲在给孩子喂奶的时候要保持安静，这是非常重要的。因为婴儿对母亲的紧张和焦虑情绪非常敏感，嘈杂的喂奶环境会影响孩子的成长。你可能会担心奶瓶的温度是不是合适，担心孩子有没有吃饱，担心喂奶时间是不是准确，无论担心什么，你的这些焦虑情绪对孩子的影响，都会远远超过上面这些在需求方面的细微偏差。

断　奶

断奶是育儿过程中的另一大难题。如果孩子到该断奶的时候了，父母一定要按照既定计划给孩子断奶，而不是一次次地向孩子的哭闹妥协。要孩子放弃这个舒适的习惯，他一定非常反感并竭力地反对。你在这方面的努力，很多时候都是被动的，所以你一定要做到决不让步。坚定面对孩子的饥饿，不要借助任何强制手段。如果你能控制自己不对孩子过度担忧、焦虑和同情，你就可以尽可能地保持冷静友好的态度。但切记要做到意志坚定，只有这样，孩子才不会觉得你对他的饮食比对他本身更用心。

由于婴儿习惯流食，一旦他发现父母提供给他的是固体的食物，他就很可能会厌恶地推开。如果你强迫他接受这些营养物质，他就会越来越厌恶。如果孩子拒绝吃某一种食物，你就应该坚持让他吃，拒绝给他提供任何其他食物。这样，他最终就会慢慢接受一开始并不喜欢的食物。

学习走路

孩子天生就有站起来的欲望。所以，当他足够强壮时，他就会自己坐起来，然后再站起来。父母不要试图逼迫他做超出自身能力的事情，当然更不该对他自己的努力感到焦虑。在尝试站立或行走的过程中，孩子不仅学会了使用双腿走路，更重要的是，通过这些练习，他头一次体验到了什么是自强自立。父母给予他太多的帮助反而会妨碍他学习走路，也妨碍了他独立意识的形成。孩子还要学会摔倒。如果你一看到他摔倒就立即跑去安慰或把他抱在怀里，他就会用哭泣和自艾自怜来回应你。但是，如果你对他的恸哭无动于衷（毕竟他很少会出现严重受伤的情况），他就会变得越来越坚强，从而能够经受住更严重的伤痛。如果父母容易产生焦虑情绪，那他们的孩子也更容易哭，他们试图通过哭泣来获得父母对他们的关注和安慰。

那些独立性较强的孩子，当父母把他们放到围栏里时，他们会尝试自己在里面站立起来，然后慢慢地开始迈步。这时，如果父母过去牵住孩子的手，然后拽着他往前走，那就是在给孩子制造不必要的麻烦。孩子在学习走路的时候一定要自己慢慢摸索，不能依赖他人，否则，一旦没有了他人的帮助，他就会缺少自信，不敢再尝试了。

如厕训练

在孩子一岁半左右，父母就可以根据孩子的成长状况来训练他们如何保持整洁干净了。如果孩子能做到让尿不湿保持两个小时左右的干爽，那就说明训练孩子保持干净的时机到了。当然，遵守秩序的意义在于时间意识和规则意识。不管孩子是否需要上厕所，家长只需要按时把他放到马桶上，他就会知道如厕的好处。整个过程越不经意越好。不管他做了什么，你都不要动怒或者责骂他。家长完全没有必要与孩子发生冲突或对他发火。此外，我们也不建议父母在半夜把他叫醒，带他上厕所。这会导致孩子在半睡半醒的状态下大小便，他可能看起来是清醒的，但实际上并非如此。

父母要坚持让孩子按时如厕，直到孩子主动要求父亲带他或自己一个人去上厕所。如果孩子在学会如厕之后尿裤子（偶尔的"意外"可以忽略），父母应该再次让他恢复定时上厕所的习惯。尿裤子也是孩子忽视自身义务的一种自然后果。

但是作为家长，你应该认真去了解孩子尿裤子的原因，并设法改变这个情况。也许他是因为嫉妒刚出生的婴儿，自己也想做回小宝宝。在这种情况下，父母可以给他穿上尿不湿。无论你是选择按时带他上厕所，还是给他穿上尿不湿，这些方法都只能实施一天，第二天你还是要给孩子机会，让他自己上厕所。如果这样做他还是会尿裤子，那么你就要每隔两个小时带他去上一次厕所，或者如果还是不起作用，需要将间隔时间缩短到一个小时去一次，尤其是在孩子很小的时候，更要进行这样的训练。无论他是否需要，你都不能让他在马桶上坐太久。必须让孩子保持这种习惯，但在这期间你要尽可能少说话，避免孩子借机寻求你的关注。家长千万不要说你没有时间执行这样的规则！教育孩子是需要父母投入时间的。如果你在这件事情上不投入足够的时间，那么后面，你可能会花费更多时间去应对更多糟糕的情况。

引导孩子学会独立

家长对孩子的焦虑和宠溺是孩子早期教育的陷阱。宠溺孩子是父母的天性，因此，家长从一开始就要特别小心，不要因为自己的这种倾向而影响孩子的成长。你要小心留意他的各种企图，他可能想要你一直关注他，或者想要使唤你做这做那。你务必意志坚定，千万不要被他牵着鼻子走。孩子经常会假装哭哭啼啼或表现得可怜兮兮，这是他们控制家长的武器。家长要学会区分孩子的各种不同形式的哭泣，分清楚他们的哭泣到底是在表达自己的真实需求——疼痛或不适，还是仅仅为了引起你的关注。我们总是习惯于低估孩子在困难情况下照顾自己的能力。如果他不小心伤到了自己，他需要的不是你的同情和安慰，而是你对他的鼓励。这个建议听起来或许有些残忍，但你要知道有时候你对孩子的安慰才是真正的残忍，因为一旦他知道了遭受痛苦可以得到更多的关爱，你的安慰反而会加重他的痛苦。

哭是孩子的天性，孩子一般都会通过这种方式告诉你，他想从你那儿获得某些东西。但你最好懂得辨别，只有在他真正需要帮助的时候，你才能过去，给予他及时的帮助。家长如果能够大胆地让孩子自己去探索解决问题的方法，就会惊讶地发现，哪怕是在孩子出生后的第一年，他们也能学会如何对肌肉进行控制，并巧妙地克服各种身体障碍。孩子们最需要的是父母的激励，而不是对他们的保护。如果发现哭闹并不能解决问题，孩子们就会去寻找其他更恰当的解决方案，并学会照顾好自己。最重要的是，他们会遭受更少的痛苦，获得更多的快乐。

在凯伦八个月大的时候，有一天，她被卡在婴儿围栏里，两条腿都从栏杆里伸了出来，整个身体扭在一旁。她无法从栏杆里挣脱出来。这时她的母亲就坐在旁边，但她并没有去帮助凯伦，而是平静地说："你可以自己出来的，加油，凯伦。"婴儿当然听不懂这些话，但她明白了其中的意思。她停止了哭闹，并很快从栏杆里收回了双腿，脸上还露出了胜利的表情。

接下来的一幕发生在凯伦十五个月大的时候。她喜欢爬椅子，而且刚学会如何安全地从椅子上滑下来。最近她开始练习爬上爬下。在练习过程中，有一次，她十分兴奋。突然，她猛地从椅子上跳了下来，脸朝下摔倒在地。只见她鼻子流血，放声大哭。这时，她的妈妈平静地抱起她，把她放回椅子上，说："凯伦，再试一次。"孩子一边抽泣，一边犹犹豫豫地爬了上去。"现在再滑下来。"孩子吓坏了，尽管她已经不再哭了，但还是伸出手去请求妈妈的帮助。妈妈鼓励道："你自己可以做到的，凯伦。"于是她小心翼翼地滑了下去。后面，妈妈建议她再爬上椅子，这一次，孩子很快就滑了下来，不再表现出任何害怕和恐惧。她的小脸肿了好几天，却没有留下任何心理创伤。一般情况下，如果妈妈没有帮助孩子克服内心的恐惧，孩子的这种心理创伤就会存在很长时间，不仅影响孩子未来尝试的勇气以及内心安全感的形成，还会危害孩子与母亲以及其他为他提供帮助的人之间的关系。

孩子越早学会独立，就越有安全感，生活得越舒适。

生活在成年人的世界里

在孩子眼中，成年人就像巨人一样，所以让孩子生活在为成年人设计的世界里,这似乎是"不正常"的。然而这是现实,我们必须面对。蒙特梭利和很多其他教育工作者都希望能为孩子量身打造一个微缩世界,我们非常能够理解他们的心愿,他们希望以此来帮助孩子们更好地成长。那些受到过度保护以及信心受挫的孩子可能需要这样的方法来获得勇气、学会独立,但最好还是让孩子在大人生活的环境中培养这些品质,毕竟他始终都要在这个环境中生活。同样的道理,有些家长喜欢把孩子限制在自己的房间里,满足他们的各种需求,并禁止他们进入其他房间搞破坏。实际上这样的做法是非常不明智的。孩子们必须学会在任何场合都举止得体,无论是在客厅还是在厨房。

许多父母对如何做到这点感到困惑。我们很难向婴儿解释他能碰什么、不能碰什么,哪些物品是易碎的,甚至是危险的。显然,婴儿可能听不懂这些单词和复杂的句子。但他却能理解话语中的意义,并记住这些经验。"那么,"你可能会问,"如果孩子碰了他不该碰的东西,这种情况下难道不应该打他的手吗?"当然不应该。你甚至都不需要用严厉的语气威胁说:"不行!不可以!"你可以把孩子带到一边,然后平静地告诉他们什么事情是不应该做的。小孩子很快就会发现他们做错了什么。他们有时候之所以会搞破坏并不是由于缺乏认知。相反,他们这样做正是因为他们知道这样的行为是被禁止的。而大多数父母竟然在不知不觉中系统地训练了孩子如何去犯错。婴儿通过打碎东西引起"轩然大波"。孩子忽然感到犯错也是一件非常刺激的事情，这么快乐的事情，他为什么不多体验几次呢？

孩子第一次扔东西的时候，你就要格外小心了。你可能会选择捡起它，但这种行为对孩子早期的习惯培养是非常危险的。你可能以为孩子根本没有注意发生了什么。他其实注意到了，反而是你没注意到。当他把窗帘拽下来或把抽屉打翻时，你可能会觉得他很"可爱"。毕竟，这可能是他第一次展示他的肌肉力量，你可能因此满心欢喜。但孩子怎么会知道，为什么同样的行为，几个月后就会让你无比愤怒呢？那么你到底该怎么做呢？很简单：当他碰到不该碰的东西时，当他再次拽窗帘或扔东西时，你只需平静地把他放到他的婴儿围栏里，并温柔地告诉他你对他的行为感到很失望。这就可以了。很快他就会知道是什么让他失去了你的陪伴。孩子们都很聪明，他们完全能够做出正确的判断：必须接受父母对他的约束，否则就不能自由活动了。当他们做好了准备，不再调皮捣蛋了，就再给他们一次机会，把他们放出来。（如果孩子还太小，不能表达他是否准备好了，你可以稍过片刻后就把他放出来。）在这一教育过程中，父母不需要对孩子有任何的惩戒、苛责或暴力。你只需要平静地告知孩子他必须遵守的秩序和规则就足够了。一个受到良好教育的孩子会知道如何约束自己的行为，既不会让家里的物品伤到自己，也不会去破坏它们。

如果你的孩子喜欢扔东西，那你需要格外地小心了。孩子经常喜欢坐在餐椅或者你的大腿上，或者在自己的婴儿床或婴儿车里乱扔东西，这是很"正常"的事情。在这种情况下，你不需要捡回孩子扔的东西，你只需要完全忽视他的行为，或者简单地把这些东西拿走就可以了。

孩子通过自己的观察和体验，自然而然地就能够认识到哪些事情是危险的。然而，对于一些真正的危险情况，仅仅靠孩子偶然的几次经历是不够的。父母要对孩子进行系统的教育，才能让他意识到其中的危害，以免发生严重的后果。例如，看到孩子拿尖锐的物品、一个人跑向马路中间、划火柴、用手触摸滚烫的物体，或者其他类似的危险行为，父母都需要对孩子进行特殊的教育。在这些情况下，父母仅仅带孩子离开，或拿走危险物品是不够的，而是要花一点时间，和孩子一起试验，直到他明白这些行为是多么危险。父母在向孩子表达哪些行为不能做的时候，仅仅靠言语来进行解释和说教是不够的，有时候这样的做法对孩子甚至是有害的。孩子需要的是父母真实的示范。你可以拿一把水果刀或者剪刀，向孩子展示它是如何伤人的。如果哪次你不小心割伤了自己，你可以把你流血的手指展示给你的孩子看，并告诉他你有多疼。你还可以让孩子在你的监督下去触碰炽热的火炉，他就一定能从这次被烫的经历中吸取教训。同样，你也可以用这种方式让他知道点燃的火柴也是非常危险的。你可以把他带到马路上，并告诉他马路上的行人规范，以此来教育他不要一个人横穿马路。走在马路边上时，你可以允许孩子不牵你的手，跟你一起走，然后过马路时，你再牵起孩子的手，告诉他过马路时必须这样做。你还可以花些时间，像做游戏一样让孩子重复这些经历，直到他完全接受。

玩　耍

玩耍，就是孩子的工作。无论他做什么、学什么，对他来说都是一场游戏。但孩子的玩耍与其他人不同，它是一件无比重要的事情。孩子的成长，以及他对自己和这个世界的认知，都依赖于此。在玩耍的过程中，孩子看似重复的动作并不是在漫无目的地寻求快乐，而是他们在进行自我教育。如果一个孩子没有时间或机会像其他同龄孩子一样玩耍，那他的成长也会受到一定的影响。

一开始，孩子的玩耍是在熟悉自己的身体功能。他慢慢地开始熟悉自己的身体，并知道如何运用四肢进行各种活动。他很快就熟悉了身边的事物，并开始利用感官去感知这个未知的世界。随后，孩子把玩耍变成了他的工作。他用积木、玩偶、彩球、方块或其他玩具，创造出各种各样的新鲜事物。在玩耍中，孩子逐渐明白了在创造任何东西之前，都必须遵守一定的规则。孩子对自己选择的物品，也会产生一定的责任感。在集体游戏中，他也在不断地学习和调整，以适应各种社会规则。孩子早期与妈妈一起玩的简单游戏就属于后者的范畴。在这些游戏中，他第一次感受到除了自己以外的其他人是什么样的,了解了他人的重要性。孩子玩着玩着,慢慢地,玩耍可能变成了真正的工作,他们在玩耍中获得的愉悦感可能会转变成获得真实个人成就后的一种心满意足。

因此,在孩子玩耍过程中要遵守的一个重要原则就是:父母要为孩子提供大量的机会,让他随心所欲、不受干扰地玩耍,并且要真诚地肯定他在玩耍中获得的成就。孩子的玩具应该尽可能简单,这样,他的想象力才可能受到启发,并有足够的发挥空间。特别是在儿童早期阶段,越是原始简单的玩具,越适合孩子玩耍。

那些被父母娇生惯养的孩子不会玩耍,无论是自己一个人还是同其他小伙伴一起。还有一些孩子,他们总是无法融入集体游戏之中,只能独自玩耍。因此,父母通过观察孩子的玩耍状态,可以注意到他在成长过程中出现的问题,并立即采取补救措施。

为了维持父母与孩子之间的良好关系,父母需要多花些时间与孩子一起玩耍。只是给他讲讲故事,或者带他散散步,是远远不够的。当然,通过给孩子讲故事,带他散步,你可能会感觉到自己跟孩子很亲近。但是光有亲近感还不够,你们之间缺少合作,缺乏平等的互动。因此,只有真正和孩子一起玩耍,才能达到这样的效果。但不幸的是,许多父母并不愿意和孩子一起玩耍,他们也根本不知道怎么和孩子一起玩耍,所以,他们根本不会安排与孩子玩耍的时间,也意识不到这些游戏活动的重要性。为了让孩子们吃饱穿好、衣着整洁、乖巧懂事,父母有太多事情要做了。等这一切都做完了,他们就只想休息,更不可能有时间和孩子一起玩耍了。许多父母,尤其是父亲,对如何与孩子玩耍并不感兴趣。如果孩子让他们和他一起玩,他们可能会感到非常无聊。如果父母对某个玩具感兴趣,他们就会自己一个人在那儿玩,让孩子在一旁看着,孩子可怜巴巴的,就像是候在旁边等待差遣的仆人。每一个备孕的父母都应该学会如何与孩子一起玩耍,这一点非常重要,也是为人父母最该做好的准备。[①]

和父母一起玩耍,对孩子来说非常重要。只有那些对他有影响力的人,才能给孩子安排娱乐活动。你可以在与孩子玩耍的过程中,同孩子建立起融洽的亲子关系,同时你还可以继续保持你对孩子的影响力,使孩子在后面的成长过程中更愿意与你合作。在游戏期间,你还可以仔细观察孩子的言行,引导他承担自己的责任,积极参与某一项共同的任务,并为实现彼此共同的目标而做出贡献。此外,通过游戏,你还可以教育孩子要勇于担当,输了不气馁,赢了不傲慢,要拿得起放得下。特别是如果你有好多个孩子,那陪他们玩耍更是你义不容辞的责任。在这样愉快、有序的活动中,孩子们可以学会把彼此看作朋友而不是竞争对手。让家庭成员都

[①] 如果你想了解家长可以和孩子玩哪些游戏,以下书籍可能会对你有所帮助:吕特·策希林(Ruth Zechlin)所著《如何与孩子玩耍》(*How to Play with Your Child*)以及罗泽·阿尔施纳(Rose Alshuler)所著《两岁到六岁》(*Two to Six*)。位于纽约第四大道315号的美国国家娱乐协会就这一主题出版了各类宣传册,可供取阅。

参与集体的娱乐活动,可以很好地激发家庭凝聚力。

穿 衣

孩子需要承担的责任会越来越多,内容也会越来越复杂。如果家长鼓励孩子学会独立,并适当减轻孩子的压力,他们就能更容易地学会承担自己的责任。爱玩是孩子的天性。在孩子学龄之前,你可以让孩子尽情地玩耍。如果你能以游戏的方式将孩子要承担的责任呈现给他,他一定会非常愿意接受他的任务。许多孩子之所以对"责任"非常反感,是因为在他们承担责任的过程中,父母将所有的乐趣全部清除了。一个简单的"必须",足以让最有趣的任务变成最令人厌恶的事情。

如果家长把穿衣这件事以游戏的方式呈现给孩子,那么孩子就很容易通过游戏来学会如何自己穿衣。当你将穿袜子、脱袜子、穿鞋、系鞋带设计成有趣的游戏时,孩子就会满怀热情地投入其中。这种"游戏"与其他形式的游戏一样重要。如果过段时间,父母允许孩子自己穿衣服,他一定会信心满满地开始做这件事情,遇到任何困难都不会接受父母的帮助。当然,一旦你开始对他施加压力或指责他笨手笨脚时,这个游戏就结束了。如果你特别享受给孩子穿衣服的过程,把他当作洋娃娃一样对待,那他永远也学不会自己穿衣服。即便你最终决定让他自己穿衣服,也于事无补。更糟的是,如果你意外引发了冲突，那必定会影响到孩子未来的健康成长。孩子会不断地表现出自己的笨拙与迟钝，以此来迫使你不断地帮助他。他的自理能力会越来越差，而你也会越来越痛苦。

说　话

如果父母总是喜欢模仿孩子的腔调来跟他们说话，那也是非常错误的做法。父母应该避免只用那些孩子已经理解的词语跟他们交流，也不应该刻意地去模仿孩子的发音。除此外，在孩子说话含混不清时，你也不用特别费劲地去理解他的意思。如果你让孩子觉得他的话很容易就能被理解，他就没有理由再清楚地说话了。也许你以为只有自己能听懂他的话，并因此而自鸣得意，但在这种情况下，你的得意反而阻碍了孩子好好说话。

如果你想要帮助孩子正确发音，那么你在对他说话的时候，也要慢慢地、仔细地说，这样他才能学会正确发音。你对孩子说话时，完全可以使用一些较难的词汇，而且如果孩子反复尝试依然无法准确表达，你也不要急于纠正他，这样反而阻止了孩子大胆尝试。当孩子说话含混不清时，你更不应该批评或责骂他。唯一能有效地纠正孩子发音的方法是：不要承认你已经听清楚了。这就可以了。直接告诉孩子你没听清，他就会一直重复，直到发音正确。

清 洁

对孩子身体清洁能力的培养也是如此。相比女孩来说，为什么男孩更喜欢一身脏兮兮地到处乱跑呢？这并不完全是因为女孩们的"爱美的天性"——想把自己打扮得漂漂亮亮的，展示出迷人外表，而是因为男孩们往往得到了母亲更多的娇纵。男孩子有时会认为，邋遢、凌乱是男子气概的表现，他们甚至还会把洗漱、梳头和爱干净这些行为等同于"娘娘腔"。

所以，一方面，男孩会拒绝父母为自己洗漱，以此彰显他的优越性；另一方面，他可能会非常高兴地把洗漱过程转变成父母必须为他提供的个人服务。所以说，孩子脏兮兮的脖子和耳朵要么是蔑视和挑衅父母的表现，要么是为了引起父母对他的关注。

父母当然也可以把洗漱设计为一种有趣的游戏，但是在游戏中父母切忌对孩子提出各种强制性的要求，因为这样不但会破坏整个游戏，还容易使孩子走向两个极端——自我忽视或过分讲究。孩子不爱干净的自然后果就是，别人会拒绝与脏兮兮的他们来往，不愿跟他们一起吃饭，一起玩耍。因此，让孩子亲自去感受一下不爱干净的自然后果，也是非常好的教育手段。

用餐习惯

吃饭时间要做的事情不仅仅是吃饭。这是一家人难得聚在一起进行的集体活动。餐桌上的气氛以及大家在用餐时是否安静有序，体现了一个家庭的整体氛围。只要孩子能自己吃饭，他就应该和其他人一起用餐，从而成为一名正式的家庭成员。如果他需要别人喂饭，可以坐在餐桌旁的儿童餐椅里，但应该单独用餐，因为任何对某个成员的区别对待都会影响到整个家庭的关系。

作为父母，你们不仅要负责营造温馨的用餐气氛，还要负责维持就餐秩序。此时，正是孩子想要了解你的想法和感受的时候。愉快的交谈是培养孩子良好的用餐习惯的一部分。

每个成员都按照社会普遍遵守的用餐方式来吃饭，这是家里约定俗成的秩序和规则。此外，孩子不挑食，也是正确用餐习惯的一部分，因为挑食的孩子无法保持营养的均衡。

任何孩子都不可以破坏餐桌上的秩序和规则。如果孩子举止不够得体，他就不能和其他人一起用餐。父母不要威胁孩子，如果孩子严重破坏了家庭的用餐秩序，他们就需要采取行动，即把孩子带离餐桌。如果孩子很快能认识到自己的问题，并确保自己能举止得体，他就可以再次加入集体中。如果孩子没有在用餐时间按时到达餐桌，那么在其他人开始用餐后就没有他的位置了，那就意味着他错过了这顿饭。当然，只有在你发现孩子在这方面非常自由散漫时，才有必要严格遵守这些规则。一个和睦的家庭可能不需要通过自然后果教育法来维持每个成员的合作。

但是，你应当严格遵守以下几个原则，以免遇到一些不必要的麻烦：一方面，孩子吃不吃饭是他自己的事，任何人都无权哄骗、劝告、谴责或者威胁孩子去吃饭；另一方面，如果孩子不好好吃饭，玩弄食物，或磨磨蹭蹭，没有和其他人一起结束用餐，那么父母家人也不用等他，直接将他的盘子收走就可以了。如果孩子感觉不舒服，没有食欲，吃不完自己碗中的食物也是正常的。当然，你也可以根据孩子的口味为他们重新准备一份餐食，或者允许他有一次加餐。如果孩子吃饭吃得很慢，或者吃得很少，家长也无须多言，他们要在没有得到任何警告和劝诫的情况下体验自己的行为造成的自然后果。

帮忙做家务

孩子在很小的时候就应该积极参与家庭生活。这不但可以激发他们的社会情怀，锻炼他们的合作能力，还能增强他们的自信心，为今后的成功奠定良好的基础。如果家长能通过游戏的形式来给孩子们布置任务，孩子们就会很愿意合作。此外，如果家长能够成功地唤起孩子的雄心和自豪感，他也会更容易服从安排。当父母允许孩子帮忙做家务时，孩子会觉得自己长大了，并为自己所做的事情感到自豪。一些简单的、重复性的任务或各种类似跑腿的差事都可以交代给孩子，让他有足够的机会发挥自己的作用。但如果你以一种粗暴的、不耐烦的态度去要求孩子做这做那，那只会引起他对这些事情的反感。当然，父母用承诺、威胁、奖励或惩罚等手段来促使孩子完成任务也是错误的。这会让工作本身成为一件令人讨厌的附属品，获得奖励或避免惩罚才是孩子真正要达到的目的。

只有当孩子们抱着合作的目的参与进来，并能从中获得个人满足感时，他们才能正确看待做家务这件事。这和孩子对待玩耍的态度是一样的。只有让孩子获得一定程度的满足感，他才会乐意接受那些令人生厌或者困难的任务。家长对这些问题是否能够处理妥当，对孩子后面的进步以及未来是否能够获得成功与幸福至关重要。

被忽视的"大孩子"

对于孩子和父母来说，最困难的情况之一是另一个宝宝的到来。对许多孩子来说，二胎的降临，对他们未来的成长和性格的形成有着极其重要的意义。在此之前，这个孩子一直是家里最小的孩子，或者是独生子女。现在，他感到自己完全"被忽视"了。突然之间，他就失去了妈妈的关爱，最令他受伤的是这一切都是由于一个陌生人的入侵造成的。因此，家中的大孩子对小宝宝的敌意往往表现得非常明显。大量的诗歌、故事和漫画都幽默地描绘了大孩子们内心的愤怒。

但真实的情况往往并非如此幽默有趣。大孩子可能会让父母把小宝宝还给白鹳,[①]或者一本正经地提出把小宝宝放回他来的地方。大孩子的这种想法可能不只是说说，还会转变为实际行动，这样的事情并不稀奇。有时你不得不时刻小心，保护小宝宝远离大孩子的暴力伤害。他可能会用各种蹩脚的借口来掩盖自己的暴力行为，所以，当我们听到大孩子把小宝宝从婴儿车上摔下来了，或者小宝宝不小心从桌子上掉下来了，我们可以明显看出这个被父母忽视的大孩子对新生儿的敌意。

现在，大孩子需要父母特别的关心。父母没有必要对孩子野蛮粗鲁的言行感到愤愤不平。毕竟孩子对死亡没有概念，婴儿对他来说就像是一个没有生命的物体或玩具。的确，孩子的态度体现出他渴望得到父母的关注，尽管他的做法让人反感，但这主要还是归咎于父母曾经对他的溺爱。因此，这时的父母不应该让他承担太多的责任。你现在要认识到，你每一次的苛责呵斥只会让孩子更加觉得被你忽视，从而引起他更强烈的反抗。

[①]在西方很多国家，白鹳又被称为送子鹳。如果一对夫妇想要孩子了，就把一些糖果撒在窗台上，用这种方式把他们的希望告诉送子鹳。送子鹳就会把孩子装在一个包袱里，用长长的嘴巴叼着，送到房顶，把孩子从烟囱扔下来，送到满怀期待的母亲怀里。关于"孩子从哪里来的"这个问题，西方传统文化中的典型回答是"白鹳叼来的"。——译者注

他可能会不择手段地想办法重新获得你的关注。在这种情况下，许多孩子可能会故意调皮捣蛋，或者在一定程度上表现出自己能力不足，需要父母的帮助。因此，父母必须尽力做到不去理会他的这些意图。然而，一些父母很容易被孩子激怒，甚至采用极端的方式来教训他，这样做很可能会导致你和孩子之间出现永久的隔阂。

只有一种方法可以帮助孩子走出这种困境，那就是告诉他作为家里老大的种种优势，并让他同你一起来照顾这个年幼的宝宝。父母可以强调一下，作为家里的大孩子，他总是能给父母提供许多宝贵的建议，他具有敏锐的判断力和很多其他人不具备的优点。这样你就可以让他相信，尽管父母现在陪伴他的时间没有以前那么多了，但这并不意味着父母对他的爱有丝毫的减少。在这种情况下，父亲可以尽量多关注一下家里的大孩子，而母亲当然可以先忙着照顾小宝宝，如果能够遵循允许小婴儿尽可能多休息的原则，那么母亲也会有足够的时间来陪伴另一个孩子。但是，不管怎么样，你都不要去理会孩子对你的各种烦扰和挑衅，他不过是在吸引你的注意力。如果在冲突的范围之外对孩子多加关心，你就完全可以宽容和理解他的这些过错。对于这个被父母忽视的大孩子，父母应该多安排一些时间陪他参加一些娱乐活动或亲子游戏。

你要尽量做到对每一个孩子都一视同仁，让互相竞争的两个孩子拥有平等的权利。当然，尽管你希望能够公平地对待每个孩子，但有时，这反而会导致另一种特殊的竞争。我遇到过这样一个案例，一位母亲竟然用称重的方式来给孩子分巧克力和水果，以确保每个孩子得到的东西都是一样多的。结果就是，这位母亲变成了孩子们的奴隶。如果父母想公平地对待每个孩子，就不能让他们为了谁多谁少的问题而争执不休。其实谁多谁少并不重要，如果父母告诉孩子们"得到少"并不意味着"重要性低"，那么他们就不会再在意这个问题了。

如果父母想让两个孩子之间和平相处、团结互助，那么就一定要消除他们对彼此的嫉妒。嫉妒会让孩子们时刻保持警惕，唯恐父母对另一方有丝毫的偏袒。嫉妒是人类与生俱来的一种特质。孩子只有在他们觉得被父母忽视时才会产生嫉妒。但有些父母却有一个致命的弱点，那就是他们能让所有的孩子都感到自己被忽视了。他们特别喜欢冤枉孩子，让他们出丑，从而导致他们彼此针锋相对。这种做法只会加剧孩子们之间的竞争。这就是大家经常讨论的以羞辱的方式教育孩子的结果。父母应该做的是，让每个孩子都感受到你是爱他的，即使他的兄弟姐妹在同一件事上做得比他好，你对他的爱也并不会有丝毫的减少。如果父母能让他正确地认识到自己的个人能力和成就，他就会知道根本没有必要以他人的标准来衡量自己。

不可否认，父母要在两个孩子之间取得平衡是很困难的。这就是家里有两个孩子的父母要承受的最大的压力。很多时候，父母出于某种原因而对孩子产生了偏见，从而对他缺乏足够的关心。他们并不知道自己的行为会对孩子造成什么样的影响。但事实上，很多孩子之所以会失败，就是因为父母对孩子的这种偏见。当然还有一种情况也会导致孩子失败，那就是父母对孩子的溺爱。被溺爱的孩子从小就对自己缺乏信心，所以很难获得成功。存在竞争关系的两个孩子，如果其中一个因为信心受挫开始自暴自弃，放弃了竞争，那么另一个孩子的成长也会受到严重的影响。一个孩子的优秀与成功往往是建立在战胜自己竞争对手的基础之上的。如果在以后的生活中，这个获得成功的孩子无法再像以前那样轻松地战胜对手，或者另外一个孩子通过某些事情的刺激和影响，最终获得了更大的成功，那么之前相对优秀的那个孩子所建立起来的成功形象就会瞬间坍塌。他内心对失败的恐惧会慢慢滋生，由此引发的矛盾也将一触即发。为了避免这种情况的出现，父母要非常小心，不要随意拿两个孩子作比较。你可能会认为这样可以激励那个在竞争中失败的孩子，这种想法是完全错误的。你的这种做法不仅会让他感到更加无助和挫败，导致他彻底放弃竞争，还会直接影响到另一个孩子的成长，他会因此相信，一旦被人超越，自己也将面临失败的结果。

你只有小心翼翼地不偏袒任何一个孩子，才可以制止孩子因为争强好胜而引发的各种争执。一旦发生争执，家长也不必非要去追究是谁先挑起的事端，更不用去在意谁对谁错，这些都不重要。孩子们之间的大部分争执都是为了引起父母的关注。父母的态度应该是，无论谁对谁错，孩子们都必须学会与对方和平共处。如果孩子们太过吵闹，搞得你心烦意乱，那么应该让他们都出去，直到他们吵完了再回来。父母千万不要干涉孩子们的争执，这样做没有任何意义，甚至非常危险，因为父母的介入很可能会让问题更加严重，引发他们越来越激烈的争执。如果一个孩子抱怨他的兄弟姐妹，你应该告诉他一定要和自己的兄弟姐妹和睦相处，现在这样是不对的。毕竟，任何事情的发生都是有原因的。孩子今天的过错很可能是在报复昨天别人对他的伤害。一个孩子出现问题，其他孩子也摆脱不了责任。孩子们必须学会互相照顾。

家长最好安排一些有趣的集体活动，比如跟孩子们一起玩游戏，带他们去郊游，或跟孩子们一起分享某些激动人心的经历等。这样能很好地培养孩子们之间的手足情谊与合作意识。但在这些活动中，父母切记不要当众责骂任何一个孩子。如果其中一个孩子行为不当，你应该让孩子们一起离开。这样做有助于孩子们意识到，他们需要依靠彼此才能享受到乐趣。只有意识到这一点，孩子们才会团结起来，相互尊重，彼此关心。

孩子与社会环境的第一次接触

为了能逐渐减轻孩子对父母的依恋，孩子到了三岁之后，就应该及时地让他加入一些有其他孩子陪伴的环境。换句话说，孩子应该上幼儿园了。对于此类集体活动的必要性以及与之相关的一些问题我们在第三章已经进行了详细讨论。在此，我们仅针对孩子进入幼儿园之后会遇到的一些问题进行简要的介绍。

那些娇生惯养的孩子，往往都比较害羞，也非常依赖自己的家长。一旦把他们送进幼儿园，他们一定会产生强烈的抵触情绪。在幼儿园他们无法获得像父母一样的宽容与爱护。所以他们很可能会想方设法逃避上幼儿园。每次上学时他们都会哭哭啼啼，甚至还可能出现明显的紧张和焦虑情绪。他们的行为目的显而易见，就是不想上幼儿园。如果家长任由自己被孩子的这些方法欺骗，被孩子牵着鼻子走，那他们不仅妨碍孩子尽快适应群体生活，还会给孩子开创一个危险的先例。因为孩子一旦发现神经紧张和抱怨能给自己带来好处，以后就会经常这么做来逃避他不喜欢的事情。这些孩子试图通过各种焦虑的反应来动摇父母的决心。他们可能会在夜里突然尖叫，也可能会毫无任何预兆地号啕大哭。他们害怕幼儿园里的"坏"孩子，并在父母面前抱怨他们是多么具有攻击性，试图通过这种方法让父母对幼儿园产生偏见。而与此同时，他们自身古怪的行为也会引起其他孩子的反感。这时候，如果你同情他们，为他们向老师说情，或者极端地让他们从幼儿园退学，那他们永远也学不会如何与人相处。当孩子试图逃避与其他孩子交往时，父母最好坚定自己的立场，抑制住对孩子的焦虑和怜悯。此时的父母要态度温和、不苟责,也不要表现得过于激动或大惊小怪,这样往往能帮助孩子在几天之内快速地缓解抵触情绪。

开始上学

以前,第一天上学对孩子们来说,往往是童年生活中最有纪念意义的一次经历。如今,由于学前教育已在幼儿园、托儿所等机构普及,加上在许多国家,低年级学生的教学主要是将学习和玩耍结合在一起,所以,孩子第一天上学的意义似乎没有以前那么明显了。尽管如此,学校对孩子来说仍然是一个全新的环境。在这里,孩子只能通过他的成绩和表现来获得关注。他所在的集体也不再像以前的幼儿园那样是大家一起玩乐的集体了,而是一个大家共同学习的集体。

父母应该尽力帮助孩子做好上学的准备。孩子必须具备一定的学习能力。父母的忽视或溺爱都会阻碍孩子的智力发展。孩子可能还无法准确地表达自己的想法,或者在其他方面还没有为上学做好充分的准备。有些父母在孩子学龄之前就开始教他们阅读或算数,这对孩子来说并没有什么好处,反而会降低他们入学后对阅读和算数的兴趣。如果他提前就知道了这些字母和数字,他就无法在后面的学习中获得进步与满足。所以,比起教孩子读书认字,父母更重要的是培养孩子自己穿衣洗漱的能力,以及独立克服困难的能力。但这些,偏偏又是父母最容易忽略的事情。

此外，让孩子学会自己一个人过马路，注意来往车辆，也是培养孩子独立意识的一个重要部分。如果父母一直接送孩子上下学，时间久了，不利于树立孩子在同学中的地位。他会被大家说成"离不开妈妈的小男孩"，而孩子通常会对这样的称呼感到非常的羞愧。

父母辅导孩子做功课，也是一个严重的错误。这种所谓的辅导，对孩子来说通常是一种考验和威慑，因为在辅导孩子的过程中，你一定会产生焦虑情绪，从而变得无比急躁、没有耐心。你甚至还可能会进一步挫伤孩子的自信心，激起他更强烈的反抗。所以，在这点上你不妨把孩子的进步交给老师，当孩子主动向你请教问题时再给予一定的帮助。如果你和孩子一起做作业，请务必做到沉着冷静，否则你会将学习变成一种折磨，激起他内心的抗拒，从而导致他可能永远都无法真正地掌握那些知识。因此，老师们是否应该要求家长监督孩子做家庭作业，这是一个值得讨论的问题。如果一个孩子学习习惯不好，成绩不理想，或拒绝做作业，这就说明他父母的教育方式不得当。这些父母以前都没能教育好孩子，现在又怎么能指望他们帮助孩子养成好的学习习惯呢？

实际上，老师让家长来指导孩子写作业是推卸责任的表现，这会使他们因孩子对学习的抗拒而互相指责。如果老师不能把知识准确地教授给孩子们，老师就应该意识到自己的不足。老师可以从推销员那里学到许多实用的心理学知识，如果顾客有抵触心理，销售人员是不能去责备顾客的。同样，老师也是不能去责备父母的。父母的监管不力当然也应该受到谴责，但是那些孩子本应在学校完成的学习任务，并不属于父母的监管范围。

父母不让达到入学年龄的孩子去上学是错误的，因为上学的重要性并不仅仅在于帮助孩子学习知识。一个好的家庭教师也能出色地教授给孩子这方面的知识。学校的宝贵之处在于它为孩子们提供了一个大家共同学习的环境，而这是任何家庭教师都无法提供的。孩子们会在这个环境中学会如何去适应一个集体，并承担应有的责任。因此，如果你的孩子直到其他孩子都上二年级甚至三年级的时候才开始上学，那么与其他孩子相比，他就会面临更多的困难。他很可能会无法适应集体环境，并因此变得冷漠，成为一个"怪人"。他会很难交到朋友，在人群中也会非常不自在。

生 病

孩子们总是会时不时地生病，所有父母对此都很着急，希望能保护他们免受各种疾病的困扰。然而，那些严重或反复发作的疾病对孩子情绪上的影响往往比给他们身体造成的伤害还要大。孩子可能会觉得生病时能得到比平时更多的关爱。一旦他形成了这种错误的认识，下次生病的时候，他就会以此为借口跟父母谈条件，从而可以不用去做自己不喜欢的事，比如不用去上学，或者在家里不用承担任何家庭责任。这时，他就会喜欢上这种生病的状态，不希望自己康复。在身体康复后，他们想要继续维持自己在生病期间所享有的特权。他们会在吃饭时制造麻烦，有一点点不舒服就怨声载道，最后甚至还可能因此患上抑郁症。我们都知道，娇生惯养的孩子要比那些不喜欢生病的孩子更容易患百日咳，而且病症持续的时间更久。

生病期间，孩子确实需要特殊的照顾，但即便如此，父母也必须遵守一定的规则。不要一味地去迁就他，不要给他太多的关注或超乎寻常的关爱，更不要送给他太多的礼物，或者毫无原则地去满足他各种无理要求。父母对孩子的同情是可以理解的。但是，你肯定不希望孩子在短暂的身体不适之后还要遭受长时间的心理不适。很多孩子一旦在病好后发现自己得不到和生病时一样多的关爱，就不愿意面对此后的生活了。如果生病能让他的生活变得更加简单快乐，他就会把生病看作一种理想状态。我们知道，个人想要生病一点都不难。

其他的困境

当然，我们不可能把所有对孩子可能造成伤害的事情都列出来。生病只是其中的一个方面，孩子还可能遭遇很多其他的困境，比如，父母一方或双方都已去世或其他家庭变故如破产等。而对孩子过度溺爱与同情可能会让这些遭遇产生的后果更加严重。当然,这时候孩子确实需要帮助。但亲朋好友在帮助他的时候应当格外地小心谨慎,以防好心办坏事,妨碍了孩子的成长。他必须学会通过自己的努力来克服困难。引导孩子主动去寻找正确的方向,比直接为他铺平道路更有意义。过多的同情与怜悯反而不利于孩子的成长。

外部环境的变化

还有一种情况,与弟弟妹妹的出生造成的影响类似,也会给孩子造成一定程度的伤害,那就是外部环境的变化,比如搬家、转学、换老师等。如果孩子感觉自己无法适应环境的变化,他就会表现得自暴自弃。因为这时候,他以前所有的行动计划在这个新环境中都不再适用,这会让他感到无比受挫。孩子此时需要的是父母的帮助,而不是来自父母的压力。父母要设法找到孩子问题的根源。在这一过程中,你会发现,正是这一连串外部环境的变化,暴露了孩子在过去生活中存在的各种问题和缺陷。而你现在的注意力应该放在如何处理这些问题和缺陷上,而不是纠结于他当前所表现出来的种种不适。家长千万不要被孩子表面的问题蒙蔽了双眼,这些表象背后往往隐藏着更深层的问题。或许这个孩子一直以来都备受关注,现在他发现自己很难像以前那样被人关注了;或许他一直被家人溺爱,以至于现在无法接受任何人的反对意见;又或许他以前不需要承担任何责任或做任何决定,而现在突然间要运用自己的智慧。因此，外部环境的剧烈变化是孩子是否有能力适应社会生活的试金石。父母应该尽可能地找到孩子的问题所在，这些问题的出现为家长提供了一个很好的机会来弥补以前的问题和缺陷，从而为孩子未来能够尽早地适应社会生活做好准备。

特别对于年龄较小的孩子来说更是如此，外部环境的变化可以作为一个契机，为孩子后面的成长创造更好的条件。孩子需要适应各种新的环境，这种适应能力能让他更好地适应未来任何秩序和规则的变化。这一点对于孩子新习惯的养成尤为重要。因此，父母有必要在新的环境中建立起一个新的规则，纠正之前错误的教育方法并改善孩子的抵触情绪。当然，在这一过程中，父母一定要避免与孩子发生任何冲突。在新的环境下，父母要尽可能地寻找各种方法同孩子进行良好的合作，而不是像以前那样总让孩子处于一种敌对斗争的状态。在新的环境下，孩子更需要朋友的关心与家人的呵护。所以，这个时候，父母就有更多的机会来吸引孩子的注意，并赢得他们的尊重。如果你对孩子能做到不溺爱、不屈服，孩子就会向你学习，并适应那些你用自己的行动所建立的秩序与规则。

挫折与失败

无论是在家里，还是在与其他小朋友相处的过程中，抑或是其他场合，孩子都很容易因为一些小的挫折而感到沮丧。他必须学会接受自己的失败。身为父母，如果连你都无法接受他的失败，那么你的消极情绪只会进一步打击他。你如果因为生气而去责骂他，他就会把这个挫折看作更大的失败。如果孩子因为一次小挫折就认输，那就说明他根本没有做好应对日常生活难题的准备。所以，在这种情况下，他不但不能认输，反而应该加倍地努力，集中全部精力来应对这些挫折。因此，对孩子来说，失败是一次非常宝贵的经验，它能转化成动力，激励孩子获得新的成功。而父母对他的责备、中伤或失望的表现都可能严重削弱孩子的抗压能力。当然，如果父母毫无道理地去安慰他，甚至还帮助他摆脱他本该承担的后果，让他轻松地面对失败，这同样是错误的。很多家长都会采取这样的做法，比如，如果自己的孩子与其他孩子相处得不好，他们就会带孩子离开幼儿园。他们甚至会用礼物或特殊的待遇来安慰他。父母这样做根本不可能教会孩子如何去面对挫折。孩子要学会自己克服困难，而父母需要做的是增强孩子的勇气和自信。你只需要对他表达出坚定的信心，并证明你对他的关心和友好就足够了。比如，你可以对孩子说："下次你一定会做得更好！"但首先，父母要对孩子有信心，因为你的信心可以为他提供不竭的动力，即便他后面遇到了很多困难，也可以从你的信心中汲取力量，重新去面对挑战。

家庭不和

家庭环境中的不利因素可能会让父母教育孩子的过程变得特别困难，家庭的不和让他们感到绝望。一些父母可能在其他方面都做得非常好，但就是无法提供孩子需要的支持和引导。

每个妈妈可能都深有感触，很多时候，你的丈夫、母亲、婆婆或周围其他亲朋好友总是喜欢在你教育孩子的时候干预进来，对你的教育方式指手画脚、吹毛求疵。他们要么使劲地娇惯孩子，要么对孩子的要求特别严格，唠唠叨叨、反复无常。他们无疑会给你的孩子带来非常不好的影响，但你又没办法跟他们讲道理。作为母亲，你千万不要被别人的行为误导。当然你也不能为了平衡或消除别人的错误而故意与他们对着干，这只会让你错上加错，加剧对孩子的伤害。这种时候你要记住，无论如何，你都是孩子生命中那个最值得信赖且始终守护在他身边的妈妈，这一点永远不会改变。你只需要做到这一点，你的孩子就能学会如何忍受他人的影响且不受到伤害。当然，如果其他家庭成员通过更多的溺爱和各种形式的收买来疏远你和孩子之间的关系，那么母亲想要维持这样的状态就会变得不那么容易。这些不利因素会时刻考验你的勇气和耐心。如果你能做到不让自己受到这些因素的影响，那你就可以找到更好的办法重新获得孩子的信任，比如：对孩子保持友好的态度、与孩子一起玩耍和交谈、给孩子讲故事、激发孩子的潜能、认可孩子的成就，等等。从长远来看，父母对孩子的正确态度始终会胜过其他人通过溺爱或收买而获得的表面的成功。

父母很可能也会像其他人一样，通过与孩子结成同盟来对付其他家庭成员。因为此时，其他家庭成员就是通过这样的方式来让孩子与你作对的。一旦你陷入了这样的误区，你面对孩子时就会失去理性，很快你就会变成任由孩子操纵的工具。更严重的是，你可能会不分青红皂白地去批评或表扬他，你在对孩子的期望和自己的情绪中失去了正确的立场，你和孩子之间的关系也会明显失衡。你与其他家庭成员之间可能存在着各种矛盾、冲突、竞争和怨恨，但无论如何，这些都不应该影响到你对孩子的态度。只有这样，你才有办法好好教育孩子，并为他的成长带来积极的影响。无论其他人给你带来多少的危险和伤害，你都可以做到这一点。

对于孩子生活中可能遇到的其他不利因素，比如环境艰苦、家境贫寒、父母缺少时间陪伴孩子、遭受病痛或其他的不幸，等等，父母也要如此处理，对孩子的态度要始终如一。父母的职责只能是：在既定条件下，尽己所能地对孩子做到最好。情况越糟，孩子就越需要父母的鼓励与帮助。如果连父母自己都灰心丧气、怨天尤人，那么孩子就更无法得到父母的支持。尽管父母的不满、反抗、怨恨，以及寻找借口为自己开脱等行为，都是可以理解的，但对孩子来说这意味着外部环境更加糟糕,他们的压力会越来越大。而这些压力,孩子本不该承受。如果此时,父母能给予孩子及时的支持与鼓励——当然不能通过娇纵的方式来给予这种支持,那么,这些外部的不幸和压力就会转变成他前进的动力,他会因此凝聚自己所有力量,最终获得非凡的成就。父母对孩子的理解与支持可以帮助他建立起克服困难的勇气与自信,为他开辟出一条通往美好未来的康庄大道。

我们很难要求所有家庭成员、亲人和保姆,都具备科学教育孩子的能力,但即便如此,我们也不应该低估他们对孩子的影响力。他们应该尽可能地保持安静、态度友好,避免使用粗俗或下流的语言,并且遵守一定的行为规范,尽量做到举止得体。孩子在自己的家里有了最初的社会生活体验,因此,他与各个家庭成员之间的关系会成为影响他发展的重要因素。然而,一旦你发现孩子身边的人举止不当,切记不要试图去改变他们,而是应该尽己所能地规范自己的言行。

"沉默的老师"

除了上文提到的家庭成员对孩子的影响以外,还有许多人也会对孩子的行为产生一定的影响,我们将这些人称为"沉默的老师"。在这些人中,可能有家人的朋友、偶尔来访的客人、商店老板、快递员、邻居以及孩子的玩伴等,后面还可能有作家和演员，他们通过书籍、戏剧、广播和电影等给孩子带来深远的影响。想要完全隔绝这些人、事、物对孩子的影响是不可能的，也是没有必要的。你无法阻止孩子看到或听到那些不好的事情，但你却可以增强孩子对这些负面影响的抵抗力，帮助孩子远离这些事物的侵害。通过认真观察孩子的一言一行，你可以了解到孩子目前正在接触哪些事物，即将面临哪方面的影响。你可以对孩子接触到的那些不健康的事物进行限制，鼓励他们多接触那些好的事物。家长千万不要盲目禁止孩子做这做那。经验表明，对孩子过度管控反而会增强他们的好奇心。只有让孩子认同你的观点，你才能维持自己对他的影响力。如果你能做到通情达理地和他讨论问题，孩子就会愿意听取你的意见。和所有人一样，孩子不喜欢别人告诉他什么是好的，什么是坏的。他们总是能做到对父母的说教和大道理充耳不闻。

父母最重要的职责之一，就是帮助孩子树立正确的道德观，帮助他明辨是非，让他能在善恶并存的世界中找到自己的方向。对于邻居家孩子的错误观点、收音机中的恐怖故事、漫画书里的劣质内容等，父母都不要将其视为危险或麻烦，相反可以好好利用这个机会跟孩子进行一次有趣的讨论，借此友好地向孩子传达一些正确的观点和态度。如果你在收音机里播放恐怖故事的时候，没有立即把它关掉，而是跟孩子一起收听，并给孩子解释里面的各种声音是如何产生的，那些盲目的听众是如何因为这些声音而感到恐惧或兴奋的，孩子就会像聪明的成年人一样,发现这些节目是多么愚蠢。如果邻居的孩子骂脏话,而你的孩子也跟着学并且回到家后还自豪地向你展示,你可以和他一起讨论那些孩子为什么会骂脏话。仅仅厌恶地指出骂脏话有多么"不好"是不够的。因为孩子知道这样做是不对的,正是因为他们知道这样不对,才会效仿。但你完全可以让他认识到,他根本不需要用这样的方法来吸引别人的注意力,让别人觉得他很厉害。他或许还会因此获得勇气,拒绝模仿大街上那些可怜的孩子,并认识到他们正是因为没有机会得到别人的关注和认可才会做出那么可笑的事情。那些生活在父母保护下的孩子,由于没有机会经历这样的危险和挑战,所以在面对现实生活中的难题时很可能会感到茫然,不知所措。

性启蒙

当你的孩子开始对男女性别及性功能差异表现出兴趣的时候,你可能会感到特别尴尬和无助。你的尴尬恰恰暴露了你自身对性问题的恐惧。你之所以感到恐惧,在一定程度上是因为你的父母没有对你进行必要的性启蒙。在此,我们又一次看到了人们在子女教育过程中世代相传的错误方法与态度。

至于人们为什么会对"性"这一话题感到羞于启齿,这背后其实有更深层次的社会原因,在此我们不进行深入讨论。

虽然我们不赞成对这一话题过分地拘谨，但这也不意味着我们鼓励人们不顾羞耻、为所欲为。这本就是很自然的一个过程，但我们的父母在谈及时却总是遮遮掩掩。我们要认识到这样的态度是错误的，这样做不利于孩子的成长与发展，甚至可能妨碍他以后的感情生活。此外，父母这样的做法无疑会让孩子对他们失去信心。对于孩子的这些天真无知的问题，如果你不能简单自然地予以回答，那么性就会成为一个禁忌，成为一个神秘、可怕的秘密。但孩子绝不会止步于此。为了满足自己的好奇心，他们会借助其他信息来源来了解性，但通常这些信息来源都是不可靠的。无论如何，孩子都会向你隐瞒他对这个话题的真正想法，而你可能再也无法重新获得他对你的信任。

然而，性启蒙并不像父母所想象的那么困难和尴尬。父母可能会有两种担心：一是担心孩子提出的问题会超出他的理解能力；二是担心你给他的答案可能会超出自己的心理接受范围。其实，只要父母能正确地看待这个问题，那么上面这两个问题自然可以得到解决。的确，孩子也许会在很小的时候，也许在三到五岁，就会提出一些与性别相关的问题。但是父母只要遵守一些基本原则，就会发现想要回答好孩子的这些问题，一点都不难。孩子希望得到最简单直接的回答。因此，他问什么你就回答什么，保证孩子能理解你的回答就可以了。与此同时，你还能避免很多尴尬。父母之所以害怕简单直接地回答孩子的问题，通常是因为他们担心孩子会紧接着追问更多问题，其实这只是父母的想象而已。

事实上，父母一个简单准确的回应就足以让孩子心满意足，不再追问。之后很长一段时间，或许是几年以后，孩子才会提出下一个问题。而下一个问题，也一样由孩子的智力发展水平而定，父母在回答这些问题时同样需要给予简单明确的解释。有些父母总是喜欢以植物和动物的繁殖情况为例来对孩子的问题进行解释，这样做也是不可取的。在大多数情况下，这些内容不仅超出了幼儿的理解范围，还可能会把他的注意力引向那些他还不感兴趣的方向。

但如果家长能让孩子亲自对动物进行观察，那情况就截然不同了。如带孩子去农场等进行实地观察，这对他们来说是非常有益的。我们知道，对于自己观察到的事物，人们只能在自己的理解能力范围以内进行消化和吸收。同样，孩子也只会从自己的观察中理解他所能理解的东西。所以，孩子们会自动地调整自己对这个问题的认识。在这种情况下，家长无须担心，在孩子进入青春期以前，家长都不需要对这个问题进行过多的解释。一旦进入青春期，孩子就需要对与性相关的问题进行深入具体的了解。当然，这项任务未必非要由父母来完成。可能有的父母太过羞怯，感觉难以启齿；或者有些父母自身对这一问题也不是非常的了解。

一般情况下，孩子好奇心的发展往往会经历以下几个阶段。在幼年时期，孩子可能会问："小宝宝是从哪里来的？"

你可以毫不犹豫地回答："从妈妈这里来的。"他可能暂时就不会进一步追问了。不久之后，孩子可能会好奇婴儿到底在母亲身体的哪个部位。这次，你依旧可以简单地回答："在母亲的心脏下面。"后面，他可能还想弄清楚婴儿是怎么到心脏下面去的。这时，你只需要回答："从爸爸那里来的。"最后，你可能会遇到那个最让你感到尴尬的问题："宝宝是怎么从爸爸那边到妈妈这边的呢？"但其实孩子想要知道的答案，往往比父母想的要简单得多。在孩子的这个年龄段，他并没有了解这一具体操作过程的欲望，因此具体解释这一问题还为时过早，不合时宜。所以，这个时候你直接回答："这是爸爸妈妈相爱的时候发生的。"他就心满意足了。在大多数情况下，孩子在进入青春期之前不会再对这一问题进行更深入的探究了。

但需要补充说明的是，只有那些受到父母保护且没有接触过其他信息来源的孩子的好奇心才会经历这几个发展阶段。父母过早地解释与性有关的问题，可能会影响孩子的成长，干扰孩子思想情感的发展。如果孩子已经通过外界的经历或影响而得到了一定程度的"性启蒙"，此时父母还认为他们对此一无所知，那只会让孩子觉得你荒唐可笑，迫使他不得不对你刻意隐瞒。下面这则趣事，言简意赅地描述了我们生活中常见的一种情况：

  奶奶带着约翰尼和玛丽去了动物园。他们站在白鹳的笼子前,奶奶向孩子们解释道,正是这种鸟把他们带到了父母身边。突然,约翰尼转向玛丽,问道:"你是怎么想的呢?我们应不应该告诉奶奶事情的真相,还是让她继续这么认为?那样她可能永远都不会知道是怎么一回事。"

每一次不诚实的回答都会影响到孩子对你的信任,尽管关于白鹳的传说是毫无根据可言的。同时,家长也不能对孩子说"这不关你的事儿"或"说了你也不懂",这样的回答同样是不对的。这样的回答,即便没有责备的意思,对孩子也是一种误导。这会让孩子越来越看重这个问题,这种被过度激发的好奇心往往非常不利于他的成长。

父母应该如实地回答孩子的问题,但有一种情况除外,即你必须确保,孩子不是通过提问来引起你的关注。如果孩子的目的是寻求父母的关注,你就不必太过认真地回答他的问题。否则,你很可能会给孩子灌输太多他还无法理解的事情,特别是当他刚好问到与性有关的问题时。稍后,我们将带领大家一起学习区分孩子的哪些问题是真诚的提问,哪些问题是为了吸引父母的关注。父母必须小心谨慎地区分孩子提问的目的,尤其是在这些问题与性有关的时候。

父母教育孩子过程中面临的最大挑战便是:孩子心智成熟了,但身体还未成熟。如果父母觉得无法与孩子做到坦诚相见、无所不谈,那你可以把他交给儿童心理学家或医生,或者你可以送给孩子一本关于儿童性启蒙的书,[①]这两种做法对父母来说都是不错的选择。但是,如果父母对这一方面具有一定的认知,并能够克服自己对这一话题的羞怯,那么由父母亲自对孩子进行全面的性教育是最好的选择,这有助于父母增进与孩子之间的友谊。在必要的时候,承认你对某些问题的答案还不太确定,对孩子来说也并没什么坏处。

比起对孩子进行身体机能的启蒙,对父母来说,更重要的是帮助孩子探索不同性别之间的社会差异。孩子首先会根据人们的衣着、头发、身材、皮肤和声音来学会区分男孩和女孩,但很快,他就意识到了不同性别在生活中扮演着不同的角色。孩子早期对这些差异的认识非常重要。如果一个孩子把自己的性别看作自己的劣势,那么他(她)将来融入社会时就会面临很多困难。他(她)可能会开始抗拒自己的性别,但这种抗拒不会起丝毫的作用,因为他(她)的性别无法改变。男性的优越地位不仅激起了女孩的抗议,也会让男孩担心自己可能无法成为"真正的男子汉"。这种"男性抗

[①]为了帮助父母对孩子进行更好的性教育,我们为你推荐以下书籍:

适合幼儿的书籍:卡尔·德·施韦尼茨(Karl De Schweinitz)所著《成长》(*Growing Up*);弗朗西斯·布鲁斯·斯特兰(Frances Bruce Strain)的《出生》(*Being Born*);伊芙琳·贝尔(Evelyn S. Bell)、伊丽莎白·法拉戈(Elizabeth Faragoh)的《新生儿》(*The New Baby*)。

适合青少年的书籍:爱丽丝·克利赫(Alice Keliher)的《生命与成长》(*Life and Growth*);多萝西·巴鲁克(Dorothy Baruch)、奥斯卡·瑞斯(Oscar Reiss)的《我的身体是如何工作的》(*My Body and How It Works*);伊迪丝·斯威夫特(Edith H. Swift)的《逐步接受性教育》(*Step by Step in Sex Education*)。

拒"（masculine protest）导致孩子们对两性"自然"功能的逃避，他们认为这些功能要么低人一等，要么压力重重，要么对其进行过分夸大，从而强调自己的优越性。女孩可能就会开始抗拒自己的女性特征，逃避作为女性的责任，并刻意地去模仿男孩。而男孩则试图通过一些毫无意义的行为举止来展示自己作为男性的优越性。两性冲突从儿童时期就已经开始，每个孩子都会对自己的性别角色有一定的自我感知，他们也随时能感受到周围人对不同性别的偏见以及异性带给自己的压力与威胁。随着社会竞争越来越激烈，两性之间的冲突也日益加剧。

因此，父母应尽早对孩子进行适当的教育和引导。只有通过对孩子进行早期的性启蒙，才能帮助孩子克服今后对性、爱情、婚姻、家庭责任以及身体功能等方面的恐惧。当然，如果父母在这些方面过于焦虑，也可能会引发父母与孩子之间的冲突。如果你对女儿说"你就像个假小子"，或者对儿子说"你的行为像个小姑娘"，这会导致孩子对自己性别的不满。父母不应该让女儿产生她最好是个男孩的想法，如果孩子意识到父母想要的是男孩而不是她这个女孩，会遭受非常沉重的打击，反之亦然。在现实生活中，男性和女性都有着各自的优势和劣势。实际上，无论是在社会生活领域还是在法律领域，似乎男士总能得到更多的眷顾。尽管我们现今社会重男轻女的思想已经淡化，但还远远没有消除。对于我们每个人而言，我们要做的不是想方设法地去消除男性的特权，而是根据自身的性别优势，寻找适当的方法来获取自己的幸福与成功。①

按年龄段来教育孩子

父母要按照年龄段来对孩子进行管教。这一要求的必要性不言而喻，但他们却常常难以做到。如果你违背了这一原则，可能会错误地走向两个极端：你对孩子的教育方式要么比他的实际年龄落后，要么比他的实际年龄超前。不管是哪种情况，父母错误的教育方法都会严重妨碍孩子的成长，影响孩子必要能力的形成，加重孩子的自卑心理，削弱孩子适应社会的能力。

正是父母对孩子的观察不够仔细，对孩子的真实情况不够了解，才导致这两种极端现象的出现。孩子的存在不仅仅是为了满足父母的愿望与期待，他是一个独立的个体，拥有属于自己的权利，也有着属于自己的各种需求，这些需求在很大程度上都是由他的年龄来决定的。然而，在很多时候，父母没有考虑到孩子所经历的不同的发展阶段。一些父母特别宠爱自己的孩子，他们甚至希望孩子不要长大，希望能够延长孩子最初一两年的婴儿期。由于孩子在这个年龄段非常的"可爱""讨人喜欢"，所以父母希望孩子永远停留在婴儿

---

①在《婚姻：挑战》(*The Challenge of Marriage*)一书中，我对这些问题进行了更详细的阐述。

阶段。他们甚至试着去模仿孩子的发音，咿咿呀呀地用一种非常奇怪且幼稚的语气跟孩子交流，他们认为这是与孩子们交谈的唯一正确的方式。但是他们却没有意识到，这在很大程度上妨碍了孩子语言能力的发展。在随后的几年里，父母继续使用这种"可爱"的语言，比如"吃饭饭""睡觉觉"和"关灯灯"，他们非常迷恋孩子早期所特有的说话方式，甚至会一直持续到孩子上学后的很长一段时间才停止这种模仿。由于养成了这种奇怪的说话方式或行为习惯，有些孩子已经四五岁了，交流方式却还停留在两三岁的状态。

此外，孩子也常常因为年龄小，就不去承担自己这个年龄应该承担的职责。有些学龄儿童依旧每天让父母为他们梳洗打扮，还有些孩子甚至在父母的庇护下可以随意地逃学。到了七八岁，他们还像婴儿一样受到家人的悉心照料。孩子直到过了青春期，才有了自己做决定的权利。

许多父母很难认清自己的孩子已经长大这一事实。在这些父母眼中，孩子永远都是他们的"小宝宝"，如今，他们根本无法想象孩子已经成为一个像他们一样独立的个体。所以很多时候会出现一些非常荒诞的情况。我曾经认识两个女人，一个六十岁，一个四十岁，她们是母女关系。女儿对母亲百依百顺。当女儿出门购物时，妈妈就会告诫她："不要在外面待太久，路上注意安全。"这个四十岁的女儿总是礼貌地回答："好的，妈妈。"幸运的是，现在很少有孩子能够忍受父母的这种唠叨和废话，但如果父母坚持按他们的方式行事，那这种现象可能会比现实情况更加普遍。

因此，孩子由青春期进入成熟期这一阶段就显得尤为关键。不幸的是，无论是男孩还是女孩，他们在青春期都需要克服很多困难，如果父母不愿意承认孩子身上所发生的变化，不愿相信他们即将长大成人，那么孩子就会面临更严重的挫折。这些年轻人在外表和心态上都已经成年，虽然他们还没有完全成熟稳定，但有些父母还是会把他们当成孩子那样对待。他们随意呵斥孩子、限制孩子的人身自由、忽视孩子、不尊重孩子，这些都是父母不理解、不尊重孩子的成长导致的典型后果。父母应该在孩子入学时就开始慢慢地转变自己的角色，从负责的家长过渡到孩子的好朋友。但大多数父母很难实现这种转变。

更奇怪的是，父母截然相反的态度往往也会导致孩子在成长过程中出现类似的阻碍。我们经常看到父母对孩子的教育缺乏计划性，没有考虑到孩子的需求，只顾追求自己的利益。他们常常要求年幼的孩子去取得他这个年龄段完全不可能达到的成绩，而这些成绩的获得通常并不利于孩子的成长，更多的是为了满足父母的虚荣、野心和一时的舒适。我们发现很多孩子在上学前就已经能够读书写字了。这些家长对孩子在这方面所展现出来的卓越能力感到非常骄傲。但就是这些能书会写的孩子，他们可能还不会自己穿衣服或上厕所。如果孩子没有表现出值得父母炫耀的能力，父母就会非常气愤，认为自己的孩子发育迟缓。很多父母为了把自己的孩子培养成神童，即便孩子在某方面没有天赋，他们也要人为地去培养他们，以获得一些虚假的成就。然而，他们这样做并不能给予孩子真正的鼓励。孩子很容易对自己丧失信心，最终一败涂地，甚至彻底崩溃。因此，父母高估孩子的能力与贬低他的能力一样，都会阻碍孩子的成长。如果父母把小孩子当成大人一样对待，那后果更是不堪设想。

一位叫马克的男孩就是如此，虽然他只有七岁，但是他几乎参与了父母的每一次谈话。每当家里有客人时，父母允许他和大家坐在一起共进晚餐。晚上，他和父母一样睡得很晚。在餐桌上，他得像他的父亲一样，要在自己面前放一份报纸。一方面，马克的父母为他的"成熟"和"聪慧"感到骄傲；但另一方面，因为他经常不听父母的话，也给父母制造了很多麻烦。每当他的要求不能立刻得到满足时，他就变得暴躁易怒，有时甚至还会对自己的母亲大打出手。他从来不吃父母为他准备的饭菜，也没有人愿意跟他交朋友，而且由于鲁莽好斗，他无法与任何人和睦相处。他的优点和缺点之间很明显存在着直接的联系，而他的父母对此负有直接的责任。

如果孩子对某些事情缺乏足够的了解，父母就不能期待让他自己做决定。同样，如果不了解孩子的成长情况，父母可能一会儿认为孩子非常愚钝、缺乏理智，一会儿又期待孩子具备与他的年龄不相符的智力和洞察力。有时，孩子甚至会莫名其妙地被卷入他完全不理解的个人冲突或业务纠纷中。

孩子敏锐的洞察力和判断力常常让我们大吃一惊。在许多方面，孩子的思维过程会比我们成年人更加自然，他的推理更加直接和客观，不像成年人那样受到既定社会模式的影响。但是，仍然有很多逻辑关系是他不能理解的，他必须慢慢学习，逐渐掌握。因此，谈论和分析某些问题的方式，必须符合孩子的理解能力。父母绝不能低估孩子的智力水平，对于孩子想要知道的问题，父母要做出相应的解释。父母切忌把自己身上的焦虑强加给孩子，而是应该仔细观察孩子在面对生活中的困难时所做出的反应，不应该把那些符合孩子心智水平的正常表现，曲解为孩子反应迟钝、愚笨无知或冷酷无情。在遇到几乎所有孩子都不可能理解的问题，如疾病和死亡、商业利益、社会或政治问题时，父母很容易对孩子的理解能力产生误解。父母要对孩子各个阶段的智力发展水平做出正确的评估，虽然要做到这一点并不容易，但非常有必要。

青春期

孩子的青春期意味着他的身体发育逐渐成熟，在这期间，也会出现很多潜在的危险。这段时间，孩子会觉得自己跟以前完全不一样了。这不仅是因为孩子的体形变得比以前更加高大，还因为孩子的腺体功能也发生了一定的变化。这两个变化因素都会让孩子开始对自己产生怀疑。他要重新学习如何适应自己的身体变化，以及如何使用自己的身体。这一过程中，他往往会感到愤怒与不安。他试图融入整个社会，并在这个令人感到困惑和迷茫的世界中寻找自己的一席之地。在这个年龄阶段，无论是男孩还是女孩，都迫切地需要得到他人的帮助和引导，但他们的父母却很少能给予他们这方面的帮助，因为父母仍然把他们当成小孩子看待。两代人之间的强烈冲突，彻底摧毁了他们刚刚建立起来的伙伴关系与合作意愿。对于父母来说，这是一个非常艰难的时期。孩子迅速成长，拥有了成年人的外表，但内心依然是个孩子。许多十二到十四岁的孩子外表看起来似乎已经完全长大成人了，陌生人都会把他们当成大人一样看待，他们自然反对父母再把自己当成孩子。此时，孩子的社交能力和身体发育之间还存在一定的差距，这就需要父母具备较强的理解力和洞察力。如果父母只是通过自己的权威来逼迫孩子发生改变，恐怕不会有什么效果。父母对孩子的影响力，取决于你是否能够赢得孩子的友谊与信任。如果父母对孩子缺乏同情和善意，或者总是强调自己的权威，破坏了最初与孩子建立起来的伙伴关系，那么，一旦孩子开始独立生活，并开始像成年人一样与他人开展友好合作的时候，他就很可能会遭到他人的疏远和排斥。

相比于男孩来说，女孩的身体发育更快、更明显。女孩腺体的发育使她们在外表上的变化比男孩更显著，也更具美感，这种变化让她们更容易获得大家的认可。这就是为什么女孩似乎比男孩"成熟"得更早。所以，女孩子应该提前为性成熟做好准备，否则，她的第一次性功能体验可能会非常不愉快，甚至会非常痛苦，而这很可能会使她认为性生活都是令人尴尬、厌恶甚至是可耻的。青春期出现在孩子的哪个年龄阶段并不重要。你不必担心孩子的青春期来得太早或太晚。只有在孩子发育异常迟缓的情况下，比如孩子直到十五岁或十六岁还未开始发育，才需要咨询医生。如果一个女孩希望自己显得成熟，那么她可能会因为自己青春期发育延迟而感到郁闷，还会嫉妒那些发育较早的朋友。父母必须让她认识到，相比其他方面来说，外在的女性特征并不重要。孩子从儿童期过渡到青春期，往往对自己的外表十分在意。尽管还不确定自己未来会是什么样子，但他们还是会按照自己的想象去进行模仿。父母越强调他的幼稚，他就越倾向于模仿成年人的言谈举止。因此，你对他的打击会逐渐削弱他的自信心，从而阻碍他内心的成熟。

很多家长都无法理解孩子在青春期所遭遇的困境，更无法发自内心地去体谅孩子内心的感受。这导致很多孩子都会产生青春期所特有的叛逆心理。他们不仅反抗父母和老师，还反抗整个世界。无论是男孩还是女孩，在青春期都会有这种叛逆心理，而且他们会试图用傲慢的态度来掩饰自己的渺小和脆弱。因此，当这些处在青春期的孩子对自己产生怀疑，或者觉得自己微不足道时，他们就可能产生一些过激的言行。父母对孩子的轻视和漠不关心并不会缓解他们专横极端的言行，反而会让孩子产生更加强烈的自卑感，进而通过更多不恰当的行为来弥补内心的缺憾。在这些孩子看来，与那些社会认可度比较高的活动相比，他们做出的一些反社会的言行反而更容易获得别人的关注。如果这些孩子的父母、学校没有及时地发现他们的野心和抱负，没能及时对其进行有效的疏导，他们就很可能会走向违法犯罪的道路。对一个有野心的女孩来说，异性的谄媚要比学业的成就更容易得到认可和称赞。如果在受到父母和老师责骂和批评时，有某个迷恋她的男性对她表达爱慕之心，她可能就会觉得这是唯一一个可以获得别人认可和接纳的机会。对一个有野心的男孩来说，如果在与优秀的学生竞争时总是落后于人，他可能会通过逃学、赌博、酗酒，或者和女孩约会的方式来展现自己的高大和英勇。他也可能通过砸窗户、偷窃，甚至更恶劣的暴行把自己假装成一个英雄。

有一位咨询者，在心理治疗期间向我们抱怨道，她有一个十六岁的女儿，现在已经完全不受她的管束了。她整天和男孩子们厮混在一起，很晚才回家，从不帮忙做家务，而且还邋里邋遢、粗暴无礼。父母的说教、承诺、惩罚对她起不到任何作用。后来，在我的请求下，她的女儿来见我了。这个女孩看起来聪明漂亮、沉着冷静。我问她和妈妈相处得怎么样，她现在是否过得开心快乐。她高兴地回答说，一切都很好。

问:"你是不是有时候会跟妈妈吵架?"

答:"对,妈妈有时会比较暴躁,但她说的话是无心的,所以很快就风平浪静了。"

问:"你不会觉得她的责骂和唠叨对你是一种折磨吗?"

答:"哦,不会,我不会把这些太当回事儿。"

然后我变得严肃认真起来。我坦诚地告诉她,我很了解她的母亲,也知道她的母亲是一个很难相处的人。这个女孩诧异地看着我,接着她开始满眼含泪,随后泪水夺眶而出。她先是哭得很伤心,抽泣到说不出话来,然后她开始慢慢地、断断续续地说道:"每个人都认为我是个坏女孩,而妈妈是个天使。她对我没有一句好话,无论我做什么都是错的,在她的眼里,只有我的弟弟才是最好的。我永远都是坏孩子。我想让妈妈高兴,可她根本就看不到这一点,我得到的只有责骂,从来没有一句好话,没有赞扬,也没有欣赏。"

这就是这个女孩的故事。这也是第一次有成年人听她讲述这一切。她的反抗只不过是一种自我保护,是她自尊心的体现。当我把整件事的来龙去脉告诉她的母亲时,她觉得难以置信。从来没有人见过这个女孩哭,也不会有人知道,在她乐观开朗的外表背后隐藏着一颗冰冷寂寞的心。

如果想要帮助这些孩子,父母必须从他们表现出来的狂妄自大中,认识到他们内心的失落和无助。然而,很少有未成年孩子的父母能意识到这一点!青春期是孩子对自己最不自信的一个阶段，他们认识到自己缺乏社会地位，所以无比渴望得到别人的认可。他们希望自己能在成年人的世界发挥作用，所以，更需要得到成年人的接纳和平等相待。但是他们又很难得到机会来贡献自己的力量、获得别人的赞赏。青春期的孩子最渴望得到大人的引导和支持，但是很少有成年人能让他们坦诚相待，因为他们感受不到理解与赏识。只有在极少数的情况下，父母才会对孩子表现出足够的尊重和欣赏，进而了解到在孩子那狂妄自负的外表下隐藏着一颗多么失落而又脆弱的心。所以，大多数情况下，这些孩子几乎都会被迫投向那些多多少少有问题的朋友的怀抱。因为这些人让他们感受到了理解与尊重，或者仅仅因为这些人能够平等地对待他们。

减轻孩子对父母的依恋

训练的目的是让训练本身变得多余。减轻孩子对父母的依恋是一个自然而然、循序渐进的过程，早在婴儿断奶时就已经开始了。当孩子进入幼儿园、学校这些新的集体环境时，他们就开始了一个又一个新的人生阶段，包括后面进入青春期、步入大学、开始创业或开始职场生活等。渐渐地，他们离父母越来越远。如果父母没有故意疏远孩子，那么无论孩子进入哪个阶段，父母都是与孩子最亲密的人。此时，家长作为孩子老师的功能就已经结束了，但这并不意味着孩子可以不再尊重家长的想法和意愿了，因为他们依然是朋友，朋友之间需要继续保持对彼此的这份尊重。如果父母继续以老师的身份来教育孩子，就超出了父母的权力范围，孩子的成长就会因此受到干扰或出现问题。有些父母为了不让自己变得多余，试图让孩子始终处于自己的掌控之中。孩子也是如此，尽管他们想要寻求独立，但为了逃避承担属于自己的责任，依然依赖自己的父母，甚至有些孩子在结婚后仍然会表现得像小孩子那样无助。

这些父母根本没有认识到他们的孩子拥有自己独立的人格、权利与需求。因此，他们最难割舍孩子对自己的依恋。他们对孩子的宠爱只是为了满足自己的个人欲望，在他们眼中，孩子并不是一个自由独立的个体，而是他们的私有财产。他们无法想象孩子竟然已经成为一个独立的个体。这并不是孩子在青春期时才会出现的新的问题，这个问题贯穿了孩子的整个童年。孩子并不会在某个固定的时期"长大"，如果父母不知道如何与孩子建立友谊并维系他们彼此之间的关系，孩子在幼年时期就会开始疏远自己的父母。如果在孩子小的时候，父母不能做到这一点，那么等孩子长大了，父母就必须承担后果。如果孩子长大后表现得就像是与父母生活在同一个屋檐下的陌生人，甚至离开家以后不再与父母有任何联系，那么父母也无权抱怨孩子不体贴或冷漠无情，毕竟是父母一开始就没能与孩子建立起亲密的关系。

适当地减轻孩子对父母的依恋，是你作为父母和老师在教育孩子方面所获得的最高成就。父母和孩子之间真挚的关系不会随时间的流逝而消散，也不会因为彼此距离的远近、职业的不同、社会的差异，或者孩子安家立业等因素而受到影响。但父母的时代终将过去，你必须为新的一代开路。那些今天看起来还十分弱小的孩子，明天就可能成为社会的中流砥柱。只有深厚的人类情感纽带可以超越时光的流逝。父母退场之后，孩子必须坚定地面对生活。即使孩子还很小，父母也不需要考虑这个毫无意义的问题："如果我不在了，孩子怎么办？"相反，你应该趁着自己还在场的时候，学着后退一步。从现在开始，父母就要让孩子学会独立！今天，你要让孩子获得独立面对生活、面对他人、面对社会的勇气。从现在开始，你必须与孩子建立起一种平等的关系。他在这种平等关系中获得的成功，将会证明你是多么称职的父母，你的教育方式是多么正确。

第6章

理解孩子

如果孩子从一出生就能得到很好的教育,如果父母表现得完美无缺,且能够提供给孩子一个和谐融洽的成长环境,那么,孩子就不会产生极端行为,也不会出现违反秩序或难以适应环境等情况。但在现实生活中,这样完美的成长环境往往很难实现,所以父母在教育孩子的过程中势必会面临很多问题。现在让我们去讨论当初该如何避免孩子出现问题,似乎已经没有什么意义了。我们当前要做的是想办法帮助父母和孩子解决他们之间已经存在的各种问题。

我们在前面几个章节已经向父母介绍了一些有效的教育方法,并指出了大多数父母难免会犯的一些错误。通过这些内容的介绍,父母可以尽可能地避免再出现类似的错误,也可以尝试一些之前从未用过的新的教育方法。但是,父母千万不要操之过急，因为你不可能指望这些新的教育方法马上就能产生效果。孩子的敌意绝不会立刻消失，甚至在你改变教育方法以后，他的情况可能会变得更糟。孩子已经习惯了与父母发生冲突，如果你单方面地改变这种冲突模式，他可能会变本加厉地迫使你与他继续对抗，毕竟他早已习惯了自己的行为模式，并且为了与你抗争，他早就做好了充分的准备。为了让孩子尽早摆脱这种敌对的状态，父母必须沉住气，禁得住孩子的挑衅，以免继续犯以前的错误。

放弃以前的教育方法仅仅是第一步。父母只有学会理解孩子，才能真正地帮助他解决问题。父母与孩子之间缺乏理解，是当代亲子关系最大的悲剧。大多数父母根本不知道孩子为什么会不听话，更不清楚他们这么做到底是出于什么原因、有什么目的。在下面的案例中，父母将会看到孩子各种行为背后的原因和目的，并由此洞悉孩子们的内心世界。这些案例将帮助父母认识到孩子的人生计划是什么，正是这些孩子为自己量身定制的人生计划影响着他们的言行。认清了他们的人生计划，父母就会意识到孩子所面临的问题了。到目前为止，父母可能只知道自己与孩子之间出现了问题。只有当你真正能够理解孩子到底遭遇了哪些问题时，才能帮助他们解决问题。

如果父母想要教育好孩子，就要学会客观地去观察孩子，不要把孩子的缺点、错误太当回事，更不要把他的缺点错误视为道德问题。孩子表现不好，并不能说明他就是个

"坏"孩子。他可能只是心里难过、被人误导、受到了打击，或者是遇到了问题却没能找到正确的答案而已。孩子在努力获取家庭地位、满足别人对他的各种要求以及应对外界的压迫时，经常会做出错误的判断。

很少有父母能够理解孩子的想法和判断，因此他们才会对孩子解决问题的方式感到困惑。我们经常会看到一些母亲完全无法理解孩子的行为，他们会把孩子的一些过错看成道德问题，愤怒地一遍又一遍地细数孩子的种种不良行为，没完没了地唠叨着他们的缺点和过错。"他怎么能做出那种事？看他又干了什么好事！"我们不能光从表面意思来理解父母的这些话，只有弄清楚父母及其他主要家庭成员在孩子成长过程中究竟给他带来了什么样的影响，才能真正理解孩子的行为。很多时候，父母对孩子的行为做出的反应，看似合乎逻辑，但从心理学角度看是完全错误的。孩子的问题并不是道德问题，而是他们与父母之间的关系出现了问题。父母之所以倾向于把孩子的问题看作道德问题，仅仅是为了维护自己的权威，这是所有父母都容易犯的错误。他们对问题缺乏客观的判断，忽略了亲子关系内部出现的问题。父母的这种态度使教育问题被长期搁置，难以得到解决。

孩子的每一个行为都有目的，他们想要通过自己的努力融入周围环境。我们期待自己的孩子言行得当、能很好地适应环境，并且懂得如何通过遵守社会规则来融入社会；期待他能够主动感知周围环境对他的要求，能约束自己的言行以适应集体生活；期待他知道什么时候该主动出击，什么时候要服从安排，什么时候该积极发言，什么时候该保持安静；期待他既可以成为领导者也可以成为追随者。如果真的存在这样的孩子，那他往往不会表现出什么个性，他的身上只会表现出他所在集体的社会需求。一个孩子只有稍微偏离适应完美社会的方向，使用自己在实践过程中掌握的特殊方法，才能显示出自己的个性。他们多多少少会偏离我们熟悉的社会标准，而不是完全按照社会标准打造出来的。

从这个意义上来说，所有的人类活动都不可能做到完全符合社会标准。我们不能因为孩子的某些行为或想法不符合社会需求就认为他不适应社会，毕竟社会需求也不是一成不变的。人类社会本身也需要不断地进步、发展和演变。如果一个人的想法能够影响一个团队，那他就是这个团队发展的动力。虽然他的想法可能不完全符合社会的需要，但如果这个想法对团队有益且行之有效，那就说明这个想法是好的，是能够完全适应社会的。因此，对孩子来说，单纯地按照社会标准行事，很可能会阻碍社会的发展与进步，最后反而成为不适应社会的表现。

不适应社会指的是所有影响社会功能和社会发展的行为。孩子长大以后如果不适应社会，其背后的心理原因往往非常复杂。要弄清楚除了意识以外还有哪些因素对成年人产生影响，需要我们投入大量的时间和精力。很多孩子尽管已经人高马大，但是想法却和小时候差不多，在青春期，他们为了维护自己的颜面,学会了掩饰自己的真实想法,开始接受社会规则。他们成功地隐藏了自己内心的真实想法和行为动机,在外人看来,他们已经成熟了。在这个阶段之前,虽然他们自己也不清楚自己的行为有什么目的,但他们还是会明确地表达自己的态度,不会有丝毫的隐瞒,因此,我们只需要仔细观察就可以知道孩子的行为目的是什么。

孩子的所有行为不当都不外乎以下四个目的:(1)获得父母的关注;(2)展示自己的权力;(3)惩罚或报复父母;(4)证明自己能力不足。这些行为目的也体现了孩子对周围人际关系的态度。

孩子的目的有时会随环境的变化而变化,他有时可能是为了引起注意,有时又可能是为了展示自己的权力或报复对方。我们通常可以通过孩子的行为来判断他的目的:是为了获得关注?展示自己的权力?还是为了报复别人?或者,他想要证明自己能力不够,以此来逃避某些行为和责任?他可能会通过不同的方法来达到他的目的,同样地,孩子的一些行为看似相同,但很可能有着不同的目的。

大多数孩子都想要获得父母的关注,这是因为家长在孩子成长过程中使用了一些错误的教育方法。这些年纪小的孩子很少有机会通过为家里做贡献来确立自己的家庭地位。大人们也不需要他们为家庭做什么贡献。而年长的哥哥姐姐和大人们都有自己该做的事。只有小孩子什么事都不用做,他们只能通过家里比他大的人才能感受到自己是家里的一分子。

因此，他们只有通过为家里做贡献才能感受到自己的价值和地位。这就是为什么小孩子总是喜欢通过送礼物、表达爱意或获取大人的关注来不断地证明自己的重要性。但这些都无法让他感受到自己内心的力量，更无法使他的独立意识和自信心得以增强，所以孩子需要不断通过新的方式来证明自己，否则他就会感到失落或觉得自己不受欢迎。孩子会尽可能地通过自己的努力，用社会可以接受的方式得到自己想要的东西。但是，如果对自己的能力失去了信心，觉得自己之前的方法不再奏效，他就会尝试一切他能想到的方法，让别人为自己服务或让自己获得关注。只要能达到自己的目的，哪怕是被羞辱、惩罚，甚至是挨揍，他都愿意接受。孩子们宁愿挨打也不愿被人忽视，如果一个孩子被人忽视或冷落，他就会觉得自己遭人嫌弃、不受欢迎，甚至会觉得自己在这个群体中没有立足之地。

孩子可以通过一些积极有益的方法来得到别人的关注，只要能达到这个目标，孩子们其实会更倾向于使用那些积极的方法。但是，如果他的要求难以实现，或者周围的环境无法满足他的要求，孩子可能就会觉得调皮捣蛋更能让自己获得关注。于是，他就会开始各种叛逆行为。在一段时间内，父母可能不怎么理会孩子的挑衅，也不会太生气。此时，所有开心和不开心的事情不断上演，但都能够维持在一种平衡状态：孩子的愿望得到了满足，父母会尽可能地多花一些时间来陪伴他。直到有一天，父母认为是时候该管教他一下了，不再容忍他的调皮捣蛋。这时候，孩子也会改变他的目标，致使双方陷入争夺主导权和优越感的僵局。孩子想要让父母觉得他可以为所欲为，父母无法阻止他做任何事。他还可能采取一种消极的态度告诉父母，他们无法强迫他做任何他不喜欢做的事情。如果这次能顺利逃脱，不按父母的要求做也不会受到责罚，他就赢了；如果父母太过强势，他不得不做了自己不想做的事情，他就输了，但是下次他会想方设法进行更激烈的反抗。此时的激烈反抗比之前为了获得父母关注而进行的调皮捣蛋要严重得多。孩子会表现得更加无法适应环境，行为更加叛逆，情绪也更加暴躁。

父母和孩子为了争夺主导权而引发了各种各样的冲突，父母绞尽脑汁想要驯服孩子。他们之间产生了强烈的敌对情绪，此时即便发生了一些愉快的事情，也很难再让孩子产生归属感，彼此的友好态度与合作意识消失殆尽。于是，孩子的目的再次发生了改变：他不再希望获得父母的关注，他也无法获得自己想要的主导权，此时的他感到自己完全被人排斥、不受欢迎，只有通过伤害、报复别人才能获得内心的满足。在孩子看来，这是他唯一的选择。"至少，我能让他们恨我。"这句话成了孩子的口头禅，也足以让我们看出他是多么的绝望。这样的孩子往往最具有攻击性，他们知道对方的痛处在哪儿，也非常善于利用对手的弱点，再通过权力和地位来压制他们已经起不到任何作用了，他们已经变得非常叛逆且极具破坏力。因为这些孩子从一开始就认定没人会喜欢他们，所以他们只要反感谁，就会去挑衅他。他们会把别人对自己的恐惧看成一种胜利，他们也只能通过这种方式来获得内心的满足。与此相反，如果孩子在某个群体中具有较高的地位和权力，他就不会表现得那么残忍、暴力。

消极被动的孩子往往不会与别人发生正面冲突。如果他的反抗失败了，他就会非常受挫，甚至会觉得自己的整个人生都没了意义。那些想要获得关注或渴望得到权势的孩子也是一样的：一旦发现自己的愿望无法实现，他就会对生活失去信心，变得十分失落，拒绝参加任何活动，拒绝做任何事情。如果孩子无论做什么最后都以失败告终，他就会认为做任何事情都没有意义。这种挫败感对孩子来说非常危险，这会让孩子总是想尽办法来证明自己的无能，以此来避免失败。孩子会把自己的无能当作对自己的保护，觉得这样做别人就不会再对他有任何要求和期待了。他会通过这样的方式来避免做一些自己觉得丢脸和尴尬的事情。

这些适应能力差、无法融入社会的孩子会有不同的表现，他们有可能表现得积极主动，也有可能表现得消极被动，无论是哪种表现形式，他们都会使用各种方法来达到自己的目的，这些方法可能是建设性的，也可能是破坏性的。具体会采用何种方法取决于孩子内心的感受：如果孩子感觉自己被集体接纳，就会选择建设性方法；如果孩子觉得自己被集体排斥，他可能就会通过破坏性的行为来表达内心的不满与愤怒。孩子内心是否存在归属感,是他们选择建设性方法或破坏性方法的决定因素。而孩子遇到事情时的态度是积极主动还是消极被动,则取决于孩子的内心是否足够勇敢。那些总是受到打击的孩子遇到事情时更容易采用消极被动的态度。我们将以上两种分类方法进行组合,可以总结出四种类型的行为模式:

1. 积极—建设性行为模式;
2. 积极—破坏性行为模式;
3. 消极—建设性行为模式;
4. 消极—破坏性行为模式。

以上顺序体现了孩子无法适应社会的程度,从 1 到 4,数字越大,说明孩子越难适应社会。许多父母和老师更倾向于认为,采用积极—破坏性行为模式的孩子比采用消极—建设性行为模式的孩子更糟糕。这种想法不一定正确。如果孩子的反社会人格还没有形成,而他之所以做出种种不当行为,目的仅仅是想要获得关注,那么家长引导孩子从破坏性行为模式转变为建设性行为模式相对来说就比较容易,但是要让孩子从消极被动变得积极主动却非常困难。那些具有消极—建设性行为模式的孩子往往不那么让人讨厌,但他们需要获得更多的帮助,才能让自己变得自信、勇敢。

只有寻求关注(目标 1)是孩子通过四种行为模式中的任何一种都可以达到的。所以,寻求关注的行为模式需要进行相应的划分,而讨论目标 2、3、4 中的行为模式则不需考虑他们的态度是积极还是消极的。很显然，通过积极破坏性行为和消极破坏性行为，孩子可以达到展示自己的权力（目标2）和惩罚报复别人（目标3）的目的。而证明能力不足（目标4），一般只能通过消极破坏性行为才能实现。

我们先简单地讨论一下孩子想要获得父母关注的四种行为模式，这可能有助于我们对上述观点的理解。孩子想要获得父母的关注，如果他采用积极—建设性的行为模式，他往往会表现得非常的合作，且行为举止符合社会规范。与乖巧懂事的孩子相比，他的不同之处在于，他的好好表现只是为了得到自己想要的关注，如果自己的目标无法达成，他就会开始调皮捣蛋。之后，他可能就会开始使用积极—破坏性方式。这种行为模式与为实现第二或第三种目标所采取的方法非常相似，只是这种行为没有暴力和敌意。孩子仍然只是想得到父母的关注而已，这个目的一旦达到，他与父母之间的冲突就结束了。如果孩子的目的是展示自己的权力，那他不仅想要获得关注，还想让别人按照自己的想法行事。

还有一些孩子非常有趣，他们会使用消极—建设性的方法来获得父母的关注。很多家长和老师并不觉得他们行为不当，因为他们总是表现得亲切友好、恭恭敬敬的，以至于我们很容易忽略他们表面的消极被动、依赖他人，其实是因为他们受到了打击，内心非常失落。在男强女弱的社会中，女性往往比较容易采用这种消极—建设性行为模式。所以，比起男孩子，女孩子更容易采取这种消极—建设性行为模式来获得父母的关注。我们刚刚已经提到，采用消极—建设性行为模式的孩子往往比那些采用积极—破坏性行为模式的孩子受到过更大的打击，这点很容易被我们忽视。采取消极—建设性行为模式的孩子往往不那么让人讨厌，但他们需要得到更多的帮助来让自己变得更加自信、勇敢。如果孩子采取了消极—破坏性方法来获得父母的关注，那么他最终的行为目标很可能会转变为第四种，即证明自己的能力不足，他们会因为受到了很大的打击，最终变得一蹶不振。

本章将对孩子们遇到的问题进行深入的了解与分析，并针对孩子们不同的行为模式提出一些针对性的方法和原则。想要获得关注的孩子必须学会独立，他们必须认识到要获得一定的社会地位，就需要为社会做出贡献，而不是仅仅享受别人的劳动成果。如果孩子想要获得关注，不管他是哪种类型的孩子，我们都应该努力帮助他们，让他们变得积极主动，让他们从破坏性行为模式转变为建设性行为模式，让他们不再想要获得别人额外的关注。对于那些追求权力和优越感的孩子，父母不要给他们太大的压力，更不要利用自己的强权逼迫他们做他们不愿意做的事情，父母的压迫越厉害，孩子的反抗就越强烈。对于这样的孩子，父母应该承认他们的价值，甚至承认他们有自己做决定的权利，这样做能够增强孩子的自信心，让他们意识到是否有再去追求权力的必要。父母必须让他们明白，实现自我价值比获得权力更重要。想要惩罚、报复别人的那些孩子，通常认为没有人喜欢他们，或以为别人永远不会喜欢他们。父母想要帮助他们改变这个消极的想法往往需要一个漫长的过程，父母要慢慢地向他们证明他们也是非常招人喜欢的。对于那些在郁郁寡欢中自暴自弃的孩子，我们必须慢慢让他们重新认识到自己的能力和潜力。

孩子在言谈举止中表现出来的各种不同的问题，可能有着不同的行为目的。比如，为了实现四个行为目标，孩子有可能表现得比较懒惰。懒惰可以让孩子获得父母的关心和帮助，拒绝履行自己的义务，还可以让他获得优越感，觉得自己很有能力。懒惰还可以用来报复那些野心勃勃的父母，让他们因此而受到伤害。又或者，如果孩子对自己的目标丧失了信心，可以借口懒惰，从而避免再去努力尝试。

在下面的讨论中，我们将分别按照孩子的行为目的，对他们最常采取的行为模式及解决问题的对策进行精确的判断与分析。值得注意的是，我们在分析孩子某个行为目的时提到的问题，很可能会同时出现在其他行为目的中。

本章的重点是讨论孩子与父母和兄弟姐妹之间的关系，在此基础上来理解孩子的行为。为了方便大家参考，我们会将部分信息重复使用，尤其在对孩子的每个问题进行对策分析时，但重复使用的信息只会简要提及。孩子出现的很多问题其心理机制都是相同的，因此我们的建议也都大同小异。

想要获得关注

积极—建设性方法
"模范"孩子

有些孩子尽管看起来完全是父母和老师所喜欢的类型，但事实上他们根本没有那么完美。他们总是非常努力地想要展示自己"好的一面"，并以此来获得别人的赞扬和认可。在某些情况下，如果他们不那么优秀，就会表现得非常明显。他们往往很难与自己的同龄人处好关系，如果不能脱颖而出，他们就会感到非常失落。他们之所以做什么事都要做到完美、得体、脱颖而出，常常是因为他们的父母太过完美主义，父母会鼓励他们保持这种特质，有时甚至会让孩子与其他兄弟姐妹相互竞争。这种与兄弟姐妹之间的竞争常常会让他们更加想要获得别人的掌声。为了比弟弟妹妹更优秀，为了达到哥哥姐姐的水平，甚至超过哥哥姐姐，孩子会好好表现，努力让自己变得可靠、体贴、乖巧和勤奋，他们为了满足父母的期待而努力寻找机会，尽可能地承担起各种责任。孩子和父母都很难意识到，孩子太过优秀往往会影响到其他兄弟姐妹的成长，他们会因为总是受到打击而无所适从。父母想要培养出一个模范孩子，这很可能会让另一个孩子成为问题孩子。

比利，今年九岁，是个非常优秀的小男孩。四年前，他的父亲去世了。比利开始尽已所能地帮助他的母亲，这让母亲感到非常欣慰。他不仅帮助母亲做家务，还帮助母亲照顾他六岁的妹妹玛丽莲。尽管他还是个孩子，但母亲有什么事情都会找他商量，他实际上已经成了"家里的顶梁柱"。比利唯一做得不太好的地方是在学校。他几乎没有什么朋友，对学习也不是很感兴趣。比利在学校里无法获得他在家里所享有的特殊地位，考虑到这一点，他在学校表现不好也就不足为奇了。

我们不难想象，玛丽莲是个什么样的孩子。她非常任性，她的母亲根本不知道该如何管教她，于是过来求助。她总是邋里邋遢、胡言乱语、大吼大叫，让人十分头疼、非常讨厌，是个真正的"熊孩子"。这位母亲不明白两个孩子怎么会有这么大的差别！她很难意识到，玛丽莲之所以有这么多缺点，都是因为比利太优秀了。

我们和两个孩子分别进行了沟通。首先，我们问玛丽莲："你觉得妈妈喜欢你吗？"不出所料，她的回应是摇头。我们向她解释说其实妈妈很爱她。但是玛丽莲不相信，正是因为觉得妈妈不爱她，所以她才总是故意做妈妈不喜欢的事，让妈妈生气。她觉得，或许只有在她做错事的时候，妈妈才会注意到她。如果她能换一种表达方式，或许她就能感受到妈妈其实是爱她的。

后来，我们问比利，他是否希望玛丽莲变得乖巧懂事。

他听后立即大声说道:"不希望!"当我们问他为什么时,他觉得很尴尬,说不出原因,最后他说:"无论如何,她都不可能变得乖巧懂事。"我们跟他说:"或许我们可以帮助她,你也可以帮她。我们一起努力,也许能让她变成一个好姑娘。你愿意帮助她吗?"他有点不确定地说:"好,我愿意。"我坦率地告诉他:"我不相信你是真心想要帮助妹妹的,我倒是觉得你的第一个回答'不希望'更加真诚,也更能准确地反映你的真实想法。但是你为什么不想让妹妹变好呢?你能告诉我原因吗?"他想了一会儿,然后直接说道:"因为我想比她表现得更好。"

像比利这样的孩子,如果不能表现得比别人更好,他们就无法为自己的优秀而高兴。如果不能表现得比别人更好,他们就不会再去努力好好表现了,就像比利在学校里那样。如果我们成功地帮助了那个出现问题的孩子,那个所谓的好孩子就会感到苦恼,这甚至有可能是他人生中第一次感到苦恼。因此,仅仅帮助出现问题的那个孩子是不够的。我们要改善他们之间的关系。比利和玛丽莲一样需要鼓励:他和玛丽莲都对自己的家庭地位和妈妈的爱没有把握,非常害怕失去它们。比利之所以想要好好表现,不过是想弥补自己内心的不安。

小孩子常常会把自己的"好"当作一种工具,以此博得父母的关注和好感,弥补自己在年龄和力量上的不足。有时，如果一个女孩生活在重男轻女的家里，且她的兄弟总是享有各种特权，她就会表现得特别体贴负责，以此来补偿自己的不利地位。因为她这样做会显得自己的兄弟更加自私、不靠谱，远远比不上她的好。女孩的这种"好"，可能会让她很难获得快乐，还可能让她逐渐丧失与人相处的能力，因为在她的潜意识中，她会觉得自己不如别人。同时，她还可能会让自己表现得像个"老好人"，为了迎合别人的意愿而生活。这种"老好人"的形象，可以给她一种特殊的道德优越感。通过这种方式，她会成为一个"假圣人"，总是习惯性地将自己的遭遇归咎于周围人的缺点和错误。因为很少有人能及时发现她不适应社会，所以几乎没有人会去努力帮助这样一个"好"姑娘。

责任心太强

孩子常常会把责任心当作一种手段，以此来获得别人的认可，彰显自己比别人更具有道德意识。责任心太强说明孩子渴望获得父母的关注，孩子通常会把这种渴望隐藏起来，甚至连他自己都意识不到内心的这种欲望。只要孩子能够得到父母的关注和认可，而且父母能够做到一直不断地去赞赏他、安慰他、满足他的所有需求，孩子就能规规矩矩的。然而，一旦父母不再满足孩子的过分要求，或是他的兄弟姐妹或其他小伙伴们对他的特殊待遇开始不满或抗议，那他的这个方法就不再管用了。

如果孩子的责任心过强，他可能就会采用积极的破坏性方法，从而获得更多的权力和优越感，甚至凌驾于父母之上。如果孩子非常有想法且善于为自己的行为找到各种合理的借口，那他就会假装自己责任心太强，把自己对优越感和权力的追求伪装成自己太想承担某项责任。表面上看，父母让他做什么他都会照做，可实际上总是取得相反的效果。父母对此感到非常愤怒和无助，毕竟孩子无论做什么都看起来像是出于喜爱和善意。为了把每件事情都做到尽善尽美，他简直是毫无节制、过度表现，这让他的父母特别抓狂。他难道不爱干净吗？恰恰相反！他一天能洗三十次澡！时间都是这样被浪费掉了。因为总是在洗澡，他根本没法按时吃饭、学习，上学也因此而迟到了。他表面上看是在乖乖遵守秩序，却因为毫无节制地遵守，造成了违反秩序的结果。他也并不是懒惰，相反他一整天都在学习，父母不得不强迫他停下来，让他上床睡觉。然而，如果父母真的要打断他，强迫他去睡觉的话，他第二天考试就会顺理成章地因为没有准备好而不及格。就像其他被掩藏起来的反抗情绪一样，孩子的这种情绪很容易让他产生一定程度的精神障碍。

作为孩子的父母，你不应该被孩子欺骗，而忽略了他行为背后所隐藏的敌对情绪，更不应该强行干预他的事情，从而导致各种冲突的发生。父母的敦促、训诫甚至威胁不会产生任何效果，甚至还会加剧彼此的矛盾和冲突。所以，这时候父母要去了解孩子为什么会产生这样的敌对态度和反抗情绪。在大多数情况下，这都是因为家人过分地溺爱孩子或是给了孩子太大的压力。孩子对自己没有信心,对周围的人也没有信心。通过上面这种过度的行为表现,他既能表达自己的善意,又能为自己的缺点和不足找到合理的借口。

十一岁的玛丽是个责任心很强的孩子。她是家里的独生女,她的父母非常爱她,对她总有操不完的心。他们总是特别照顾玛丽的心情,尽可能地满足她的所有愿望,时刻守护在她身旁,精心照料她的饮食起居,生怕她把自己累着。父母对她太过关心,她自然会觉得反感,这是人之常情。但她又很爱她的父母,所以她不能把这种反感的情绪表达出来。她做任何事都极其认真,总是对自己的一点点过失而自责不已,这让她的父母感到非常困惑。结果,她犯的错误越来越多,已经完全不能用能力不够来解释了。无论父母要她做什么,她都会出问题。久而久之,她的父母什么都不敢让她做了。

如果父母对孩子的这种过度夸张的道德观感到反感或抗拒,他们很可能会变得十分烦躁,甚至会对孩子特别严厉。在这种情况下,孩子不会因为父母的压力而放弃自己的道德信念,更不会改变自己的想法。他们甚至会比以前更加叛逆,甚至还会把自己完全封闭起来不跟任何人讲话。他的言行会表现得非常固执和叛逆,但他又不承认自己是一个叛逆的孩子,总是强调自己无论做什么都是出于"好意"。

童言妙语

很多孩子之所以受人欢迎，是因为他们说话时总是语出惊人、妙趣横生，不管他们说什么都非常有趣。父母是喜欢在熟人面前夸赞自己的孩子"聪明""可爱"，但他们在夸赞的时候，通常没有考虑孩子是否也在场。孩子在听到这些夸赞后，自然而然地会为自己的能力感到高兴，于是他开始越来越喜欢说话，说的话也越来越有趣。如果语言表达能力和观察能力没有遭到破坏，孩子小时候说的话都会很吸引人。但渐渐地，孩子们会越来越无礼，之前看似幽默的言行也逐渐开始让人感到厌烦与失望。然而，此时父母不但没能帮助孩子走出困境，友好地帮他纠正错误，引导他通过其他更妥当的方式来获得别人的认可，反而开始责骂他、批评他。父母似乎忘了，孩子此时之所以会陷入如此尴尬的境地，全是因为自己之前对他的夸赞。最糟糕的情况是，一些父母会因此而给孩子贴上"话匣子""话痨"等标签，一旦父母这样做了，孩子后面就很难发生改变。

孩子之所以想要说话，是因为他们想要获得别人的认可。这也表达出了孩子内心的焦虑。这种焦虑情绪在一些成年人身上也非常明显，有些人总是不善于表达自己。比如一些女性，她们说起话来滔滔不绝，究其原因，往往也是源于内心的焦虑。还有一些人喜欢告密，其实也是同样的问题，他们觉得这样会显得自己的个人威望更高一些。要让小孩子把自己的心里话藏起来是非常困难的，因为他们很清楚，只要他们说出不该说的话,就会引起轰动。你要了解孩子的这种欲望,不要因为孩子说错了话而过于严厉地责备他。你可以训练孩子说话时尽量小心谨慎,并对孩子的进步给予积极的鼓励和评价,告诉孩子,他这样做说明他长大了、懂事了。通过这种方法,孩子慢慢就会发现,有时候沉默比说话更可贵。然而,如果父母仅仅是一味地劝诫和责备,那孩子永远都不会认识到是什么原因让自己话多,更不会明白为什么话多招人烦。

积极—破坏性方法
炫耀

好强的孩子如果在某些方面受挫,可能会用一些非常古怪的方式来表现自己,以此来赢得人们的关注。

欧文今年八岁了,他有一个比他大三岁的姐姐。姐姐精力充沛、能力很强且学习成绩很好,虽然只有十一岁,但她已经显得十分成熟稳重了。欧文则看起来纤纤弱弱,但他争强好胜,做起事来总是独断专行,还经常喜欢吹牛炫耀自己。在学校里,他总是坐不住,经常心不在焉,上课时还会做出一些滑稽的动作去打扰其他同学听课。

对于孩子这种想要通过某种方式来获得别人关注的做法,父母又是怎么做的呢?父母往往会觉得孩子爱慕虚荣,不讨人喜欢，如果孩子想努力获得认可，父母通常都更倾向于去否定、打压他。所以，无论孩子怎么努力都是徒劳的，因为他们已经受到了打击，在这种情况下，他们只会更加强化对自己的负面评价。这样的孩子常常会表现得非常没有上进心，学习也不怎么努力，即使在学校遭到老师的惩罚或指责，他们也表现得无所谓。事实上，欧文非常有上进心，只是他的上进心没能促使他获得一些有用的成就。因为无论他多么上进，姐姐永远像一座山一样挡在他的前面，姐姐的存在，总是让欧文显得非常渺小。

欧文必须明白一件事，即他不必非要获得别人的关注，也不需要总表现得像姐姐一样优秀。他太在意姐姐的重要性了，这使他对自己的地位产生了怀疑，所以他错误地认为自己一定要努力彰显自己的重要性才能弥补这样的落差，可是他的努力总是一次又一次地让他失望，所以他更加坚信姐姐的优秀、自己的无能。因此，这时候，他的父母要表现出对他的喜爱，让他知道无论他做什么父母都是爱他的。然而，到目前为止，他唯一能感受到的是只有在自己让别人大吃一惊的时候，才能够得到别人的重视。当孩子行为不当时，父母必须严厉制止，让他知道不能违反社会规则；当孩子好好表现的时候，父母也要给予他一定的关注。

引人注目

如果想要引起别人的注意，他们有的是花招。他们的奇思妙想经常会让人大吃一惊，有时还会引人发笑。父母往往对孩子们的奇思妙想一无所知，所以他们根本不清楚为什么孩子会做出如此荒诞的行为。比如，四岁的小儿子想要用水果刀来切蔬菜汤，这说明孩子想要获得父母的关注，他们会选择这种能让大人感到"困惑"的方式。在孩子看来，只有通过这种方式，才能体现他的存在感，让他的家人注意到他。他会时不时地打断父母的谈话，不让他的母亲和熟人聊天。

格特鲁德今年八岁，她是家里的老二，从小就被父母宠坏了，只要她跟母亲在一起，她就要她的母亲时刻把注意力集中到她身上。如果母亲想和别人说话，格特鲁德就会用手捂住母亲的嘴，或者大喊大叫，让谈话无法进行下去。她一边尖叫，一边抗议，还紧紧抓住母亲的脖子，不停地亲吻她。她蛮横暴躁，保姆们都害怕她。但是，在学校里，她学习非常努力、勤奋，看上去没有什么缺点。她是"老师的宠儿"，也是班上最优秀的学生。因为她知道，她在家里用的那些把戏在学校里完全行不通。

"十万个为什么"

如果孩子不断向父母表达爱意，父母可能会感到厌烦，所以他很可能会通过提问的办法来获得父母的关注。孩子是真的想问问题，还是仅仅想要获得父母的关注，父母很容易就能看出来。如果孩子是诚心地想要提问，那么你不应该拒绝他，而应该如实回答他的问题；但如果他只是想通过提问来获得关注的话,那就另当别论了。这两者之间最大的区别就是——孩子提问的方式不同。如果孩子是想通过提问来获得关注的话,他并不会在意问题的答案,有时甚至不等你回答,他就会开始问另一个问题。父母往往没有注意到这一点,他们不明白孩子为什么总是不断地问同一个问题。等到他们失去了耐心,就会直接粗暴地责骂孩子,或者突然发脾气,孩子会被父母突如其来的转变吓一大跳,同时会感到很受伤。

有一次,在一个朋友家里,我看到了这样一幕。一位母亲把三岁的女儿抱在腿上,给她讲绘本。每讲完一页,孩子都会打断母亲,问她:"这些人在做什么?""这只狗为什么会在这里?"母亲每次都耐心地回答她的问题。读了几页之后,我插嘴问女孩:"这些人是在做什么?"小女孩答对了!母亲读下一页的时候,我没有说话,孩子又问了几个问题,母亲还是耐心地回答她。接下来的过程是这样的:母亲每读一页,我就问一些问题,然后让孩子来回答,读到下一页的时候,就让孩子来提问,让母亲来回答,以此类推。母亲读完这本书以后,我对他们说,我很喜欢这个游戏。母亲很惊讶,问道:"什么游戏?"母亲根本没有意识到发生了什么。

这段小插曲看似有趣,但其实是非常可悲的。这说明,孩子为了获得父母的关注,采用了各种错误的方法,而父母对孩子的把戏知之甚少,从而让孩子更加坚定地继续采用这些错误的方法。这个小女孩在上床睡觉前，叫了父母三四次，一会儿说她想喝水，一会儿说想上厕所，一会儿又说要擦鼻涕或是忘了拿什么东西，而她的父母一直是任由孩子摆布，最后终于被她惹恼了。这种游戏通常以悲剧收场。

孩子总是会提出一些不过脑子的问题，以此来获得父母的关注，但父母不应该任由孩子摆布。只要父母仔细听孩子的问题，就不难区分孩子究竟是在认真提问，还是只想要获得关注。但是，你必须意识到，随着孩子不断长大，他们总会时不时地冒出来一些问题来丰富自己的认知，同时他们可能是真的想要提问。这时，父母仍然可以区分孩子到底是在认真提问，还是只想要获得关注。如果孩子只是想要获得关注，那他们提出的问题往往是千篇一律的，或者问题本身根本没有任何意义。孩子们总有无数个"为什么"，他们可能是想要学习知识，但更多的是想要获得父母的关注。即使父母已经知道孩子只是想获得你的关注，你也不应该训斥他。你可以提醒孩子，他可能并不是真的想提问。

最好用一种友好的方式来提醒他。如果孩子的提问并没有给他带来想要的结果，他很快就不会再提那些无聊的问题。如果你选择回答他的问题，你的回答也不必太过认真，因为孩子已经知道问题的答案了。你可以和孩子玩个小游戏：你和孩子可以互相提问，首先让孩子提问，你来回答，然后再由你来提问，孩子回答。这样做通常很有效果。或者，你可以像孩子一样，一直向他提问。又或者，你可以编一个故事来回答孩子的问题。但是你应该向孩子简单介绍一下这种游戏，解释清楚他为什么想要提问。你还可以告诉孩子，如果他想要获得关注的话，你会多多关注他的。如果你现在没有时间，你可以说，以后再给他答复。如果你认为通过认真回答孩子的问题、冲他吼，或者直接简单粗暴地回答"我不知道"，就能让他安静下来，那你就错了。这样的回应只会让孩子提出越来越多的问题。

我们必须再次强调，如果孩子提问是为了增长知识，那么，父母不应该忽视他的问题，更不应该嘲笑他。如果父母不重视孩子的问题，就会挫伤孩子的自尊心，他就不得不通过其他渠道来寻找问题的答案。父母这样做还有可能阻碍孩子的智力发展。如果孩子问问题的时候非常严肃、认真，那么一般情况下，他有能力理解一些简单的回答。所以你不应该告诉孩子，他还小，理解不了。你必须想办法弄清楚问题的要点，而且，如果你只需要对问题本身进行回答，那你的回答一般不会超出孩子的理解范围。大人可能觉得自己回答不了孩子的问题，或者觉得这个问题超出了孩子的理解范围，这往往是因为大人在思考这些问题时，总是会对问题的答案产生各种联想，然后对自己所联想到的问题感到困惑。然而，孩子的问题并没有大人想的那么复杂。（当然，前提是孩子在认真地提问。）

孩子除了会提出一些客观的、尖锐的问题以外，还可能反问父母："这是对的吗？""你难道也这么认为吗？""你是认真的吗？""你也这样想吗？"对于这样的提问，无论你怎么回答都可能是多此一举。但是，尽管如此，挑剔、严厉的父母经常会使用这种反问来苛责、批评孩子。

"淘气的孩子"

"淘气的孩子"总是会在不恰当的时间或场合说一些让人觉得难堪的话或做一些让人感到尴尬的事。他们总是希望自己随时随地都能得到别人的关注，并且希望能通过最简单的方式达到自己的目的，为此他们一有机会就会打破一些未成文的规矩或习俗。这些孩子往往特别受欢迎，他们聪明、机灵，讲起故事来绘声绘色。他们不会去做那些明令禁止的事情，而是会把那些可以做的事情做到极致。

八岁的弗朗西斯是个"淘气的孩子"。他的父母意外去世，他由两个哥哥和一个姐姐抚养长大。他做事非常果断，但又总是冒冒失失的。他的哥哥姐姐总是很心疼他，对他无比纵容，但有时他们也会对他的言行感到气愤绝望，开始对他格外严厉，他在这种纠结的情感中被扯来扯去。但他知道如何获得别人对他的关注。有一次，他的哥哥因为他说谎而严厉地责骂他，然后义正词严地教育他做人要诚实，可结果却让人大吃一惊。第二天，一个远房亲戚到他们家来拜访，弗朗西斯立刻告诉这位亲戚，家里的人都不喜欢他。后来，他的哥哥姐姐责备他不该乱说话，他却回答道："是你们说的，做人要诚实。"从此以后，他一直都诚实得过分。每当有客人来访，家人们都心惊胆战，因为他们知道，弗朗西斯总是会口无遮拦地说一些"实话"，让人感到非常尴尬。

当然，真正"淘气的孩子"，不仅会说出一些让人尴尬的话，还会变换各种花招，非常具有创造力。

有一次，在我们的儿童教育中心，我就成了他们戏弄的对象。一个五岁左右的小女孩，她第一次接受我们的咨询。她母亲说孩子喜欢恶作剧，她曾经无数次地请求孩子停止这种行为，但这样做似乎并没有什么效果。就在我们交谈的时候，这个女孩坐在长凳上，摆弄着墨水瓶，墨汁随时可能会洒出来。她的母亲警告她这样做很危险，并把她的手拉了回来。但母亲的做法并没有起到任何作用，没一会儿，她又继续摆弄起了那个墨水瓶。我当时急于向母亲示范该如何教育那个孩子，于是我对孩子说："继续玩儿吧，把你的手放进墨水里。你一定会弄脏你的手，到时候你肯定很难看。如果你想试试，就这样做吧。"正如我所料，孩子被我的话吓了一跳，然后就不再摆弄那个墨水瓶了。但是，过了大约十分钟，我突然听到那个母亲一声尖叫。这个小女孩把双手都伸进了墨水瓶，手上沾满了墨水，她还得意扬扬地举起她那滴着墨水的小拳头向我示威。

显而易见，想要让这些"淘气的孩子"做出改变并不容易,原因很简单,他们不光淘气,还很聪明。事实上,他们的行为所造成的后果并没有父母想象的那么糟糕。父母不必为他们的淘气感到心烦意乱,甚至担惊受怕。因为这些孩子非常聪明,他们知道什么时候可以恶作剧,也知道什么时候应该适可而止。尽管如此,父母还是应该想办法解决孩子的问题,这实现起来并不容易。除非父母坚决不再与孩子发生冲突,想方设法地来让孩子理解、体谅父母的良苦用心,否则他们很难让孩子发生转变,因为这些孩子非常聪明,无论父母做什么,孩子都会很快看穿他们的意图。让他们体验自然后果并不那么容易,正如我们在弗朗西斯的例子中所看到的那样,他们早就能熟练地利用某些行为所产生的后果来达到自己的目的。但是,家长还是有很多使用逻辑后果的机会。

首先,孩子的小把戏通常都能成功。父母不光会责骂他,还会嘲笑他的小把戏,这不但不会让他有所收敛,反而会让他很有成就感,觉得自己了不起。那些偶尔到家里来的客人或不了解情况的外人,虽然只是偶尔见到孩子的这种行为,但他们多多少少会助长孩子的这种坏习惯。因此,父母可以直接不给孩子在客人面前炫耀的机会,而只需要对孩子说:"今天×阿姨要来我们家,你觉得你能好好表现吗?我们试一试好吗?"如果他的行为不当,在接下来有客人来访时,你就不让他见客,如此实行两到三次后,你可以再给他一次机会。但与此同时,父母要努力让孩子好好配合。无论如何,父母都要对孩子的具体情况有所了解,弄清楚孩子为什么会有这样的表现,或许他这么做与他的哥哥姐姐或其他人有关。当然,父母也不能过分关注孩子,或为了满足自己的虚荣心而过多地激发他的表现欲。

三分钟热度

孩子之所以会出现这样的问题,也是因为他想要达到某个特定的目的。

十四岁的利尔一直感到很焦虑。她总是不停地换衣服、换朋友、参加不同的活动,甚至不断地改变自己的兴趣爱好,但她很快又会对一切感到厌烦。有一段时间她的数学学得很好,后来她又喜欢上了历史,开始一本一本地读那些厚厚的历史书,但没过多久,她又把历史书扔到了一边。她不断地展示着自己的天赋,就是想告诉别人只要她愿意坚持做一件事,她就一定可以做到。这就是她做事的原则。

利尔有一个很能干、很有责任心的哥哥,从小到大她一直在哥哥的庇护下生活。从表面上看,兄妹两个人相比,似乎利尔更有天赋,但实际上却是哥哥更有成就,能力也更强一些。所以利尔总是想要展示自己的能力,可是她又不是很有信心。她害怕受到打击,却又莫名其妙地给自己制造了很多麻烦。她在人际交往、学习成绩、兴趣爱好等很多方面都给自己制造了麻烦,这些麻烦跟别人一点关系都没有,全都是她自己的问题,可她却没有意识到。

三分钟热度的孩子不懂得持之以恒是多么的重要。即便相信自己能够成功，也希望自己能够有所成就，他也不会为之努力奋斗。因为他不够勇敢，他很容易就放弃一个目标，然后转向下一个目标。他做任何事都是一开始表现得热情高涨，但这反而揭露出他内心的悲观情绪。他做事总是静不下心，因为他十分清楚，一旦坚持做一件事就会暴露出他能力不足的问题。

实际上，孩子的这种做事态度并不是天生的。有些孩子之所以跟别人说自己天生如此，一方面是他们习惯为自己的行为寻找借口，另一方面也是受到了家人和同伴的影响。父母只有深入了解孩子的行为目的，帮助他们改变以前的人生计划，孩子才会彻底发生改变。对于大一点的孩子，你可以直接跟他们讨论他们的行为目的是否妥当，但是如果孩子还小，想要了解并改变他们的行为动机，父母就只能靠自身的努力去慢慢观察和体会了。你要鼓励孩子振作起来，并帮助他改变之前错误的目标。孩子对具体做什么并不感兴趣，他们只是希望能通过最少的付出得到最多的回报。父母必须让孩子明白，不论结果如何，只要努力过，就会获得满足感，不一定非要与谁争个高下，也不一定非要得到一个满意的结果。

消极—建设性方法
依赖别人
孩子小的时候，他们轻而易举地就能获得父母的关注。

他们只要睁开眼睛四处张望,就会有人张开手臂来拥抱他们。他们只要做出一个呆萌可爱的小表情,就会有人立即落入他们的圈套。孩子利用自己的弱小无助,让别人为他们服务,他们是如此可爱迷人,所有人都愿意帮助他们,且不会有丝毫的怨言。他们从不打扰或是惹恼别人,因为那样的话他们就会失去现有的特权。他们可能会变得精于算计,表面上看起来好像很关心别人,但事实上他们只关心自己。

如果孩子总是依赖别人,迟早也会出现问题。只要周围的人对他们言听计从,一切都好说;一旦情况发生变化,周围的人没有按照他们的希望去取悦他们,他们就会变得很没礼貌。首先,他们可能会出现破坏性行为,以此来获得别人的关注。如果他们的行为不奏效,他们很可能会成为第三种类型(消极主动型)的孩子,他们过分渴望被人喜欢,最后甚至会觉得没有人喜欢他们。那些喜欢依赖别人的孩子,如果发现自己不再那么有魅力,他们就会变得充满敌意,如果有了一个新的弟弟或妹妹,他们甚至会变得非常残暴。

爱慕虚荣

如果孩子受到别人的赞美仅仅是因为他的容貌而不是因为他的能力,他可能会变得虚荣。孩子之所以会变得虚荣,是因为他们觉得自己不用做任何事就能得到别人的赞美。大人对孩子外貌的夸奖会助长孩子的虚荣心。如果孩子认定这种方式能让他获得稳定的家庭地位,那他的虚荣心就会越来越强。对于那些相貌出众的孩子来说,如果他们总是觉得自己只需要凭借好看的相貌就可以给别人留下好印象，完全不需要靠努力奋斗来获取个人成就，这实际上是非常危险的。时间长了，他们会对自己的能力越来越没有信心，于是更加渴望别人的夸奖和认可，他们的虚荣心越来越强，与父母的冲突也越来越多，因为他们的要求越来越多，付出的努力却越来越少。

想要打消孩子的虚荣心非常困难。孩子之所以想要获得别人的赞美往往是因为他非常自卑。如果父母不知道这一点，他们就会打击和否定孩子，而这样的做法只会让孩子觉得自己更加差劲，于是变得越来越肆无忌惮，或者以其他方式表现自己。虚荣的孩子不能容忍别人抢占他们的风头，所以他们会避免有人超过自己。一旦感觉到自己受到了打击，他们就会躲起来，不愿再出来见人。因此，每一个爱慕虚荣的孩子实际上都是胆小鬼，他们一旦没有把握成功，就会感到胆怯。父母要学会看穿孩子虚荣自负的面具，了解孩子看似冷漠的外表下隐藏着怎样的想法。即便是在学校里成绩不好的孩子，也可能很有上进心。同样，即便是那些对自己的外表和着装很不在意的孩子，也不一定没有虚荣心。只能说明，这样的孩子已经完全不在意自己是否能给别人留下好印象了。他们不像其他孩子那样在意自己的衣着是否光鲜整洁，自己的外表是否美丽迷人，甚至还会刻意表现出大大咧咧的样子。这种"大大咧咧"显然也是孩子的虚荣心在作祟。如果孩子开始不那么在意自己的衣着外貌了，他就会越来越尊重传统的审美标准。

我们该怎样帮助孩子克服他们的虚荣心呢？父母最先要做的应该是不去助长孩子的虚荣心。大多数父母过分强调"别人的看法"，这样做就是在助长孩子的虚荣心。许多父母期望孩子能打扮得漂亮迷人，从而给人留下好印象。父母对孩子精心装扮，对他们的衣着服饰精挑细选，一旦孩子得到了别人的夸赞，他们就会特别开心，甚至把这些看成一种"个人成就"。虽然孩子不断受到赞美，但这并没有让他感受到自己的内在价值。父母的炫耀会让孩子过于在乎别人的想法，从而忽视了内在的自我评价。一旦将来孩子无法再得到别人的赞美，他就会对自己的能力产生怀疑。即使获得了成功也无法真正自信起来，因为他可以通过外表轻易获得别人的认可，这会让他觉得成功来得太容易了，从而看不到它的重要价值。他不需要学习，不想通过自己的勤奋获得成就，更不想培养自己其他方面的特长。即使他的虚荣心可以通过参加很多有意义的、宝贵的实践活动来获得满足，他仍然觉得自己能力不足。任何人都不想一败涂地，除非他觉得自己一无是处。所有想要争当第一的人都有着同样的遭遇，即他们无时无刻不在担心将来会有人超过自己，担心自己早晚会有失败的那天。父母一味地要求自己的孩子出类拔萃，这会无形中在孩子的心里种下一颗惧怕失败的种子。爱慕虚荣的孩子一直生活在对失败的恐惧之中，所以他无时无刻不担心自己是否能给别人留下好印象。

无论你的孩子是害羞型的还是自负型的，他们都有着同样的烦恼：只能通过别人的评价来证明自己的重要性。在他们看来，被人嘲笑是世界上最可怕的事情。然而，虚荣的孩子仍然有勇气使用一些建设性的方法来克服自己内心的怯懦。胆小的孩子却只想着逃避，他们只知道通过示弱来获得别人的同情。不管是哪种情况，父母都必须教育孩子不要太在意别人的看法，而应该从自己身上、从自己的个人成就中寻找自己真正的价值。父母必须让孩子意识到，与其在乎别人的看法，不如做出真正有用的贡献，因为这样更能体现个人的价值。如果发现孩子形成了错误的价值观，父母不应该打击他，而是应该对他进行积极、正确的引导。

消极—破坏性方法
害羞

十岁的苔丝是个腼腆害羞的孩子，她有一个比她小三岁的弟弟，性格与她截然相反。弟弟活泼好动、很有主见而且办事能力很强，而身为姐姐的她却总是沉默寡言。即便是有人问她问题，她也很少开口说话。她最喜欢跟母亲在家里待着，只要出门，就一定要母亲陪在身边。她在学校也非常孤僻，只有一个好朋友。每当有人跟这个女孩说话，她的妈妈总是表现得很强势："你为什么不回答医生的问题？别低着头看地板！站直了！"每当有人问女孩问题，她的母亲都会替她回答，根本不给孩子开口说话的机会。苔丝已经是个十岁的姑娘了,却还总是像小孩子一样躲在妈妈身后。为什么会这样呢?

这是因为她正在与她的弟弟进行着激烈的竞争。她觉得弟弟的出现使父母越来越轻视她了。这不仅仅因为弟弟是个男孩,还因为弟弟比她更聪明伶俐。父母甚至经常鼓励弟弟要超过她。弟弟还很小的时候,父母就告诉苔丝要让着弟弟。弟弟做的任何事情在父母眼中都是很"棒"、很"可爱"的。苔丝以前也是被父母捧在手心里的宝贝,可是现在的她却变得非常忧郁沮丧。很快,她就学会通过表现出能力不足、可怜笨拙等方式来逃避自己的责任。她这样做不但可以让她逃避照顾弟弟的责任,还可以让她的母亲对她多一点关心和爱护。但这样做确实也有不好的地方,因为她不得不忍受别人对她的说教,让大家以为她是真的能力不足、愚蠢可笑。但无论如何,她还是成功地获得了母亲的关注。

很多胆小的孩子都会采用同样的方法。(但是,我们必须把害羞的孩子与胆小的孩子,或者受到惊吓的孩子区分开来。)孩子之所以做出某些特定的行为,目的是让别人关心自己、帮助自己。父母可能需要花费很大的功夫才能知道他们到底想要得到什么。他们的行为可能惹人厌烦,但是父母千万不要对他们漠不关心。他们只是通过这种不作为的方式来吸引父母的关注。孩子可能是因为理想受到了打击,否则根本不会想要得到关注,而是会自暴自弃,长时间无所事事。

害羞的孩子特别害怕别人的嘲笑。他们的胆小害羞有助于他们避免参加任何引人注目的活动，但他们仍然需要且特别渴望得到所有人的关注。孩子们这种通过不作为而逃避责任、寻求关注的做法有时会导致他们出现严重的精神问题，例如，因紧张害怕而脸红（赤面恐惧症）。患有这种精神障碍的孩子，往往会逃避所有的社会责任，而且希望能够通过脸红害羞得到大家的关注。

苔丝的母亲给我们做了一个错误的示范。苔丝想要得到父母持续不断的关心和保护，这是她如此害羞的主要原因。在这种情况下，父母只是关心和保护孩子是远远不够的。父母只有通过不断的鼓励和系统的引导，才能让他们克服恐惧，不再害怕参与集体活动和承担相应的义务。对于害羞的孩子来说，这一过程非常复杂，为了逃避自己所要承担的责任，他们已经习惯了假装自己能力不够。如果受到表扬，他们会不敢相信，或者感到受宠若惊，同时更加害怕自己未来会失败。想让害羞的孩子恢复自信，父母需要花费相当长的一段时间，需要持续不断地努力，还要讲究教育方法。有时候仅仅靠鼓励和赞美是远远不够的，孩子还需要父母更多的信任和肯定。

依赖父母与不修边幅

依赖父母的孩子往往不修边幅，这也会给他们带来很多的问题和麻烦。他们总是需要父母告诉并提醒他们什么时间该做什么事情，即便这样，这些事情最终很可能还是得父母帮他们完成。

如果父母总是强制性地剥夺孩子们自主独立的欲望,那么他的独立性肯定会越来越差。父母可能对孩子的能力没有信心,想要为他们排忧解难,或者想要通过保护孩子来体现自己的重要性,这些都会影响到孩子对独立自主的渴望。在一个家庭中,母亲越能干,越想自己扛下所有的家务和责任,孩子的自主能力可能就会越差。

所以你最好不要什么事情都帮他们做,很多事情他们都可以自己完成。如果你的孩子已经习惯了衣来伸手饭来张口的生活,习惯了你无微不至的照顾,那么请你尽快停止这种行为模式,让他学会独自承担。这时,你需要对孩子多一点耐心。一开始,由于缺乏锻炼,孩子肯定会显得笨手笨脚,他们需要一点时间慢慢熟悉。在此期间,父母可以积极地鼓励、鞭策他们,但千万不要替他们承担,无论你多么不耐烦,或多么心疼他们,都不能让他们逃避自己的责任。

很多时候,孩子独立性差也不一定是父母的问题。

特鲁蒂今年八岁了,可她还是不能独立完成任何事情,即便她勉强完成了某项任务,结果也是乱七八糟。她什么事情都做不好,总是需要别人帮忙。一家人去散步时,她总是落在后面,最后还得让人去找。她可以自己穿衣服,但每次都穿得歪七扭八。吃饭的时候,父母甚至还得帮她把食物切成小块。倒水的时候,她常常会忘记带杯子。总而言之,她给人的印象就是举止轻浮、邋里邋遢、好吃懒做。她需要有人像保姆一样照顾她。她的确有这样一个"保姆"！她的母亲因为做生意，很少有时间陪她，但特鲁蒂有一个姐姐，比她大四岁，把她照顾得很好。姐姐安妮今年十二岁了，她待人真诚、心灵手巧、聪明能干。因为父母平时工作太忙，根本没有时间关心她们，所以她不仅要照顾好自己，还得照顾她的妹妹，她似乎也不想摆脱这种额外的负担。有一次，她们姐妹俩一起参加了一个夏令营，安妮总是忍不住去教训她的妹妹。她总是想要待在妹妹身边，不停地对她指指点点、唠唠叨叨，就像在家里一样，她似乎早已习惯了这样的生活。就这样，这个看起来端庄勤奋的姐姐整个夏令营期间都在训斥她的妹妹，她的唠唠叨叨和妹妹的笨手笨脚一样，严重影响了夏令营的气氛。

由此，你可以看出为什么特鲁蒂会变成现在这个样子。两姐妹之间的竞争关系使她俩分别扮演着一强一弱的角色。姐姐安妮明显比妹妹能干，而父母则势必对妹妹多关心一点。两个孩子一个是通过努力获得个人成就来主动赢得别人的认可，而另一个则通过表现出能力不足来被动地获得别人的关注。父母仅仅鼓励特鲁蒂是不够的。当然，如果想使她进步，鼓励是必不可少的。但她很可能根本不想进步，因为这样会打破她与姐姐之间早已形成的这种和平共处的格局。只有当两个孩子都发生改变，她们才能成长起来。父母必须缓和姐妹之间这种激烈的竞争关系，只有这样才有可能减少两个孩子之间的冲突。她们要学会相互合作，而不是相互竞争。实际上，姐妹两个人都缺乏社会情怀。很明显，安妮的这种性格不太好相处。她没有真正的朋友，因为谁都不喜欢她那种争强好胜的性格。因此，两个孩子都必须学会如何适应社会生活。

然而，为了纠正孩子的某个缺点，我们并不需要改变他的整个人生计划，但一定要教育孩子遵守一定的社会秩序。对此，我们丝毫不能马虎。因为人类生来就要遵循规律、适应自然。不修边幅只是孩子一开始为达到某种目的而采取的一种策略。孩子之所以不按时起床、不自己洗漱穿衣、吃饭迟到、不把玩具收好，或者不按规定时间上床睡觉，是因为他们知道这样做对自己有好处。这样做能让他们在与父母的冲突中赢得胜利，从而获得他们想要的父母的关注。为了让孩子改掉坏习惯，父母必须避免与孩子发生冲突，并让他们学会为自己的行为承担自然后果。但是父母也必须做到遵守社会秩序，否则孩子就会以此为借口来反抗父母。

精力不够或注意力不集中

很多人认为孩子做不好很多事情是因为他身体不好或者智力不够，以致他不能在一件事情上长时间集中注意力。这种"精力不够"或"神经衰弱"导致智力缺陷的推测是完全错误的，尽管很多时候，一些父母因为精神紧张或胆小怯懦有过类似的经历，但他们的经历完全不能用来做出这样的推断。这些父母总是习惯性地把他们自己或子女的失败归咎于神经衰弱或身体不好。就好像某些父母总是觉得自己的孩子呆头呆脑是因为天生智力缺陷，这种想法只会让孩子对父母愈加不满，父母对孩子愈加困惑。

十五岁的弗兰就是这样一个精神紧张、身体不好的孩子。她正在上高中，虽然她很聪明，但还是遇到了各种问题。她很容易感到疲惫，基本上放学回家就要上床休息。她甚至连上课的时候都很难做到专心听讲。如果遇到一些特殊的任务要完成，或者是要参加什么考试，她就会感到特别崩溃。一般考试前一天晚上，她都会寝食难安。有时她甚至会生病，而且病得很厉害，所以考试的时候她就不得不卧床休息。她已经上小学了，还无法做到安静地坐在座位上，更无法控制自己的双手不四处乱动。上小学和初中的时候，她经常留级，父母本来都不打算送她去读高中了，但是因为她所有的朋友都去读高中了，她又哭又闹，最后还是上了高中。现在，她需要花费很大的力气才能够勉强跟得上课程，而且总是需要别人的帮助。

父母和医生都认为这是因为她身体不好。但是真正原因是什么呢？其实从出生到她四岁以前，弗兰都成长得很好，精力充沛、活泼可爱。可就在四岁时，她完全变了。她是家里的独生女。她的父母关系不是很好，而且他们很少有时间陪伴孩子，所以就把弗兰交给了一个保姆。弗兰的母亲对她要求很高。母亲特别看重外表，她给弗兰买了很多漂亮的衣服，把她打扮得像个公主。于是，弗兰也开始重视外表，如果对某双鞋子不满意，她就会哭闹一整天。因为她的父亲对她和她的母亲很不好，最后甚至还抛弃了她们，所以大家都非常同情弗兰的遭遇。她的亲戚们总会尽量满足她的各种要求，她想要什么都给她买。每当经过商店的橱窗看到喜欢的东西，她就会停下来哭闹，东西不到手决不罢休。

不过总体来说，她还是很守规矩，从来不会直接把自己的意志强加于人。为了得到她想要的东西，她会使出各种手段。她都已经十岁了，还要靠保姆来帮她穿衣打扮。她乖巧懂事、善解人意，所以所有人都愿意照顾她。即便现在读高中了，她还是把自己打扮成"俏皮可爱"的模样，穿着漂亮的袜子，戴着美丽的蝴蝶结，没有人会狠心拒绝她的请求。她总是跟比她大很多或是小很多的孩子一起玩儿。甚至年纪比她小的妹妹们也会像母亲一样照顾她，而她也会大大方方地接受别人的照顾。但她更喜欢和大人一起玩。后来，她的母亲让她不要和其他女孩走得太近，说她们会教坏她。所以，她最喜欢一个人玩。

从她四岁开始，她就以自己身体不好为借口来获得别人的各种关照。家人要时刻督促她好好吃饭，否则她的体重就会迅速减轻。她不能走很远的路，否则会累得精疲力竭。有一次去乡下，她实在走不动了，但因为她已经长大了，她的亲戚们再也抱不动她了，于是他们不得不雇一个人把她背回家！她不能做家务，这一切对她来说太困难了，她自己也根本不愿意做这些事情。她也不擅长干手工活，因为她很快就会觉得累了。她总是想为母亲做点什么，但总是什么都做不成。

母亲只在弗兰生病时才会关心她，所以在过去几年里，弗兰经常生病。就像我们前面提到的，哪怕仅仅是一场考试都会让她卧床不起。她表面上举止得体，但只是为了给别人留下一个好印象，通过以下细节可以看出这一点：她房间里的书桌和书架上堆满了课本，还有一堆课外书，但这些书她从来不读，除非有人走进她的房间，她才会拿起一本来装装样子。她会装作非常投入的样子，好像是在温习功课或完成一些个人制定的任务，而实际上她什么都没做。

由此，你可以清楚地看到，如果一个有上进心的孩子发现自己很难通过取得成就的方式来赢得别人的认可，她会做出什么样的事情。弗兰太有上进心了，这点已经表现得非常明显。但她周围的人却都没有意识到这一点，因为无论在学校还是在其他地方，她从不愿意靠自己的努力去获得成就。相反，她总是逃避，什么事都不愿意做。她所表现出来的"身体不好"，恰恰是她最好用的借口，而且更重要的是，她可以通过这样的借口要求别人帮助她、照顾她。

很多孩子都像弗兰一样，想把自己的"身体不好"当作借口，以此让父母成为他们的奴隶，并借此逃避自己的责任。

然而，如果想强迫孩子们服从，你很快就会发现，孩子们的问题已经严重到你根本无法通过一己之力来解决。无论是通过体罚还是施压，孩子都拒绝合作。如果你的孩子出现了这样的问题，父母要及时地予以纠正。以前的那种对孩子娇惯纵容的方式要严格禁止，父母应该采取一种系统的、科学的方法来教育孩子。父母总是会对孩子百般疼爱和关心，殊不知孩子们更知道如何利用这一点来达到他们的目的。但现在我们不能再纵容孩子逃避自己的责任了。

放纵和轻浮

十五岁的乔治心浮气躁，不服从管教，崇尚及时行乐。他是家里的独生子，但由于父母没有时间照顾他，他一岁的时候就被托付给了一位阿姨。这位阿姨有一个女儿，比乔治大三岁，为了让乔治尽快适应这个新的环境，阿姨总是格外偏袒他。相比姐姐，他总是能得到更多布丁和糖果。阿姨还给他更多零花钱，甚至允许他早晨比自己的女儿多睡一会儿。他们每天都要带午餐到学校去吃，阿姨给自己女儿准备的午餐只有面包和黄油，而给他带的三明治里总是有肉。两个孩子，阿姨只帮乔治一个人辅导家庭作业。直到他八岁，阿姨都一直给他洗澡，而她自己的女儿很小的时候就学会自己洗澡了。

虽然两个孩子受到了区别的对待，他们俩却从来没发生过正面冲突。女孩已经适应了妈妈的偏心，并且早就学会了独立自主，具备了一定的解决问题的能力，这些多多少少弥补了母亲对她的忽视。而且乔治本身也非常讨人喜欢，所以她也想好好照顾乔治。上高中前乔治是一个非常懂事可爱的孩子，他知道如何讨人欢心（这是一种消极—建设性的方法，可以让自己获得别人的关注），没有人能拒绝他。他竭尽所能地利用所有他认识的人，想方设法地从亲戚和熟人那里"骗"钱，然后立刻用这些骗来的钱去买糖果吃。在学校里，他也深得老师们的喜爱。他经常搞恶作剧，但没人会生他的气，也就是说他的恶作剧总能得到别人的原谅。然而，在他升入高中以后，他第一次真真切切地感受到了挫折，因为那些他早已惯用的伎俩到这里不再管用。在这里，人们更看重诚实守信，而他却不具备这种品质。上小学时，他的成绩一直很优秀，而高一时他却只能做到勉强及格。这时，他的行为开始变得消极且具有破坏性。

很明显，乔治的性格受到了他童年的生长环境以及他强大的控制欲的影响。父母仅仅针对他的轻浮和贪婪进行纠正和改造是没有任何意义的。他很有上进心，但他的上进心仅仅靠从别人身上索取来实现。如果他能成功地从别人身上获得某些东西，他就会觉得特别有成就感。对他来说，学习是一种负担。他没有想过自力更生，因为那样他就不能再像现在这样不劳而获了。他还没有发现，其实通过积极努力获取个人成就也可以让他快乐。孩子如果想要取得成就，他必须坚持不懈地努力奋斗，但乔治显然还没有这种体验。他从来都不会为自己的将来做打算，整天幻想着如何不劳而获。所以，他总是经不住任何压力，受不了任何让他感到紧张或焦虑的事情，他很擅长利用自己的这些弱点获得更多眼前的利益。如果发生一些让他感到不愉快的事情，他就会选择离家出走；如果他的家人不给他零用钱，他就会去找朋友借。他总是假装自己很无助，然后让别人满足他的需求。他整天无拘无束、不服管教，一旦想要什么就会想方设法地去骗。

想让乔治改邪归正，最大的阻碍是他的亲戚。这取决于是否有人能够对他的亲戚们进行正确的引导，引导他们采用一种更合理的方式方法来教育乔治。亲戚们曾尝试过把乔治送到一个寄养家庭，可是刚一送去他就离家出走了，于是他的家人便打消了这个念头。自那之后，他把所有人的生活都搞得一团糟，而且即使他放肆捣乱，也没有人让他承担后果。所以，只有让亲戚们改变他们对待乔治的态度才能让他彻底清醒过来。通过观察亲戚对他的态度，乔治自然而然地觉得他可以继续我行我素，他一直以来所使用的那些方法还是那么管用。如果家人拒绝再像以前那样满足他的要求，那他一定会千方百计地拼死反抗，他可能会使用威胁、冒犯、羞辱和胁迫的手段，而这些手段反过来会让他变得更加叛逆、更加抗拒秩序。更糟糕的是，他不再只是想要获得大人的关心和帮助，他还想去控制别人，如果有人拒绝他的要求，他甚至还会报复别人。

如果家人能够认可孩子的成就，并持续不断地给予他鼓励与支持[1],或许可以改变他的人生计划。

贪婪的人只追求一时的成功,因为他们对自己的未来没有信心。在他们看来,目前得不到的东西在日后也很难得到。所以,这些贪婪的孩子,他们的典型特点就是对未来缺乏信心。他们凡事都不能等到将来。为什么要等到将来呢?他们觉得未来已经够不愉快的了,所以为什么还要毁了当下呢?因此,他们根本不相信善恶因果,只想及时行乐。他们觉得现在的开心享乐与未来的困苦迷茫没有任何联系。他们甚至还会把这当成一种交易。只要有更成功的兄弟姐妹,或者父母不能持续不断地给予他们关照爱护,他们就会觉得自己受到了威胁,一般情况下,孩子为了得到别人的"关照"总会做出一定程度的反抗。他们要么偷买糖果,要么从食品柜偷果酱、一次吃完一周的巧克力棒——这些行为不仅能让孩子们轻而易举地得到好处,还挑战了大人的权威。孩子之所以会贪婪,一般都是因为他们受到了打击。因此,孩子贪婪,说明他心理不平衡,需要大人的帮助。但我们需要再次强调:父母真正要做的是帮助孩子,而不是去纵容他。

焦虑和害怕

在前面章节中,我们已经讨论过关于孩子"责任心太强"的问题,其中我们也提到孩子可能会出现的一些精神问题。孩子之所以会出现精神问题,往往是因为他们感到害怕。

---

[1] 参见第3章中的"鼓励与赞美"部分。

但是，我们却总觉得大人感到害怕才是病态的，小孩子感到害怕是再正常不过的了。每个孩子都可能会感到害怕。只有当孩子的精神问题变得非常严重的时候，父母才会意识到孩子出现了问题。

孩子之所以会害怕，是因为他们觉得自己很无助。如果孩子觉得自己软弱无能，他不仅会对眼前即将面临的真正的危险感到害怕，还会对未来很多未知的不确定的危险感到恐惧。对于我们人类，甚至所有生物来说，害怕是一种最原始的生活记忆。我们的祖先长期生活在危险之中，对他们来说有的危险是未知的，是他们完全意想不到的。所以，一般情况下，大家都会选择群居生活。小孩子也一样，他们经常会感到无助，而且这种无助感往往会表现为害怕。我们对他们的无助表示理解和同情，能让他们感到不那么害怕。

这就是问题的关键所在：孩子会把自己的害怕当作借口，以此来达到他的目的。父母对孩子所表现出来的焦虑情绪越在乎，就越容易向孩子的行动计划屈服。他们要么是太爱孩子了，要么就是太富有同情心或是对孩子的遭遇感同身受。害怕很可能会让孩子变成家里的小皇帝，无视任何规矩秩序，为所欲为。

胆小的孩子害怕孤独和黑暗，害怕是他的弱点，也正是因为害怕，孩子才变得越来越胆小。事实上，只有被宠坏的孩子才会胆小害怕。这些孩子会觉得独处是世界上最可怕的事情，因为他们根本离不开大人的帮助。他们害怕自己一个人，因为在这种情况下什么事情都得自己独立完成。一旦让他们落单，他们就不得不完全依赖自己的力量。有时候孩子的害怕完全是父母一手造成的，只要孩子犯错，他们要么罚孩子关禁闭，要么用妖魔鬼怪或恐怖的童话故事来吓唬孩子，还把夜晚描绘得无比恐怖。尤其是在孩子不愿意上床睡觉的时候，父母最喜欢讲一些恐怖故事来吓唬他们，以为这样做孩子就会乖乖睡觉了。很多孩子不想上床睡觉，可能是因为不想离开父母温暖的怀抱，哪怕只是一小会儿也不愿意，也有可能是因为他们想要像哥哥姐姐那样晚睡。渐渐地，孩子会害怕上床睡觉、害怕独自一个人在黑暗的房间里。在这样的情况下，孩子就会把害怕当作自己的武器，只要他一说害怕，父母很快就投降了。

就这样，只要孩子说害怕，父母就会任由孩子摆布。虽然孩子的这种计谋看起来非常可笑，但在父母那里却是屡试不爽。最后，孩子肯定不会自己一个人上床，即便上床了，也会要求把门敞开，或者至少留一条门缝，这样透过门缝的光线会让他觉得周围还是有人陪着他的。慢慢地，孩子的要求可能会越来越多：旁边房间的门必须开着；灯也必须开着；大人在他睡着之前不能离开；母亲必须坐在床边握着他的手，如果母亲松开手，他马上就会喊起来。即使在他睡着之后，他也会察觉母亲的离开，然后马上醒来并且大哭大叫，让母亲一直陪他到深夜。有些孩子即使已经可以一个人睡觉了，也可能会在做噩梦的时候，或者在感到害怕的时候，爬到父母的床上和他们一起睡,这样他就不用一个人独处了。

即便是在白天,只要孩子说他害怕,家长也会言听计从。

十二岁的保罗就利用自己的胆小害怕,在家里呼风唤雨。他是家里的小儿子,两个哥哥姐姐都已经成年了。每个人都宠着他、惯着他,可他还是感到很焦虑。晚上,他房间的门必须打开。只要天一黑,他就不能自己一个人待在房间里。他避免一切可能独处的机会。他害怕做作业,害怕周围有人打架。他不会游泳,也不愿意参加体育运动。只要他的母亲一离开,他就会大吵大闹。他的家人总是试图安慰他、帮助他、开导他。

他的母亲来找我咨询,却不是因为对保罗的紧张和焦虑感到担忧,而是想让我开具一份证明,让他不用上游泳课。因为只要第二天有游泳课,前一晚上孩子就会害怕得睡不着觉。她从来没想过怎么才能让保罗独立起来,相信自己的能力,勇敢地去面对这些困难。当然,保罗更不可能自己主动去尝试,因为他喜欢生活在家人的庇护下,尽管他已经为此付出了巨大的代价。

不过,保罗还算是比较懂事的。

十四岁的欧内斯特对父母的影响更大。父母如果要出门，必须告诉他几点几分能回来，他才让父母出门。因为他无法忍受漫长的等待。他表面上非常爱他的父母，实际上他的爱正是他独断专行、以自我为中心的体现，他的爱让父母倍感压力。他一直害怕父母会出事，所以他坚持要求父母按时回家。如果父母在外面待的时间比计划的时间长，为了让他安心，他们必须定时打电话给他，向他报平安。没有人认识到欧内斯特之所以这么紧张，不过是想让他的父母对他多一点关注罢了。

父母到底要怎么做才能不让孩子感到那么害怕呢？任何采用暴力的方式肯定都是徒劳的。最好的做法就是忽略孩子的焦虑。孩子肯定会千方百计地表示抗议，挑起各种事端。孩子还小的时候，父母可以让他尽情地释放自己的怒火，然后慢慢安静下来。你必须给予孩子他们所需要的爱与关心，关心他们的个人需求，当然这些与他们的焦虑和恐惧无关。如果孩子问题比较严重，父母则需要带孩子去看儿科医生或精神科医生。[①]有时，父母可以通过激发孩子的上进心和自豪感来消除他们的紧张情绪。让孩子们主动说出自己内心的恐惧，往往会让他们觉得很没面子。最重要的是，父母不应该只关注孩子表面的问题，而应该寻找出现问题的深层原因。

孩子之所以会感到无助，一般是因为他对大人过于依

---

① 参见第7章开篇。

赖。所以，父母必须让孩子学会独立自主。善于观察的父母会发现，当孩子遇到某个问题的时候，他会变得格外焦虑。所以，父母要让孩子学会如何去解决问题。此时，如果父母也出现焦虑情绪，那会比孩子的焦虑更危险。如果孩子以自己为中心，不计后果、为所欲为，父母就必须纠正孩子的想法和行为。我们一直强调，如果父母想要纠正孩子的某些错误想法和行为，最好的方法就是不要纵容孩子。事实上，孩子之所以会感到焦虑，就是因为父母对他太过纵容，这一点显而易见。如果是在陌生的环境中，没有人纵容孩子，孩子也就不会感到害怕。但是，如果父母对孩子太过严厉，则会让他感到更加无助。在这样的情况下，父母若想压制孩子的恐惧感，只会让他感到更加不安，而孩子的不安情绪往往会导致他出现各种各样的精神问题。

吃饭困难

如果父母不是想方设法地去喂孩子吃饭，孩子根本不会出现吃饭困难的问题，反而是父母太重视孩子的饮食习惯，才可能使孩子出现吃饭困难。如果母亲过于担心孩子的身体，担心孩子是否会生病或者担心孩子的高矮胖瘦，孩子可能很小的时候就会出现吃饭困难的问题。孩子在一开始可能感受不到太大的压力，慢慢地，他会逐渐感受到父母对他的强迫，最后很可能会演变成一种家庭暴力。父母催促孩子吃饭，会影响孩子独自吃饭的能力，甚至还可能让孩子变得不想吃饭。这会影响孩子的消化功能，甚至导致厌食症。此外，面对压力，孩子一般都会做出反抗。父母的过度关心往往会加重孩子的心理负担。父母可能会感到非常绝望，却丝毫无法改变孩子的饮食习惯。而且，父母的这种消极情绪很可能让孩子觉得吃饭不是为了自己，而是为了父母。此时，吃饭就会变成孩子用来对付父母的武器，尤其是在他们感到被父母忽视的时候。家里有弟弟妹妹出生的时候，或刚从一场大病中康复，而父母不再对他格外关照的时候，孩子都可能把吃饭当作获得父母关注的工具。

一个两岁的小女孩不想吃任何东西，这不仅让她的母亲感到焦虑，也让她的家庭医生非常担心。她每到吃饭的时候就会发脾气，如果让她自己吃饭，她可以一连好几天都不吃东西。所以，此时她的父母只有弄清楚她为什么讨厌吃饭，才能够解决她的问题。有人建议这位小女孩的母亲最好让孩子养成有规律的饮食习惯，这个建议很好，但是这位母亲做了什么呢？如果孩子在吃奶的时候睡着了，她一定会把孩子叫醒。如果孩子不愿意喝奶，她本来应该由着孩子去，直到下一次喂奶的时间再给孩子喝奶，但是她没有这样做，反而是强迫孩子喝下去。给孩子喂果汁的时候，如果喂一口孩子没喝，这位母亲甚至会采取更加激进的做法：她会捏着孩子的鼻子，趁着孩子张嘴呼吸时，用勺子往她嘴里灌。难怪孩子会对吃饭这么反感。

如果父母能够遵从孩子的意愿，那么在几天或者几周之内就能解决孩子吃饭困难的问题。每个孩子都有不想吃东西的时候。如果他实在不想吃，就让他饿一会儿，过段时间他自己就会找东西吃。如果你有一个固定的吃饭时间，孩子就会主动调整自己的饮食习惯。

然而，很多父母总是不遵从孩子的意愿，强迫孩子吃饭，他们的这种做法，即便是正常的孩子最后也会变得厌食。这些父母可能会尝试劝说孩子吃饭，但没一会儿母子之间就会上演一场悲情闹剧。母亲会警告孩子不吃东西的可怕后果。一开始可能会哄他喂他，给他讲故事，或苦口婆心地劝他；后来，可能会提出给孩子奖励或威胁要惩罚他；最后她会变得非常生气，开始斥责孩子、大吼大叫，甚至还会强行将食物塞进孩子的嘴里。因为太爱孩子了，她甚至会变得暴跳如雷，不管孩子怎么反对、闹腾，她都会强迫孩子把饭吃进去，直到孩子把吃进嘴里的东西再吐出来。后面，她可能会放弃，不再强迫孩子吃饭了，或者她可能会根据孩子的喜好准备一些特殊的食物让孩子吃。还有些母亲，为了能让孩子高兴、吃得开心，每天都要花很多时间为孩子准备吃的。或者，母亲也可以下定决心，强迫孩子接受他不喜欢吃的东西，但是如果孩子最终还是接受不了的话，结果自然还是一样。其实，无论是父母还是孩子，都可以轻松地避免这种痛苦。

首先，孩子吃什么不是我们讨论的话题，也不该由此引发亲子之间的冲突。父母应该相信孩子一定能够健健康康地长大。如果你不干预孩子的饮食，他也不会挨饿，你的干预只会让孩子变得不想吃饭。孩子不仅仅想要父母满足自己的温饱，更想获得父母的关心。作为孩子的父母，你可以好好想一想，你真的关心你的孩子吗？他仅仅不吃东西就可以威胁到你，让你陷入无助。比起这些生理需求，孩子更希望父母能够满足他们的心理需求。在如今这样一个资源富足的社会中，父母根本不用担心孩子的温饱问题，相反那些长期被父母强迫吃饭的孩子，反而会表现得营养不良、不太健康。要想纠正孩子的饮食习惯，我们首先要做的是让他自己吃饭。父母不用多说一句话，不管孩子吃得慢条斯理还是狼吞虎咽，父母都不要多加评论。但是父母光是不说话似乎还不够。一个焦虑的母亲即使不说话也胜过千言万语。如果你坐在桌子旁盯着孩子，你的表情足以表露出你内心的紧张、恐惧、绝望和愤怒，所以孩子也会感受到巨大的压力，过度关注只会激起孩子的反抗。

其次，孩子必须承担他不吃饭的自然后果。如果他不想吃摆在他面前的东西，他可以选择不吃。但你不要给他其他东西吃，不管你是出于同情也好、关心也罢，你都不能破例。如果孩子不吃饭，他必须等到下一顿才有饭吃，中间不要提供任何东西，包括零食、糖、面包、黄油等，甚至连一杯牛奶都不能给他。到了下一顿饭，孩子的食物应该和家里其他人的一样。

娇生惯养的孩子可能会挑食，只吃自己爱吃的东西。如果家长满足孩子这样的需求,就说明他们要么不懂社会秩序的重要性,要么对孩子的任性放纵已经束手无策。我们前面已经说明了孩子不应该挑食的原因,这一点非常重要。[1]如果孩子不是因为过敏而讨厌吃某种食物,那么引导孩子做到不挑食甚至是吃那些他不喜欢的食物并不是多困难的事。如果孩子不和家里人一起吃饭,父母就应该把他的碗拿走,在这一顿饭中,父母不应该再给他吃任何东西。如果父母想要训练孩子去吃某样东西,你可以在他吃完这样东西后给他一些他喜欢的小点心。你可以提前告诉他,但是切记要小心提及,并让他知道这既不是奖励也不是惩罚。"如果你不吃菠菜,你就不能吃冰淇淋"这样的威胁完全是不可行的。父母必须表现得漫不经心。为了让父母妥协让步,孩子可能会使出招数,他甚至还会做出各种保证或者大发脾气。无论如何,父母都要态度坚定,决不让步。父母一定要表达出对孩子的关心和同情,但也务必做到不能妥协。即使孩子对某种食物表现出极大的抗拒,父母也不能有丝毫的动摇。如果孩子堵住嘴巴或是继续做出各种不情愿的动作,你可以直接撤走他的餐盘,然后告诉他:他现在显然不饿,所以不用勉强自己,不想吃的话不吃就是了。之后,让他承受不吃饭的自然后果。

小弗雷德受邀参加一个聚会。聚会过程中,他显然不太

---

[1]参见第5章中的"用餐习惯"部分。

想吃东西。分给孩子们的食物都是一样的，其他孩子已经吃完了，但弗雷德的可可几乎没怎么动，拿在手上的三明治也还剩一大半。坐在他旁边的奶奶说，他通常要花一个小时的时间才能喝完一杯牛奶。他的奶奶想让他快点吃。"你不感到羞愧吗，弗雷德？其他人都吃完了，快点！"这家的女主人让弗雷德的奶奶先离开，然后对弗雷德说："在我们家，如果你不想吃东西，就可以不用吃。把你的杯子和三明治给我吧，你可以不用吃了。"她刚准备拿走他的食物，弗雷德立刻用双手抓住，咬了一大口三明治。没一会儿他的嘴里就塞满了食物，咽都咽不下去。他早就习惯了吃饭慢吞吞，所以女主人继续劝他。"不，弗雷德，不行。我看得出来你不饿，如果你不想吃的话，我就把你的食物拿走了。"除了这些，女主人没再说别的话，然而，不到五分钟，他就喝光了可可，也吃完了三明治，他的奶奶非常惊讶，不明白这是怎么回事。

还有一个孩子叫小约翰，他是我见过的情况最严重的孩子。他七岁的时候，他妈妈带他来参加我们的夏令营。当时他的百日咳才刚好。他不光吃东西的时候会咳嗽，当他感到兴奋或是进行体育运动的时候也会咳嗽，有时还会呕吐。他的体重下降得非常快，已经瘦得皮包骨头了。父母为此十分担心，不得不雇了一个保姆来专门负责他的饮食，每天喂他吃好几次饭。每顿饭都要花好几个小时。保姆必须强行把每一口食物塞进他嘴里，结果每次他都只吃进去一小部分，大部分都被吐了出来。

我同意让小约翰加入我们的夏令营，但前提是他的父母要答应我，这两周不能来探视他，也不能过问他的体重变化情况。他的父母已经把所有可能的办法都尝试过了，所以他们这次别无选择。小约翰确实已经好几天没吃东西了。当我们把食物摆在他面前时，他只是看了看，然后什么都没吃。大家什么都没有说，过了一会儿他的餐盘就被收走了，按照规则，我们也没有为他准备其他的食物。后来，在我们给所有的孩子提供牛奶和饮料的时候，他跟着喝了一点牛奶和水。眼睁睁地看着孩子挨饿，却什么都不做，这确实很难，但这是唯一可以治愈他的办法。

过了将近一周，约翰开始吃东西了。下面这件事情更能反映他的情况：有一次我们去附近的山上进行短途旅行。我在一座山的山顶遇到了约翰，我问他感觉如何，他没有回答。这让我感到很困惑，因为他通常很友好，也很听话。我想弄清楚他到底怎么了，但是无论我问什么他都不回答。最后，我让他把嘴巴张开，他照做了。他的嘴巴里还有一小时前早餐时吃的面包。原来，他一直含在嘴里，没有嚼也没有咽。过了两周，他终于可以正常吃饭了。后来，所有的问题都解决了，他很快就恢复了正常体重。

我在一次夏令营中观察过另一个很典型的案例。一个十四岁的男孩曾经患过腹部肿瘤，过去几年他做了好几次手术。入营时，他的身体已经康复，但还是吃不下东西，吃什么都吐。他已经瘦得不成样子了，看上去随时可能倒下去。

夏令营第一天吃晚饭的时候，他不喜欢营地准备的汤。我们向他说明，他可以不喝汤，但是其他食物也不能吃。他还是不想喝汤。然后，我们把肉端了上来，他"开始饿了"，但他没有分到任何食物。他非常惊讶地说："但我想吃东西了！"显然，以前他想吃东西的时候，从来没有人拒绝过他。我们用友好而坚决的态度告诉他，我们非常理解他，但他不能打破规则。这时候其他孩子也帮他说话。其他孩子也注意到了这个孩子是多么营养不良，看到他开始哭了，他们都恳求我们给他一些吃的。大家都很不好受。但是，如果我们让步就意味着我们在这场博弈中输掉了。所以，那一天他没有吃到任何东西，但是，过了几天，不管什么东西他都能吃了，也不再把吃的吐出来了。这说明医生的诊断是正确的，孩子之所以吃饭困难，还把吃的吐出来，实际上都是心理问题导致的，这很可能是因为孩子父母的过度关心和哄骗。当然，对于父母的这种恐惧和担忧，我们完全可以理解。

语言障碍

孩子在成长过程中，偶尔出现一点点的语言障碍很正常，父母不应该认为孩子出现了问题。然而，如果父母使用警告、训诫或斥责的方式加以干涉，孩子所谓的自然口吃就很可能会演变成更严重的语言障碍。因此，语言也有可能成为冲突的中心，在这场冲突中，胜利永远都属于孩子。孩子说话结巴会妨碍他的人际交往，影响孩子与他人的人际关系。

说话结巴的孩子往往需要特别强大的自信心才能跟别人相处。一旦遇到让自己感到害怕的人，孩子就会说话结巴。有时，孩子之所以结巴，往往是因为他有很强的上进心。与其说孩子是害怕与别人相处，不如说孩子是害怕自己会出丑。结巴正是孩子内心焦虑或害怕失败的体现，但这也意味着孩子在做出反抗，想要获得别人的关心和爱护。

如果孩子说话结巴，他可能需要进行专业的治疗，此时我们一定要明白孩子需要的是整体的调整与改善，而不仅仅是针对说话的练习。父母不应该只关注孩子眼前遇到的问题，更关键的是要尽可能消除他的抵触情绪，减轻他能力不足的感觉，这样才能真正帮到孩子。

如果孩子出现语言障碍，很可能是因为父母太娇纵、溺爱他了。孩子可能是故意装聋作哑。他故意表现出听不到或说不出来的样子，但实际上可能什么问题都没有。父母有时很难判断孩子到底是不是真的有语言障碍。因为有的孩子从不开口讲话，也不听别人说话。他可能觉得自己根本没必要讲话，因为家人可以满足他的所有愿望，而他只需要通过手势和表情就可以表达自己的想法。父母完全可以采用适当的方法来改变孩子的现状，从而对其进行最终的诊断。

小一点的孩子也可能会出现类似的问题，他们说话含混不清，只有家人才能明白他们的意思。他们不喜欢与人沟通，这主要是因为他们"太懒"了。这样的孩子不愿意努力做任何事情。他们总是能成功地要求别人为他们做所有事。他们走路慢慢吞吞，不会自己穿衣服，也不会自己吃饭，跟采用消极—破坏性方法获取父母关注的策略非常相似。他们也许看起来冷漠、迟钝，但其实他们非常聪明，知道其他人会为他们做好一切，自己什么都不需要做。既然什么都不做就可以获得如此多的关注，自己还费什么劲儿呢？如果母亲不再过度保护她的孩子，如果姐姐不再通过照顾家里的这个"小宝宝"来稳固自己的地位，那这个"小宝宝"很快就会长大，并承担起自己本该承担的一切责任，甚至一些以前需要父母强迫他做的事情，现在他也愿意主动去完成了。

孩子小时候说话结巴只是他表现出来的一种假象。如果你想要纠正孩子的发音，那么在他说话不清不楚的时候，你就不要太在意。不要去纠正孩子的发音，也不要让他重复某个词语的正确发音，这样做是非常不明智的。这些都属于对孩子的过度关注，这样做非但不能纠正孩子的问题，反而会刺激他继续犯错。只有当他发现纠正发音对自己有好处的时候，他才会这么做。当他意识到自己错误的说话方式别人根本听不懂时，他自然知道正确的发音是多么的重要了。

追求权力

如果孩子发现获得别人的关注并不能为自己争取到社会地位，他就会开始寻求新的方式来进行人际交往。在大多数情况下，这会演变成权力之争。孩子总是故意做些不该做的事，或者拒绝做自己应该做的事，以此来挑战父母的权威，想让自己在家里能说得上话。当然，孩子想要获得权力的这个想法并不是突然产生的。他们通过对父母、亲戚和朋友的观察，发现获得权力能够让人拥有一定的社会地位，而且可以解决很多问题。任何人，只要权力够大就会被当作赢家，就会被认为是聪明和优秀的。每一个家庭都是社会的缩影，在社会的影响下，每个家庭成员都希望在彼此之间的竞争中胜出从而成为家里的权威。当我们努力融入社会时，如果其他方法都不起作用，我们就会通过获取权力来寻求社会的认可。

不听话

如果孩子"不听话"，这说明孩子可能在争夺权力。这种权力之争破坏了人与人之间的合作以及早已形成的社会秩序。如果家里出现与权力相关的问题，孩子就会不听话。因此，孩子想要表达自己的反抗情绪，最常见的方法就是不听话。孩子不仅不听话，还会表现出其他各种各样的"缺点"。但是，父母要明白，任何一个身心健康的孩子都可能会时不时地表现出反抗情绪，这是很正常的事情。如果孩子一直都很听话，这并不能说明他们有教养，反而说明他们的内心非常恐惧。这样的孩子不会公然反抗，但有其他方面的问题。如果孩子只是没有按照父母说的那样去做，我们不能说这个孩子不听话。想要判断一个孩子是否听话，要看父母在维持秩序时，孩子会表现出多大程度的反感和不情愿。有些孩子甚至会跟父母对着干，父母让他往东他偏偏往西。

六岁的杰克让他的母亲很头疼。他总是在该穿衣服的时候赤身裸体地来回跑，在该吃饭的时候抱着玩具不撒手。母亲对他说的话他从来不听。如果母亲让他回房间，他绝对会反着来，走得远远的。他的母亲对此束手无策。

杰克是家里的独生子。他的父亲是个"软弱"的人，总是紧张兮兮、怨声载道，这让杰克的母亲非常痛苦。杰克的母亲勤劳能干，但就连她也受不了丈夫整天这么神经不安。她最后终于意识到这个家根本指望不上她的丈夫，她只能靠自己一个人的努力来打理家里的事务。她想让杰克慢慢养成有规律的生活习惯，但是她的丈夫却强烈反对她的做法，因为丈夫极其宠爱孩子，不想让杰克做他不愿意做的事情。他总是和杰克统一战线，一起反抗孩子的母亲。无论杰克有什么要求，父亲都会立刻答应，就算母亲反对也没有用，所以杰克已经学会利用这种关系为自己争取好处。因为他知道父亲会维护他，所以他总是随心所欲，每当母亲坚持要让他做某件事的时候，他都会找父亲帮忙。他的母亲觉得自己应该对杰克更加严厉，因为他的父亲对他太过纵容。但这样做只会让杰克对母亲更加抵触。

父母一个太过纵容，一个太过严厉，杰克夹在父母之间，不断面对冲突，他的行动也就不难理解了。他可以与其中一方结盟来对抗另一方，这样他就可以在家里获得一席之地。除了这样，他不知道还有什么方法可以挑战母亲的权威。他的理想不是锻炼自己的能力以及实现个人价值，而是赢过母亲。一有机会，他就会反抗。即使母亲让他做一些他平时感兴趣的事，他也会和母亲唱反调。他最根本的错误在于，他以为只要赢过母亲就能够保证自己在家中的权力和地位。任何有意义的事情他都不想做。他要费很大的力气才能自己穿上衣服，他的生活杂乱无序，他缺乏独立自主的能力，而且经常说话结巴。

虽然他母亲的强势多多少少导致杰克和他的父亲在生活上能力不足，但最大的问题还是父亲对他太过娇纵。孩子不听话往往是因为父母对孩子太过溺爱、百依百顺。毫无疑问，杰克的妈妈对他同样太过娇纵，这可能是因为杰克的父亲身体不好、容易激动，也可能是因为她习惯了承担过多的责任。事实上，杰克的妈妈从没有强迫他执行命令。她只是不断地下达新的命令："杰克，做这个，到那里去，别管那个了！"如果杰克不愿意服从这些命令，她就会不停地重复。如果这样做也不起作用，她就会对杰克大喊大叫，或者打他。最后，她无计可施，只好任凭杰克为所欲为。

在孩子习惯不听话这类问题中，这位母亲的做法非常普遍。我们可以通过另一个相似的案例再次见证这一点。

八岁的弗雷德非常任性。他母亲在他很小的时候就去世了，之后他就一直和奶奶生活在一起。他们家里还有几个叔叔婶婶，以及一个比他大将近十岁的姐姐。他总是调皮捣乱，是个典型的"淘气包"，是家里真正的"熊孩子"。他从来不会乖乖地待着，总是一会儿扭来扭去，一会儿四处瞎晃，根本坐不住。他的手也闲不住，总是喜欢摆弄某个易碎的东西，最后掉到地上，弄出很大的动静。家里的人无时无刻不在说他："弗雷德，把腿伸直，别用手敲桌子，把碗放下，坐到你的椅子上！"全家人都在苦口婆心地教育他。但弗雷德充耳不闻。只有对他大喊大叫，或者打他一顿之后，他才会停止某个讨人厌的行为，但不久又马上开始下一场闹剧。所有人都对他束手无策。在学校他也是这样。他非常躁动，总是叽叽喳喳说个不停，扰乱课堂秩序。他写字潦草，拼写也会出错。然而，他其实是一个挺聪明的男孩。他说话总能让你开怀大笑、怒气全消，然后你就会任由他为所欲为。

那这个男孩的人生计划是什么呢？他的人生计划又是从什么时候开始形成的呢？弗雷德是这个家里最小的孩子。他只有一个姐姐，姐姐比他大很多，从小到大姐姐一直都比他强，母亲去世后，姐姐很快就担当起了母亲的职责，变得非常能干。自从母亲去世以后，弗雷德一直很忧伤。他的亲戚们都很同情他，再加上他调皮可爱，所以大家都对他宠爱有加，什么事情都让着他。他一定很早就得出了这样的结论：

只有让别人关心他,他才能保住在这个家里的地位。除此之外,他不知道还有什么办法可以证明自己的重要性。因此,他变得非常依赖别人,也不愿意好好学习。通过这些方法,特别是那些可以获得别人关注的小把戏,他让别人不得不经常为他操心。如果家人越来越烦他,并且想要管教他的话,弗雷德就不再想要得到别人的关注了,此时他更想拥有权力。

现在事情已经很清楚了,除非我们能够改变弗雷德的想法,否则不可能教育好他。他认为自己无足轻重,只有出洋相才能获得大家的关注,才能按照自己的想法行事,为了保住自己的社会地位,他已经别无他法了。如果想帮助这个孩子,我们就必须让他明白,他可以通过做一些有用的贡献来赢得别人的认可和尊重。要让一个备受打击的孩子明白,他需要做出一些成就来获得自我价值,这个过程并不容易,但是,我们要积极地鼓励他。除了孩子生病需要特殊照顾以外,如果他没有调皮捣蛋,并且做出了有用的贡献,我们也应该对他表示关心。要想让孩子有所进步,我们首先需要改变他的生活方式。我们需要去了解孩子为什么会反抗,否则父母永远都不明白孩子为什么不听话。

除了溺爱孩子以外,父母在孩子的教育过程中还可能犯了某些错误,从而使孩子变得越来越叛逆。我们在这里简单概括一下前面提到过的几个问题:父母下达命令的方式前后不一;父母说话犹豫不决;父母采用粗暴、无礼的方式或语言羞辱孩子;父母没有耐心,等不到孩子完成指令。然而,父母最大的问题是喜欢重复下达命令。如果孩子不想按照父母的要求去做，那么父母提出的每一个要求都会让孩子非常反感。如果孩子想要按照父母的要求去做，父母根本不需要说太多，孩子自己就会去做。有些事情只需要说一次，不用重复第二次，因为说对孩子已经没有用了，这时父母需要采取行动。很显然，父母不能使用武力。如果孩子不想按照父母说的去做，你要让他为自己的行为承担自然后果。

父母完全可以通过和平的方式解决问题。尤其在面对一个非常任性的孩子时，你一定要等到时机成熟再下达命令，此时你无须给出任何回应，直接让孩子去体验一下自然后果的滋味。这种时机比父母想象的要多。无论在什么情况下，父母都要尽可能避免一遍又一遍地重复要求和禁令。孩子首先要学会将父母的要求记在心里。如果他几次发现你对自己的要求说一不二，那么他后面会更愿意听你的话。

一个两三岁的小孩子站在陈列柜的橱窗前，一动不动。他的父母走在前面，大声叫他，想让他快点走。但这个小男孩始终一动不动。父母感到无能为力。他的父亲走回去，大声地斥责他。这个孩子却假装没听到。最后这位父亲终于失去了耐心，一把就将孩子抓了起来，准备拖拽着孩子离开。这时，真正的表演开始了。这个孩子开始拼命反抗，他又喊又叫，躺在路边撒泼打滚。父母激动地使劲拉他。围观的人越来越多，有些人同意这对父母的做法，有些人反对，最后这位父亲将男孩抱起来,结束了这场冲突,这位父亲脸上没有丝毫胜利的表情。

其实,父母要让这样一个孩子恢复理智是很容易的,根本没有必要弄出这样的"骚乱"。如果父母足够聪明的话,在孩子第一次拒绝离开的时候,父母就应该对孩子说:"你想待在这里看橱窗,是吗?但是不好意思,我们没有时间了,你可以自己待在这里,我们就先回家了。"如果男孩看到父母真的要走了,他应该会跟着父母一起走。但是,如果父母像刚刚那样随意对待他,他就会不把父母的话当回事,他认为这次父母也会像往常一样向他妥协。在这种情况下,父母直接离开即可,然后在下一个拐角处找一个隐蔽的地方小心地观察他。看到父母真的不见了,孩子很可能会小跑着跟上来。

有时候对于一些现象,我们很难做出合理的解释。首先父母需要明白,你与孩子在一起的亲子时间并不是教育他的理想时机。但另一方面,父母也不能因为害怕和孩子吵架就让他随心所欲,否则他就会利用父母的紧张心理,做出让父母更加难堪的事。如果完全受不了孩子一直在身边吵吵闹闹,父母可以找一个合适的时机,让不安分的孩子做一个选择:是安静地坐着,还是一个人待在房间里。同样,如果孩子在吃饭时不能做到安安静静地好好吃饭,父母就只好让他一个人吃了,可以让他用自己小时候的小桌子吃饭,因为他还表现得像个小孩子。或者直接让他一个人在厨房里面吃,在那里，他想怎么吃都可以，没人管他。由此可见，父母没有必要去劝诫或命令孩子，更不能让孩子为所欲为。此外，父母千万不要用可能出现的结果来威胁孩子，直接让这些结果自然发生就好。

如果孩子长大后还是不守规矩，有时父母很难在不使用暴力的情况下让孩子按照你说的去做，在这种情况下，父母最好还是告诉孩子可能会出现什么不好的后果。即便是最顽固的男孩，他们也会选择乖乖听话。如果孩子不能按时吃饭，那就不吃好了，无论他后面怎么闹腾，都不要给他加餐。如果母亲要离开房间，他是阻止不了的。如果他跟着一起离开房间，母亲可以直接离开这个家。当然，如果孩子举止得体还被赶出房间，那显然是不对的，而且，想要在这种情况下把他赶出房间，父母甚至得动用武力，有时候动用武力都不一定能实现。因此，能否让孩子听话在很大程度上取决于父母采用什么样的方法。

因为孩子的叛逆代表着他的反抗，所以我们必须先消除孩子的敌意，然后再纠正他的错误。在杰克的案例中，我们清楚地看到了杰克的母亲犯了很严重的错误。她几乎从未花过心思让她的儿子回心转意。当然，她的丈夫对孩子无比纵容，她也很难与之抗衡。不过，从她的角度来看，如果她不是那么坚决地认为自己必须特别严厉才能弥补父亲对杰克的纵容，那么她肯定能找到办法让孩子感兴趣并获得他信任的方法。因此，如果一个孩子不把父母说的话记在心上，父母首先应该避免与孩子发生冲突。在孩子心情好、愿意好好听父母说话的时候，父母应该给孩子更多的陪伴和关注。这样父母就能从根源上消除孩子的敌意。

固执己见

孩子不听话还可能会表现为固执己见。因此，上一节所说的很多内容在这里同样适用。当孩子开始固执己见的时候，父母应该用什么样的态度对待他呢？劝说、威胁、让他做保证，还是使用武力？这些做法通常都是徒劳的。孩子会一直生闷气，你做什么他都无动于衷。

十二岁的乔偶尔会固执己见。星期天这天，全家人本来打算去外面的餐厅吃晚饭，但是临时被邀请去朋友家做客。乔非常生气。他们到朋友家以后，乔待在外面的院子里，怎么也不肯进去。

所有人都叫不动他。父母让他的哥哥去带他进来，朋友家里的孩子们也使出浑身解数来劝他，但不管他们怎么做都没有用。乔后来对我说，大家都来求他，他觉得非常高兴，所以他不去吃那顿饭是值得的。直到他们最后不再劝他，都进屋去了，他才真的开始生气。然后他开始为自己的固执己见感到后悔。

乔的生活并没有那么称心如意。他的哥哥完全抢了他的风头。在他看来，无论他做什么，他的哥哥都能比他做得更好，这让他觉得自己一无是处。他只能通过固执己见才能在家里占有一席之地，家人都不知道该拿他怎么办。在这种时候，就连他的哥哥也变得没有那么重要了，他能让所有人都围着他转。

固执己见的孩子总是会做出一些让人意想不到的事来激怒别人，让别人与他们发生冲突。大多数父母都落入了这个陷阱。孩子之所以固执己见，是因为他们觉得自己受到了虐待或忽视，于是想要通过这样的方式获得别人的关注，展示自己有多厉害。孩子会说："我就不！"所以，最好的办法就是由着他去，不要理他。父母可以试着去理解孩子，改善与孩子之间的关系，逐渐化解他内心的愤怒，慢慢地，他就不会再这么固执己见了。

乱发脾气

长时间的敌对情绪可能会使孩子出现精神问题。归根究底，还是因为他们太想获得权力和优越的地位了。孩子发脾气也是同样的道理。有些父母可能会认为这是一种精神问题，认为这是精神衰弱或是遗传缺陷。孩子如果乱发脾气，父母可以通过恰当的方法来解决，但是一旦他们认为孩子乱发脾气是出现了精神问题，父母就可能在关键时刻向孩子妥协。

如果你自己或是你家里的其他人都是暴脾气，那么你很可能会采取上述态度。在这样的情况下，父母肯定会认为孩子乱发脾气是因为遗传因素。如果我们认为孩子的暴脾气是从父亲那里遗传来的，这说明孩子的父亲可能也是一个经常受到打击的人，有肆意发脾气的倾向。他时不时地会制造一次让人目瞪口呆的暴力场面来证明自己不是那么容易被人欺负。如果他在发完脾气之后表现出悔意，多半是因为他想通过后悔和自责来掩盖自己内心的真实想法。家里其他人都要照顾他"脆弱的心灵"，在这种时候其他家人的任何权利包括特权都要靠边站。如果孩子看到他的父亲发脾气，他可能会采取同样的方法来强调自己的特殊地位，如果家人对他的"遗传"问题表示震惊，那么他会朝着这个方向继续发展，因为家人会向他的父亲妥协，也一定会向他妥协。

一个四岁的男孩，因为脾气太大，给他母亲惹了很多麻烦。这位母亲一直以为他从父亲那里遗传了这种"缺点"。孩子的父亲在孩子出生以前就去世了，因此，孩子的问题绝对不可能是从父亲那里学到的。经过调查发现：这位母亲因丈夫的死而深受打击，从而把自己全部精力都投到了她唯一的孩子身上。因为实在是太爱孩子了，所以在孩子还很小的时候，她就不断地向他妥协。所以只要有一次母亲没有向他屈服，他就会大发脾气。他像所有的孩子一样，开始大喊大叫。自此，只要一遇到自己不如意的事情，他就会变得非常暴力、易怒。这时候，他的母亲才惊恐地发现他"就像他父亲一样"，因为她之前会满足丈夫的所有要求，所以现在她也必须满足孩子的所有要求。每次孩子的愤怒都让母亲束手无策。可能是因为软弱，也可能是因为之前太听丈夫的话，所以她放任自己不断地妥协，也在不知不觉中用同样的方法教育着自己的孩子。

有的孩子在发脾气时非常吓人，比如下面这个案例：

> 四岁的弗兰克是家里的独生子，他经常感到呼吸困难。发脾气的时候他会突然停止呼吸，倒在地板上，脸色发青，身体不断抽搐。可想而知，他的父母有多么害怕，他们用湿毛巾给男孩反复擦拭，把他抱起来四处走动，最后不断地安抚他、亲吻他才能让他平静下来。如果孩子不能按照自己的想法做事，他就会和父母吵起来，一旦和父母发生争吵，他就会犯病。后来，可想而知，父母为了安抚孩子的情绪，会答应孩子的任何要求。

虽然这样的场景看起来很吓人，但这并不意味着孩子发脾气就一定是危险的。这只是因为孩子想要按自己的想法行事，而孩子一犯病就可以得到他想要的结果。如果每个人都离开房间，让孩子一个人静静，他很快就能自己调整过来。（很可惜，大多数父母都会表现得非常焦急、害怕，他们不愿意这么做。）如果孩子再大一点，他自己就可以调整好状态，只要他做的事情得不到别人的关注，他的任性胡来就没有意义。大一点的孩子可能会威胁父母，还可能会砸窗户、摔家具，或者向父母扔东西。当然，这些行为都是父母以前太过溺爱纵容他的结果。父母必须明白，窗户和家具再贵重，也远不及对孩子的教育重要。你必须抓住这个机会，让他一个人好好地静静。如果有必要的话，你可以出门，留孩子一个人在家。只要有那么两三次，让孩子知道他的胡闹根本起不到任何作用，他后面就会慢慢地不再乱发脾气。父母应该明白，以前因为对孩子太过溺爱，已经给孩子造成了很大的伤害，现在自己要想尽办法弥补这些伤害，并帮助孩子及时调整他的人生计划。

坏习惯（吮手指、抠鼻子、咬指甲）

父母的唠叨会让孩子心生怨恨，从而养成很多坏习惯，这一点我们前面提到过很多次。很多孩子之所以会养成坏习惯，都是因为父母没完没了的唠叨。还有一些坏习惯，比如吮手指，这是孩子与生俱来的习惯，父母的唠叨只能让他的习惯越来越严重，越来越难以改正。所有坏习惯都是这样，我们不可能一一列举出来，就像父母对孩子的各种要求一样，多得数都数不完。父母总是过分地关注孩子的某个行为，这样做其实是有害的。"坐直！""直走！""把脚指头伸出来！""别把刀放进嘴里！""不要什么都往嘴里塞！""别做鬼脸！"我们不可能列出父母对孩子的所有警告。然而，这些警告往往会让孩子彻底养成这些坏习惯，因为这正是孩子对父母唠叨的无声反抗。

一旦孩子的坏习惯已经养成，无论它是否与你有关，父母都要去思考如何纠正孩子的坏习惯。让我们以最常见且最不容易纠正的习惯——吮手指、挖鼻孔和咬指甲为例。

从根源上说，吮手指并不是一个坏习惯，而是婴儿的一种自然行为。但是，如果孩子一岁以后还在吮手指的话，父母就必须引起重视了。然而，无论你是强行把孩子的手从他嘴里抽出来，还是扇他一巴掌，都是不对的。父母可以采用其他更恰当的方法，有些方法甚至连小婴儿都能够领会。如果他还没有因为你之前的干预而对吮手指上瘾，父母可以在他的手上戴双手套，这样可能就会让他觉得吮手指没有那么有趣了。如果孩子开始把被角或其他东西放进嘴里，那么父母应该记住，你越在意他的坏习惯，就越难以对其进行纠正。如果孩子长大一点，父母想让孩子不再吮手指，你可以和他进行一次讨论，聊聊吮手指到底能给他带来什么样的乐趣。父母可以告诉孩子，吮手指是他的问题，不是父母的，如果他不纠正这个坏习惯的话，可能会造成他的手指畸形或牙齿畸形，他以后可能会觉得不好看。父母不能专门和孩子讨论这个，而是需要选择一个合适的时机，趁机引入这一话题，不然的话，孩子会觉得你又在唠叨。父母应该努力帮助孩子找到更好的解决办法，让孩子获得更多满足感，这样做对孩子的身心健康有好处。孩子不断吮吸手指，可能是想对父母表示抗议，也有可能是他觉得目前的事情都无法让他获得满足感。因此，父母最好不要太在意孩子吮手指的习惯，更不要以不恰当的方式对其进行干涉，否则孩子会一直改不掉他的坏习惯。

挖鼻孔也是一样的，所有孩子成长到某个阶段的时候都会挖鼻孔。如果孩子听得进去父母的话，父母只需要和他友好地谈一谈，告诉他这个习惯是多么难看且令人讨厌，孩子自然会有所改变。如果父母对孩子有信心，他就会相信你，按你说的去做。但是，如果父母错过了教育孩子的最好时机，或者用过激的言行强化了他的这个习惯，那么再想教育孩子就必须等到下一个合适的时机。如果你和孩子的关系很好，那么你可以在相处融洽的时候与孩子进行一次亲密的交谈，以此来帮助他纠正坏习惯。父母往往会发现，很多时候孩子都是嘴上答应得好好的，保证再也不这么做了，但实际上他还是改不了。父母和孩子相处融洽的时候，孩子的敌意可能会消失，但在日常生活中很可能会再次出现。如果父母总是责怪孩子没有做到自己答应的事情，就很容易与孩子发生冲突。父母最好等到时机成熟的时候，再和孩子好好谈一次。孩子可能会告诉父母，他真的很想改掉自己的坏习惯，但就是改不掉，他在想其他事情的时候可能无意识地就做出来了，他根本控制不了自己。

他通过这种说法来告诉你他的内心是多么矛盾，但我们在前面已经讨论过，他这种内心的矛盾完全是假装出来的。[1]父母可以心平气和地和他说清楚，显然他还没有准备好去纠

---

[1] 参见第4章中的"让孩子'振作起来，好好表现'"部分。

正自己的坏习惯。通过与孩子之间这种心平气和的沟通，父母可以解决很多孩子身上出现的重要问题，与之前的那些坏习惯相比，这些问题对他将来的成长以及家庭和睦更加重要。孩子的年龄越大、思想越成熟，沟通的效果就会越好。对于年龄较小的孩子，父母需要给出一些简单的、鼓励性的建议。"我相信你会改的，因为那样做不太礼貌"，或者"这样做可不太好"。"你觉得明天你可以做到一整天都不用手挖鼻子吗？"即使孩子第一天没有做到，但很可能到第二天或第三天他就可以做到了。父母既然想让孩子改掉坏习惯，那么他的努力就不应该受到其他因素的干扰。

正如前面所说，为了让孩子彻底改掉坏习惯，父母可以让他们体验一下事情发生的自然后果。这种方法甚至可以用到婴儿身上。父母可以用一种平和的方式告诉孩子，如果他用手挖了鼻孔，你就不让他牵你的手。你还可以告诉他，如果其他人看到他挖鼻孔，也不会碰他的手。或者，看到孩子挖鼻孔的时候，你可以直接说你不喜欢看到他这么做，然后直接起身离开。你还可以发挥自己的想象，设计一些类似的回答，让他体验到这些不良习惯的自然后果。父母一旦决定采用某种方法，一定要坚决执行下去才能够看到效果。通常，我们只坚持实施其中某一种后果就可以了。

孩子咬指甲，道理也是一样的。父母既要对孩子进行教育，也要让他体验到做这件事情的直接后果。孩子出现这些坏习惯，说明孩子固执、叛逆、紧张，因此，这些坏习惯往往会伴随着其他问题同时出现。如果孩子咬指甲，他可能还会表现出闷闷不乐、坐立难安、颠三倒四，或者不修边幅，换句话说，孩子可能在很多方面都违反了社会规范。他们把压抑在心里的愤怒全都发泄在了手上。有时，随着孩子慢慢长大，一些快乐的成长经历能逐渐缓解或掩盖他内心的这种压抑情绪，我们会误以为孩子的习惯已经改掉了。但实际上，后面我们就会发现，孩子这个坏习惯依旧时常发生，而且经常会通过各种不同的缺点错误体现出来。因此，如果孩子咬指甲，父母必须特别注意对孩子的态度进行全面纠正。不要过度在意他的某个习惯，而是要想办法帮助他彻底摆脱思想上的困境。你要试着去寻找问题的根源，是不是因为父母娇纵的同时又太过严厉，使他无法适应？还是因为他觉得自己受到了忽视？抑或是兄弟姐妹之间的竞争让他感觉压抑？父母可以让孩子把注意力转移到自己的外表上，让他习惯保持干净整洁的仪容仪表。

只是告诉孩子"咬指甲会让手指变得难看"是不够的。父母要想办法激发他们的主观能动性，让孩子自己主动去改变。不要一味地给孩子施加压力，这只会让孩子更加紧张、叛逆。只有激发孩子的主观能动性，父母的教育才有意义。因此，父母必须时刻注意，你的教育给孩子带来了什么样的影响，会不会让孩子变得更加固执。你一定要明确告诉你的孩子你是真的希望他好，愿意为他提供帮助。比如，你可以建议孩子和你一起散步的时候，或者去见朋友的时候戴上手套，否则别人可能不愿意碰到他的手。如果你注意到他的哪个指甲比其他指甲长一点，你可以对他提出表扬。有时候——尤其是对女孩来说——带孩子去美甲是很好的方法。最重要的一点是，父母在纠正孩子的坏习惯时，切记不能羞辱孩子，不能表现出情绪上的烦躁，更不能责备他。

手　淫

我们把这种"坏习惯"单独拿出来讨论是非常有必要的，很多父母对孩子的这个问题都特别重视。一般来说，孩子养成这种坏习惯，父母应该承担很大一部分责任。如果父母能够采用正确的方法教育孩子，孩子一般不会过早地出现性行为。如果男孩还没到青春期就开始玩弄自己的性器官，一般都是以下两种原因：第一，母亲对孩子举止过于亲密，尤其是在床上抚摩孩子，亲吻孩子的嘴，或者亲密地爱抚孩子（这些极端的行为甚至能刺激三岁的男孩产生性冲动）；第二，父母发现孩子在玩弄自己的性器官时，进行了批评和干预。因此，手淫是孩子对父母权威的一种反抗，孩子感受到性满足就会觉得自己获得了胜利。

孩子在熟悉自己身体的过程中，关注自己的性器官是非常正常的。只要父母没有对这件事给予过分的关注，那么孩子的这个行为对他的成长就是没有任何危害的。如果父母太把孩子的这个行为当回事，结果反而会一发不可收拾。父母错误的观念以及对性的恐惧，会让他们对孩子手淫的行为进行强制干预,这种行为原本对孩子的成长没有什么危害,但父母却紧张得很,他们不但严厉谴责孩子的这种行为,甚至觉得这对孩子的成长是有害的。大家都知道,父母对孩子的批评和打骂只会激发孩子的反叛心理,让孩子的这种行为出现得越来越频繁,而这又会让父母更加坚定地要纠正孩子的不良行为,所以,恶性循环开始了。最后,父母的干预直接导致孩子的不良习惯。于是,作为冲突的结果,孩子通过这种方式获得了战胜父母的快感。长此以往,孩子的性器官由于受到过度的刺激提前发育,一般情况下,他们要等到成年以后才会获得这方面的快感。当然,父母会对此非常焦虑,他们会采用一些可怕的方法威胁孩子,而这会严重影响孩子性格的形成。

一旦父母与孩子因为这一问题产生争执,那么他们的矛盾就会越来越多,甚至经常发生各种日常纠纷。我见过有些愤怒、绝望的父母晚上甚至会把孩子的手绑在被子上方——当然,这样做肯定不会成功,因为孩子总是很狡猾,对于任何暴力手段他们都可以成功逃脱。我还见过有些父母试图使用绷带和器具,让孩子没办法碰到他的性器官,有些父母甚至还给孩子用上了石膏!所以如果孩子对性功能越来越感兴趣,甚至时时刻刻都想着与性相关的东西,父母也不应该感到大惊小怪。

如果父母能做到不对其进行干预,孩子手淫的坏习惯很快就会消失。不过,一旦孩子过早地出现了这种行为,就很难彻底消除。但是，父母不必担心。实验证明，手淫对孩子的成长没有危害。手淫不会让孩子出现精神问题，也不会阻碍孩子的发展。虽然手淫与孩子的精神问题有一定的关系，但孩子的精神问题并不是手淫造成的。孩子之所以会手淫，甚至出现精神问题，是因为对自己的人生不够负责。虽然孩子手淫不会导致精神问题，但是，如果孩子太早出现手淫，或者无法控制自己手淫，则说明孩子缺乏自制力、贪图享乐且无法抵抗诱惑。父母需要注意这些问题，不要以为这只是偶然情况。如果父母过分关注孩子手淫的习惯，会让孩子感到内疚，尽管如此，这种内疚却不足以让他纠正自己的坏习惯，反而会引起他的紧张和冲突，从而引发更多的家庭矛盾，这些家庭矛盾甚至比孩子的手淫问题更严重。

说 谎

孩子说谎也是同样的道理，说谎本身并没有什么大问题，但由于父母教育方法有误，反而会让问题变得越来越严重，父母常常会利用孩子一点点小问题来说事儿，从而获得自己想要的"权威"。

我们必须意识到，孩子"说谎"并不一定是错的。错的是孩子可能会养成长期说谎的习惯。有些父母感到很困惑，为什么孩子宁愿说谎也不说实话？所有的孩子都会时不时地说点谎。（大人不也是一样吗？）有时，孩子想象力太丰富，他无法区分真假，或者说，他无法区分现实与幻想。这个现象主要在孩子二到四岁时出现，有的孩子还会更晚些。处在这个阶段的孩子想象力丰富，经常异想天开。如果孩子说谎，可能是因为他把自己的幻想当真了，也有可能他只是好奇把自己的幻想放到现实中会发生什么，还有可能是为了获得父母的关注。

当然，这只是众多原因中的一部分。毫无疑问，孩子撒谎是跟家里的大人学的，他可能想要免受惩罚或者逃避责任。很多时候正是因为父母过于严厉，孩子才越来越喜欢撒谎。孩子通过撒谎来反抗父母的权威。父母对孩子的强迫和恐吓也会刺激孩子说谎。

许多父母在发现自己的孩子撒谎时情绪低落。他们觉得孩子说谎严重威胁到了他们的地位。因此，父母越是对自己没有信心，就越容易因为孩子说谎而生气。孩子说谎不是道德问题，因为父母在自己的生活中也不可能做到完全不说谎。然而，这些焦虑不安的父母担心自己的地位会因此受到威胁，但他们又不愿意承认这一点，他们觉得，如果不惩罚孩子的话，孩子就会堕落。因此，父母只要发现孩子说谎，就会严厉地批评孩子，或者重重地惩罚孩子。如果父母经常说孩子是骗子，反而会让孩子养成说谎的习惯。

所以，父母应该注意，不要把孩子说谎看成多么严重的问题。你也大可不必生气，你在家里的地位没有那么不堪一击。说谎并不是犯罪。当然，父母应该教育孩子要诚实，但切记不要用责骂和威胁的方式来教育孩子。烦恼和愤怒只会暴露你的弱点。许多孩子会逐渐喜欢上说谎，因为通过这种方式，他们可以让父母产生挫败感。当孩子意识到可以通过说谎来获得权力时，只要他想让父母陷入无助与绝望的境地，他就会选择说谎。后面他说谎完全不看场合，想说就说。说谎变成了孩子和父母争夺优越感的一种表现。

孩子说脏话也是同样的道理。当孩子说出某些"脏话"时，尤其是当他们意识到这些话会引起别人的反感时，他们会觉得自己聪明、了不起。父母要想把孩子说谎的影响降到最低，最可行的方法就是尽可能地不要在意他的谎言，这样一来，他很快就不想说谎了。这时他就会意识到，说谎对他毫无益处。父母露出一个会意的微笑，会让孩子对自己之前的行为感到荒唐可笑、羞愧难当。此时，父母可以向孩子说明他本来就是个诚实可信的好孩子，这是非常宝贵的个人品质。父母只有向孩子证明，诚信比谎言更加重要，孩子才会慢慢学会诚实。如果孩子没有形成这样的认识，那么无论父母怎么生气、说教或是惩罚都没有意义。

有时，孩子说谎会把你搞得无计可施、无能为力。在这种复杂的情况下，父母最好先冷静下来想想你最不该做什么，因为此时思考不该做的事情总比找到解决方案容易多了。只要不去做那些你不应该做的事，其他事情都不会有什么大问题。此外，如果情况比较复杂，你只需要记住一条原则，那就是千万不要听孩子的，做与他想法相反的事情就对了。这样做至少能保证你不会出错，让你不至于大发脾气、丢了面子，还能避免惊慌失措、气急败坏。如果孩子为了炫耀自己的家庭地位而偶尔说谎，父母可以告诉他，想要欺骗你很容易，如果他想要通过这种低级的方法来体现自己的重要性，他大可以这么做，你不会在意的。与其告诉他你很在意他是否说谎，这种不在意的回应要好得多。

如果孩子对此没有任何的回应，你还可以设计一个游戏，在游戏中每个人都可以自由地说出自己想要做的事情，不管它是现实存在的还是幻想虚构的。比如，父母可以在还没准备好晚饭的时候叫孩子吃饭，让他们大吃一惊，亲身体验这种失落的感觉。用不了多久，孩子可能就会告诉父母，他们更喜欢诚实可信的人。或者你还可以用"狼来了"的故事告诉孩子，如果一个人不断说谎，过了一段时间后，别人就不会相信他说的话了。但是，如果孩子说谎只是为了逃避惩罚或反抗父母，在这种情况下父母就不能怪孩子，因为当你非常害怕某个人的时候，你自己也很可能会选择说谎。如果孩子说谎是为了体现自己的重要性，那么父母就应该积极地表达出对孩子的欣赏和认同，以此来培养他的自信心，这样他就不需要通过说谎来获得你的认可了。

做事拖沓

孩子做事拖沓本身并不会给别人带来多大的麻烦，却能对孩子自身的成长产生很大的影响。如果孩子做事拖沓，他们一般很难专心做一件事情，这种磨磨蹭蹭会把他们的父母搞得心烦意乱。孩子知道自己一旦做事拖沓就会把父母惹毛，所以他会把这种行为当成对付父母的利器。以此来表达自己对父母的反抗。所以，这里我们又一次清楚地看到，孩子和父母之间的相互影响，直接导致孩子养成坏习惯。对于孩子做事拖沓的问题，父母一般都是怎么做的呢？一般来说，父母先是责备孩子，然后就是不停地催促，最后甚至还会大发雷霆。总而言之，父母总是想尽办法，却依旧无能为力。最后，孩子的抵触情绪越来越强烈，甚至直接导致这一习惯的养成。其实，这就是孩子们做事拖沓的最根本原因。它最初只是孩子们表达内心不满的一种方式，是父母教育方法的不当才使这个行为越来越普遍，最后甚至成为一种长期的行为习惯。

所以，如果父母无法理解孩子的行为动机，那么不管他们做什么都是没用的。很少有父母会停下来想一想为什么孩子会这样做。可能一开始孩子是因为无所事事，不知道自己应该做什么，所以才会一个劲儿地问他的父母他该怎么做；也许孩子正在试图做某件事情，此时的他并没有拖沓，只是不断地被其他有趣的东西吸引了注意力，这时候父母总是自以为是地以为孩子想要做完手上的事情。最后，我们看到的结果就是父母总是不断地去提醒、强迫孩子完成某件事情。但这实际上并不是孩子想要的。孩子之前可能只是想获得父母的关注，后来在父母的逼迫和他不断反抗的过程中，他开始故意磨磨蹭蹭，目的就是想证明自己的权威，让父母为他服务，以此来反抗父母的压迫。

那么，父母能做些什么呢？首先，父母必须打破这个恶性循环。不要对孩子发火！不要唠唠叨叨！虽然很难，但即使孩子一直在拱火，父母也要学会冷静地观察孩子。有时候，最好是大事化小、小事化了。如果父母只考虑自己的个人形象，坚持使用以前的教育手段，那对孩子的情况越来越糟就不该感到奇怪，也没什么可抱怨的，因为父母从一开始就错了。父母必须避免使用错误的教育方法，

尽可能地选用一些积极的方法。做事拖沓说明这是孩子对父母的反抗，说明他的内心充满了矛盾。父母可以想方设法去改善孩子的情况，可以想办法分散孩子的注意力，或者想办法让他产生一点紧迫感。其实只要父母不再生气，不再唠唠叨叨，就足以让他大吃一惊。如果都没人生气，他那么做还有什么乐趣！父母可以和孩子聊聊天，或是想些别的办法来吸引他的注意力，这样他拖沓的毛病就会慢慢得到改善。不管是哪种情况，父母都应该从整体来看孩子出现的问题，帮助他摆脱困境，以此来消除他的敌意。上述方法可以帮助家长解决孩子做事拖沓的问题。

报复他人

如果孩子在与父母进行权力博弈的过程中感觉到不公平，或者在情感上遭到了打击，他们就会想要报复父母，因

为孩子总认为是父母虐待了他。他们会下意识地采用各种各样的方法来惩罚、报复他们的父母。虽然孩子造成的破坏程度不同，但无论他们做什么，目的都是让父母生气。

偷东西

如果孩子偷东西，父母一定会对孩子感到特别失望，这一点我们非常能够理解，因为孩子偷东西说明他们连最基本的道德规范都无法遵守。父母担心孩子会自此变得一发不可收拾，最终走上违法犯罪的道路。大多数情况下，父母都会采用威胁、报复等手段对孩子严加管教。但他们不知道，这些方法根本不管用，他们的管教很多时候都适得其反，甚至会促使孩子朝着不好的方向发展。

我认识一个男孩，他的母亲总是对他说："你肯定会变成一个罪犯，被送进监狱里。"每次听到母亲这样说，男孩都感到非常痛苦，然后就开始对母亲怀恨在心，做什么事都和她对着干。而且，不知道什么原因，他开始讨好家里的其他兄弟姐妹，其他孩子也因此越来越看不起他。有一次听他母亲再一次说这句话的时候，他心想："绝对不可能！我一定不会让你得逞的！"他咬牙切齿地认真完成了母亲要求他做的每一件事，但内心非常不情愿，对母亲满肚子的怨气。他虽然表面上遵守了所有的道德规范，但内心深处却是非常抗拒的，以致最后患上了非常严重的强迫性神经症。

孩子对这种预见性的表达一定会非常反感。这个案例中孩子的表现属于比较好的，已经是一种特例了。如果父母总是把孩子当成罪犯一样来对待，那孩子未来十有八九会走上犯罪的道路。如果父母想要帮助孩子改掉偷东西的习惯，就必须弄清楚为什么孩子会做出这样的行为。如果孩子内心的冲突还没有被激化到不可收拾的地步，他们绝对不可能偷东西。他们偷东西大都是在受到外界刺激后偶然发生的。有的孩子之所以会这么做，是因为他们年少轻狂，遇到自己喜欢的东西就一定要马上得到，一分钟都不想等，甚至完全不考虑自己这么做会产生什么样的后果。孩子小时候往往认为自己可以得到想要的一切，所以他根本意识不到有些东西自己是没有办法获得的。因此，我们经常会发现那些娇生惯养、没规矩的孩子小的时候都会时不时地偷点东西。这也反映出父母对孩子疏于管教。等到孩子长大一些了，他们才惊恐地发现，自己的疏忽大意导致孩子出现了如此严重的问题。

孩子之所以会偷东西，原因有很多。父母很难发现真正的原因。这往往是因为他们对孩子缺乏足够的了解。孩子不指望有人能理解他，很多时候，他们自己都不太理解自己的行为，只能悲观地等待接受惩罚。当父母问孩子为什么偷东西时，他要么闷不作声，要么一脸茫然地说一句"我也不知道"。一般来说，孩子确实不知道他为什么会偷东西，所以他说得没错。他所知道的那些个人欲望不足以解释他的行为，比如他想要糖果、水果、零花钱或者其他喜欢的东西。而且，即便坦白承认了他只是想要这些东西，也不会得到父母的原谅，所以他干脆什么也不说。但如果父母想帮助孩子，就必须弄清楚孩子行为背后的深层原因。父母要认识到，孩子偷东西可能是想获得父母的关注，也可能是想获得权力或是在报复父母。

海伦今年八岁，她的母亲最近被她搞得惴惴不安、心烦意乱，所以到我们的教育中心来寻求帮助。这个小女孩从小就被父母严格管教，所以她举止得体，非常乖巧。但就是这样一个小姑娘被人发现经常在文具店偷东西，她会偷一些吸墨纸、小刀、铅笔等小物件。她偷东西时非常警觉，动作也十分娴熟，所以直到现在才被发现。然而，在大人们看来，她似乎没有任何理由去偷东西，因为她的母亲已经给了她想要的一切。所以当母亲问到她为什么会去偷东西的时候，她闷不作声，也不告诉母亲她是如何处理这些偷来的东西的。直到我们消除了她的恐惧和紧张情绪之后，我们才知道，她把偷来的东西分给了她的同学和朋友，而这些小伙伴根本不知道这些东西是她偷来的。

尽管我们知道了这些东西的去向，但她为什么要偷东西仍然是一个待解之谜。当我们对海伦的家庭情况进行了充分全面的了解之后，我们才知道她的问题出在了哪里：原来她是家里最小的孩子，她有一个非常能干的姐姐，在与姐姐的竞争中她觉得自己一无是处。她很喜欢给其他小伙伴分发礼物，这让她也有了当姐姐的感觉。事实证明，她确实做到了。她总是送给大家一些东西，孩子们都想和她一起玩。海伦自己并没有意识到其中的缘由，所以她又怎么能解释得清楚她为什么偷东西呢？谁能想得到，父母对她的严格管教会对她的行为造成如此巨大的影响？

罗伯特今年十五岁，他的情况与海伦完全不同。在这个案例中，罗伯特总会从外面偷一些贵重的物品回来，然后把它们藏到家里。我们很难理解为什么他会这么做。对于这些偷来的东西，他既不会卖掉，也不会拿出来炫耀。他的家庭情况大概是这个样子的：家里有三个孩子，罗伯特排行老大。他的父亲非常严厉，他又是长子，所以对他总是严加管教。罗伯特向往那种无拘无束、轻松自在的生活，而这点是他的父亲绝对不能容忍的。于是，他总是在上学时间出去闲逛，放学了也从不按时回家。他很小的时候就开始抽烟。总而言之，他明显是在跟他的父亲作对。老二比罗伯特小两岁，与他刚好相反。老二做事非常细心，也非常勤奋，因此他在父亲眼中是个完美的乖孩子。

罗伯特也说不出来他为什么要偷东西。他从小就调皮捣蛋、喜欢闯祸，不过这些都不是多大的问题，也没有带来什么大的伤害。尽管如此，他的行为足以说明他想要反抗社会秩序、挑战父亲的权威。他背着父母做了很多坏事，就像是在暗地里进行一种秘密报复："你看，我想做什么就做什么！你管不着！"当然，他不会蠢到让别人发现他偷东西，因为一旦被人发现，就会被认为是他对父亲的背叛。事实证明，父亲的那些条条框框对他而言没有任何意义。显然，这个孩子已经悄悄地把反抗父亲当成了自己的人生目标，他要向父亲证明：强迫他遵守社会秩序是徒劳的。

实际上，很多孩子之所以会做出一些违法犯罪行为，都是因为他们想要挑战父母的权威。甚至在很多身心健康、备受尊敬的人身上也会出现这样的问题。许多"诚实的公民"喜欢在乘坐有轨电车时逃票。这几个便士对他们来说可能无足轻重，但他们仍然幼稚地享受着他们的"成功"，他们这么做只是为了挑战某些人的权威，尤其是那些总是喜欢对人指手画脚的"秩序守护者"和"道德模范"。这也说明了为什么很多孩子都会偶尔偷东西。在他们眼里，在水果店老板眼皮子底下偷一个苹果，或按响门铃拔腿就跑，把对方气得哇哇大叫，自己则躲在附近的角落里高兴得手舞足蹈，两者并无本质区别。当然，孩子不应该搞这样的恶作剧，但大人们也不至于为此对孩子进行强烈的道德谴责。父母这样做相当于把孩子幼稚的表演定义为犯罪，这可能会对孩子日后的发展产生非常不好的影响。最好的结果就是让孩子归还偷走的东西。

当然，如果孩子参与了某次较大的盗窃案件，或者孩子多次偷东西的话，我们就必须采取一些严肃措施了。但是，如果父母很容易情绪激动、控制不住自己的脾气，那么他们也无法帮助到这个孩子，因为他们不能成为孩子的朋友，无法了解他的处境。而且，让孩子一个人承担偷东西的责任也是不对的。孩子偷东西，很大一部分责任在于父母、家庭和其他因素。这些因素共同作用，导致了他现在的生活困境。如果孩子的问题非常严重，我们就有必要向专业人士如临床顾问或儿童教育专家等求助。在处理这类事情的时候，父母通常会愤怒、绝望，并假装惩罚孩子，但这样做显然无法纠正孩子的问题，甚至还会让孩子的问题变得越来越严重。

总而言之，我想说的是，有些孩子可能偷过很多东西，但幸运的是，他们从来没有被人发现过。正是因为他们的父母没有采取措施，纠正他们的过错，所以他们长大后成为非常受人尊敬的人。我们小时候不也犯过很多或大或小的错误吗？如果孩子很幸运，能够遇到一些同情、理解他的朋友帮助他走出困境，那么，即使他曾经犯下非常严重的错误，也不会影响他的发展。

下面这个案例可以说明，孩子偷东西可能是各种各样的原因；也可以说明，如果孩子破罐子破摔，一心不想让别人喜欢他的话，赢回他的心是多么困难。

十六岁的丹尼简直是这家社会服务中心里的破坏大王，他总会在关键时刻搞破坏。丹尼很清楚什么时候出手能够给别人造成最大的伤害。有一次，他在一场戏剧演出之前，把所有的钢琴都弄坏了。还有一次,在演出之前,他把幕布给剪了。他不停地破坏财物、伤害身边的人。我们无法与他的家人进行沟通。他们家有好几个孩子,所有人都不喜欢他,他完全被他的家人抛弃了。他把邻居、老师、同学、亲朋好友、学校领导甚至警察都给得罪了,给家人带来了数不清的麻烦,所以父母都不想再管他了。

这次,我们决定派团队中最优秀的工作人员去帮助他。我们的工作人员是个年轻的小伙子,他非常努力地想和丹尼做朋友,并鼓励他参与各种活动。他让丹尼帮忙搭舞台,给他分配演出的任务,很快丹尼就重拾了自信心,并越来越愿意同他人一起合作。就这样,很长一段时间都没有人再说过丹尼的不好。

然而,一天这位年轻的工作人员突然情绪激动地回到我们教育中心,向大家咨询一件让他感到十分困惑的事情。事情是这样的:有一天他和丹尼在一起工作,丹尼突然从桌子上拿起了他的手表,并直接放进了自己的口袋。他目睹了这一切,但他并不确定丹尼是否察觉到自己的行为已经被他看到了。他不知道该怎么办才好,但他知道直接批评丹尼肯定是不对的,所以他假装不知道是丹尼偷的,还当着他的面找那个手表。丹尼很热心,主动帮着他一起找。最后,他忍不住了,说道:"一定是有人偷走了我的手表。"丹尼听后突然变得很生气:"到底是谁做的!我一定要找到他;如果我找到偷手表的人,一定要狠狠揍他一顿。"于是他们在整个教育中心找了一大圈，还挨个问其他孩子有没有看到这块手表。最后，丹尼终于坐不住了，突然朝着他大吼道："你明明知道是我拿走了手表。你为什么不直接跟我要回去？"说完，丹尼把手表还给了他。

这位工作人员的做法非常正确。只是，他仍然感到很困惑，无法理解丹尼为什么会这么做。很明显，丹尼不相信这位工作人员是真的想帮他，也不相信他是真的把他当成朋友，因为之前他无论到哪儿都遭人嫌弃，所有人都不喜欢他。很明显，丹尼之所以会偷东西就是想弄清楚这位工作人员一旦看到他做出这种让人不齿的行为后，会不会也像其他人那么对他。如果这位工作人员面对丹尼的挑衅，直接要求丹尼归还手表，或者用其他粗暴的方式对待丹尼，丹尼肯定会拒绝承认，甚至还可能会发生冲突，大吵一架。如果这位工作人员坚持要对丹尼搜身，粗暴地把手表抢回来，他们很可能还会发生肢体冲突。事情一旦这样发展，丹尼就会觉得他之前的怀疑是正确的，没有人真心愿意和他做朋友，然后他就会回到之前的那种状态。丹尼之所以偷东西显然是对这位工作人员的终极考验，而这位工作人员完美地通过了他的考验。这让丹尼最终决定要彻底改头换面、好好表现。

残忍与暴力
有时候孩子还会以一种可怕的方式来表达他对社会秩序

的反抗。有时，他非常生气，这时的他还保留了一定程度的善良，然而后面一旦时机成熟他就会彻底暴露出内心的残忍与暴力。一旦他开始频繁地暴露出内心的凶残，甚至连借口都懒得去找，他内心中的最后一点善良就会彻底消失，残忍暴力的本性就会暴露无遗。如果父母太过软弱、常常使用暴力的办法压迫孩子，那么孩子就很有可能出现一些暴力的行为。聪明的孩子总能想出一些方法，抓住父母的软肋，并以此来威胁他的父母。

迈克尔今年十七岁，他最近得了感冒。就因为母亲没有立即满足他的要求，他一天之内朝他的妈妈扔了三个玻璃杯和两个餐盘。如果母亲不搭理他，他甚至能发着三十九摄氏度高烧从床上爬起来，穿上衣服跑出门到大街上溜达。他非常清楚母亲最害怕的是什么。

还有一个孩子叫约翰，虽然他今年只有十二岁，但全家人都怕他，没人能治得了他。他随心所欲、为所欲为，他喜欢偷钱，不爱上学，有时候他一整天都赖在床上不起来，转天又在外面玩到凌晨一点才回家。他经常对他的母亲大吼大叫，甚至会像警察训斥罪犯一样呵斥他的母亲。但是，一旦有某个他害怕的陌生人在场，他就变成了乖孩子，而且他有一种天赋——总能用无辜的眼神让别人对他心怀怜悯。

很明显，这两个孩子之所以会出现问题，他们的父母难辞其咎，正是他们对孩子的纵容导致孩子现在完全不受控制。很明显，父母并没有采用和平友好的方式来解决他们与孩子之间的冲突，不然他们肯定可以改变孩子的状况，不至于发展成今天这个样子。通常情况下，孩子之所以有暴力行为是因为他受到了虐待。从他身上我们可以看到他所经历的一切。有时他可能并没有真正受到虐待，而是他自己感觉别人虐待了他。有时候，暴力只是孩子获得权力的一种工具，他可以从中获得支配他人的满足感。

父母如果对孩子太过严厉，尤其是打骂孩子的话，孩子很可能会反抗父母，露出自己暴力的一面。如果父母两个人总是其中一个对孩子格外严厉，而另外一个却对孩子百依百顺，以此来弥补严厉的一方对孩子带来的伤害，那么孩子就更有可能出现暴力行为。父母忽视孩子也会造成同样的结果。无论是哪种情况，孩子都会觉得自己报复父母是理所应当的。所以，我们在纠正孩子的问题之前，父母与孩子之间必须和解，至少父母这一方面要表现出和解的态度来。父母要让孩子感受到爱，而不是害怕甚至恐惧。如果自然后果教育法总是不容易实现，那父母还不如静观其变。如果孩子突然意识到他对别人的恐吓和伤害已经起不到任何作用了，他一定会非常失望。只要让他连续尝试几次，他就会认识到自己之前的那些行为已经没有任何用处了。这时，他们就会重新认识到遵守社会秩序的重要性。体罚或其他暴力手段，都不可能达到这样的教育效果。如果孩子太过强势、太过暴力，父母无法通过自然后果来教育他的话，可以把孩子送到其他家庭生活一段时间，最好这个家庭中也有几个与他同龄的孩子。父母必须早点放手，让孩子尽早去体验社会生活，这样他才更容易适应社会秩序。

我们有时也能看到，在很小的孩子身上也会出现非常残酷的暴力行为。这些案例中，孩子的心理机制都不太相同。他们有的是为了反抗父母和社会秩序，但更多时候他们是在欺压弱小，包括小动物、小孩子，甚至是一些没有生命的物体。孩子之所以会出现这样的问题，主要有两个原因。一是暴力行为让孩子产生了身体上的快感。孩子可能体验过欺负弱小的感觉，或者目睹过其他孩子被别人殴打、管制或虐待。有时候，孩子可能在看到某些暴力图片或听到别人谈论他人的暴力行为时都会产生兴奋的感觉。这种感官上的刺激很容易让他产生暴力的倾向。只要有过一次暴力体验，他就会想起曾经体验过的所有与之相关的快乐感受。他会把暴力当作一种娱乐手段，通过这种方法来寻求刺激。当然这种感官上的刺激可能是积极的，也可能是消极的，它既可以让孩子产生暴力倾向，也可能让他产生受虐倾向。如果孩子一直遭受暴力，他很可能就会沉迷于这种感官上的刺激。他们可能会去咬别人，或者让别人来咬自己，也可能会打别人，或者让别人打自己，以此来获得类似的感官刺激。他们把被人虐待或虐待别人当成一种感官游戏。其中的心理因素和解决方法与前面关于性教育的讨论相同。

小孩子之所以会出现暴力行为，还和他们的生活方式有很大的关系。他们通常会做出一些让人震惊的行为来吸引别人的注意力，即通过积极—破坏性的方法获得父母的关注。他们对其他孩子使用暴力，通常只是为了表现自己的男子气概："看我多厉害。"他们之所以想惩罚别的孩子，全都是跟父母学的。他们在玩过家家的时候，经常会模仿父母的言行。他们会把洋娃娃当作自己的"孩子"或"学生"，当父母看到孩子虐待他的洋娃娃时，常常会感到非常震惊，但其实他们没有意识到，孩子的行为恰恰是父母行为的真实写照，孩子与他人的关系也恰恰反映出他们与父母之间的关系。

尿 床

孩子尿床一般不是因为他的身体出了问题。的确，膀胱、肾脏或脊髓等器官功能发育不健全可能会导致孩子尿床。但是，没有哪种疾病的唯一症状是不能憋尿。

五岁的弗兰克自从被父亲遗弃在孤儿院后便开始尿床。但他以前在家里从来没有尿过床。十一岁的艾伦和他的父亲发生了矛盾，父亲对他非常严厉。这一次因为他没有好好上学，父亲狠狠地教训了他，不让他出去玩，还揍了他一顿，打那之后他就开始尿床了。七岁的查尔斯也尿床，他这次尿床的原因很明显：父母把他送到了姨妈家，打算让他在那儿长住一段时间。在姨妈家第一天晚上他就尿床了,但他以前在家从来没有尿过床。当他姨妈问他为什么尿床的时候,他回答说只是想看看姨妈能不能容忍这件事。

如果孩子对周围的环境十分反感,他就不再好好表现了。他的报复心理常常会被一种自卑感所掩盖。这种孩子常常外表脏兮兮的,甚至以不洗澡为荣,表现出一种"堕落的野心"(韦克斯伯格)。对于家人来说,他确实是家里的负担,所以他不得不忍受别人的羞辱,通过这种方式来获得一种消极的满足。没有人知道该怎么教育他,如果自己让别人感到失望或沮丧,他反而会获得一种满足感。父母常常以为是孩子的身体出现了问题,甚至已经带孩子去看了医生,但是这种情况下,即便是吃药也解决不了任何问题。父母要给孩子一种荣誉感,让他找回自信,同时更重要的是要让他对周围的人有信心。在此之前,他一直感觉自己不受欢迎,却不知道其实是自己引发了这种感觉。

对于这种情况,我们建议让孩子通过自我调整来缓解症状,但是不建议父母在半夜里叫孩子起床上厕所。父母这样做会让孩子对自己的行为更加得意,这并不是我们想要达到的目标,我们不希望父母通过外部手段来改善孩子的膀胱功能。孩子必须学会控制自己的行为。无论怎样,父母都不要在半夜里叫醒孩子,带他上厕所。如果父母在夜里叫孩子起床上厕所,虽然孩子看似醒了,但通常并没有完全清醒。让孩子在还未清醒的状态下上厕所反而会影响孩子的身体机能。父母想要改善孩子的泌尿功能，就需要让孩子完全保持清醒，只有在完全清醒的状态下孩子才能学会如何控制自己的身体机能。

如果父母以前的教育方法对孩子不起作用，现在就需要对孩子采用其他更有效的教育方法。父母要做的就是在孩子睡觉的时候给他留一盏灯，准备好睡衣。如果孩子年纪大些了，父母还可以给他准备一套干净的床上用品，这样一旦晚上尿床了，他也可以自己照顾好自己。尿床后，孩子通常会非常受打击，他们讨厌自己，却不知道如何解决问题。父母必须让孩子知道，他们自己完全可以控制这种行为，而且他们最终一定能够照顾好自己。所有人都能够照顾好自己，只是时间早晚的问题。最重要的是，父母不仅要让孩子明白这一点，他们自己也要对此深信不疑。父母自身一旦表现出任何的羞愧、厌恶甚至绝望的情绪，就会对孩子造成消极的影响。孩子小的时候，父母很容易对孩子心生怜悯，从而让孩子逃避自然后果对他的惩罚，例如：如果孩子尿床了，父母就会让孩子跟他们睡在一起，实际上，这种做法是非常错误的。父母如果想让孩子不再尿床，首先需要保持冷静，不要太在意这件事，只有这样才有可能改变孩子，让孩子觉得自己完全可以照顾好自己。孩子一尿床父母就惩罚他们，就像孩子一好好表现就对他们提出表扬一样，对孩子都是有害的。因为这样做就过分强调了父母认可孩子的重要性，孩子就无法意识到很多事情本就是自己分内的事，他们自己可以做好。

表现出能力不足

因为备受打击而对自己完全丧失了信心，甚至自暴自弃的孩子非常少见。在大多数情况下，孩子内心受挫都只是他的一种错觉，但是他很可能会因此而逃避参加某些活动。但是，父母必须弄明白，孩子之所以逃避某些事情是为了获得父母的关注、蔑视父母的权威、惩罚别人、伤害别人，还是因为他感觉自己迷茫无助。只有在孩子觉得迷茫无助的情况下，他才会以自己无能为借口来逃避参与任何活动。当然他可能是真的无能为力，但更多情况下，他的这种认识是受到了环境的影响。有时孩子之所以觉得自己能力不足是因为他对外界环境的理解有误，这种误解甚至还会影响到别人对他的看法。

懒 惰

孩子太懒说明他的生活杂乱无序。懒惰的孩子往往拒绝做家务，拒绝配合家长做任何事情。每个人都会犯懒。孩子有时会按照自己的想法行事，只做自己感兴趣的事，或者沉溺于自己的幻想当中，对外界的其他事情表现得毫无兴趣。孩子可能是真的懒，也有可能是装出来的，父母的责骂与呵斥只会让孩子更加不愿配合。父母想要解决这个问题，只有一种方法，那就是激发孩子的兴趣。一旦父母能够让孩子对某件事情产生兴趣，他就不会再犯懒了。比如，如果孩子在学习上受到了打击，他就会觉得自己的努力都白费了，从此失去了学习的动力。如果孩子是左撇子，而其他同龄孩子出于某种原因觉得他笨拙可笑，那么他就会表现出无论做什么事情都提不起兴趣的倾向。在上述情况下，父母仅仅激发孩子的兴趣是不够的。他们要积极地鼓励孩子，让孩子对自己的能力建立信心。

因此，如果孩子太懒，一般说明孩子需要父母的帮助。但是，父母如果想帮助孩子，就不应该只是在表面上下功夫，如伸出援助之手、敦促孩子做某事，更不能直接帮孩子完成他该做的事情。父母这样做并不能帮助孩子解决问题。孩子真正需要的是和父母进行深入的交流，并积累一些宝贵的实践经验。只有这样，父母才能帮助孩子增强自信心、提高心理素质，让他们开心愉快地完成任务并克服自己遇到的一切困难。

笨

如果孩子试图逃避责任或是自暴自弃，可能会让别人觉得他很笨。很多孩子总会故意让别人以为他很笨。当然，我们必须考虑到有的孩子可能存在一定程度的智力缺陷，事实上，对于这种智力低下或天生就有缺陷的孩子，我们很少会觉得他们"笨"。这些所谓的"笨孩子"只是因为做错了事情而受到了父母的责备，他们实际上都是正常的孩子。换句话说,他们的笨并不是与生俱来的,而是后天形成的一种精神上的惰性。

有一次,在公园里,我看到了这样一幕。一个阿姨正在和几个六七岁的小女孩玩游戏。这时,突然有一个漂亮的小女孩跑到她面前,想跟她要一个苹果。小女孩委屈地问那个阿姨:为什么有些孩子上次分到了两个苹果,这次还是分到了两个苹果,而她每次只分到一个苹果?那个阿姨把她抱到腿上问道:"一加一是多少?"孩子漂亮的小脸蛋突然皱了起来,露出了一个害怕的表情,只见她的小嘴唇微微动了动,却一句话也没说。

我对这个孩子一无所知,但我们能感觉到她问题背后的原因。她真的会数数吗?如果不会,她怎么知道其他孩子一次得到了两个苹果。显然,她只是不想回答这个问题。我们由此可以看出,她的笨是装出来的。她可能在刚上学的时候就已经遇到了类似的问题。受到父母溺爱的孩子习惯了家里安逸舒适的生活环境,往往很难适应学校的集体生活。他们不习惯什么事情都靠自己。他们跟不上同班同学的节奏,很快就对自己丧失了信心。还有些孩子,凭借自己的"活泼可爱"或其他方面的优势获得家人的关心与爱护,他们习惯了不劳而获的生活,一旦进入学校,他们很可能会觉得老师布置的任务对他们来说"太难了",根本无法完成。于是,他们就会直接放弃，甚至拒绝尝试。

而父母往往会非常害怕自己的孩子一事无成，所以导致孩子更加受打击。对于不想学习的孩子，学习就是一种彻头彻尾的折磨。学习让他根本没有时间好好休息，不能好好玩游戏，甚至连吃饭的时候都不得消停。父母一次又一次地提醒他去上课，并不断地询问着他的学习进度。难怪孩子会选择罢工，所有与学校作业类似的任务他都会拒绝完成。我曾经遇到过一个病人，她是一个智力发育正常的成年女性，但她的知识储备却相当于小学四年级学生的水平。她从小生活在父母的溺爱之中，就像上面描述的那样，她总是喜欢逃避责任或自暴自弃，所以别人都认为她是个笨女孩。但事实上，她智力正常，一点都不笨。唯一的问题是，她非常漂亮，所以她习惯了利用这一与生俱来的优势来达到自己的目的。因此，孩子看起来笨，很多时候是他受到了打击。如果孩子认定了自己不够聪明，他们就很难学到什么东西。

很多孩子都喜欢假装自己很笨，他们把"笨"当作借口，拒绝承担他们本该承担的责任。只要他不想做某件事情，他就会说自己"很笨"，自己"什么都不会"。如果孩子在学校的某一门课上学习成绩不佳，他就会觉得备受打击。面对同一个问题，不同的孩子反应也不同。如果孩子的上进心太强，总想着拿第一，那么他只会在自己确定能拿第一的时候才付出努力。如果不确定自己能拿第一，就会失去兴趣，说自己没有这方面的天赋，所以学不会。

有的孩子甚至在学龄前就会玩这种把戏了。就像之前我们提到的那个用小刀去切汤的孩子，他的父母总是抱怨自己的孩子太笨了。他非常清楚自己应该做什么，却总是乐此不疲地和父母对着干。他之所以装笨就是想让父母为他服务。在这些案例中，孩子装笨既是为了逃避责任，也是为了获得父母的关注。

独生子女或家里最小的孩子在刚开始上学的时候可能会使用这种策略。这样做，他可以让母亲来帮他写作业。如果母亲不坐在他身边，他就什么都不做，既不写字也不会算数。一般情况下，凡是容易焦虑且有上进心的母亲都会落入孩子布下的这个陷阱。她从来不会注意到，孩子也像她一样，逐渐变得迷茫与无助，对此母亲会感到非常吃惊、十分担心，她会用尽一切办法去鼓励孩子，纠正孩子的错误。结果到头来，还是得靠她自己来帮孩子解决问题、写完作业。有些孩子无论做任何事情都始终保持着无能为力的状态，他们甚至连一封信或一篇作文都写不出来。每次拿起笔时，他们的大脑就会一片空白。

想要让孩子打消让母亲帮他做作业的念头非常困难。如果母亲想要摆脱孩子对她的控制，孩子就会跟她理论争执，甚至还会使用各种花言巧语来哄骗母亲。如果母亲坚持让孩子尽量自己完成功课，他就很可能每做一道题就问母亲是否做对了。他最终可能会答应母亲独立完成作业，前提是母亲坐在他身边看着他。

因此，在很多情况下，孩子会利用他的"笨"让别人帮他做事。动物有时会用装死的方法来躲避敌人的攻击，同样地，孩子会装笨，成年人会装傻。孩子装笨和动物装死是同样的道理。孩子可能是真笨，也有可能是装笨，家人通常对这种"笨孩子"束手无策，他们没有意识到这只是孩子为了逃避责任而使用的一种手段。父母总是不断地责骂、批评、羞辱他们的孩子。与此同时，他们又不知不觉地掉入了孩子布下的陷阱，最终还是帮孩子完成了他想要逃避的事情，自己被耍得团团转。因为孩子太过依赖父母，对自己的能力缺乏信心，所以父母对孩子的批评和嘲笑会让孩子变得更笨。

那么，我们应该如何教育一个"笨"孩子呢？首先父母要彻底转变他们对孩子的态度。不要再去责骂孩子，不要动不动就提及他的缺点错误，更不要把他与其他比他优秀的兄弟姐妹们作比较。同时父母不能再像以前那样放松警惕，放任孩子逃避他本该承担的责任。当然，父母也不要为了让孩子完成任务而没完没了地催促、威胁他们，这样会让孩子更加厌恶他本身就反感的事情。只需要让他们承受逃避责任的自然后果即可。目前的情况是，如果孩子做不好某件事情，承担后果的是父母而不是孩子。父母总是避免让孩子承受任何不愉快的结果。长此以往，孩子会认为自己无论做什么事情都是为了父母，而不是为了他自己。一些父母总是格外关心孩子的学习成绩，为了让孩子能更好地学习，他们甚至免除了许多孩子本该承担的责任。这样做的后果就是：一旦孩子在学校成绩不及格，他就会把责任推到父母身上。

事实上，激发孩子的兴趣是老师的责任，而家长应该尽量不干涉孩子的学习。父母可以给孩子读一些有趣的书，或者带孩子去图书馆看看书，去动物园看看小动物，还可以给他们讲一些关于大自然的故事，或者和孩子讨论符合他年龄与发展水平的话题，这样做可以激发孩子的兴趣，对他们的成长会有很大的帮助。这样的话，孩子可能会对相应的学科知识更有兴趣，并且能够在学习中不断发现其中的乐趣。

八岁的罗斯太笨了，笨到都没办法跟其他同龄的小朋友一起玩儿。她不能自己穿衣穿鞋，甚至连话都说不好，说话的时候总是喜欢吞掉半个单词和音节。毫无疑问，她在学习中肯定会遇到困难。大家都把她当成有智力障碍的孩子来对待，却不知道其实她的智力一点问题都没有，智商值是九十一。如果让她按照自己的想法行事，她就会变得非常聪明，在很多方面都表现得很优秀，而且对相关问题都能对答如流。罗斯有一个很聪明的妹妹，比她小一岁半。妹妹在各方面都比她强，但尽管如此，同妹妹比起来，罗斯总能获得父母更多的关注。她甚至还有一个专门的保姆，开始上学的时候，父母为她请了一个私人教师。

孩子装笨往往会给他们带来很大的好处！但很多孩子并没有罗斯那么幸运，他们只能被人忽视、自生自灭。

那些看似智商不高的孩子，很多都是装出来的，他们各有各的目的。这些孩子家里可能有一个特别聪明、能力卓群的兄弟或姐妹。正是因为家中的兄弟姐妹太过优秀，所以这个孩子备受打击，完全放弃了自己。有时候这种自我放弃还可能是因为他有一个非常能干的母亲或姐姐，她们承担了家里所有的事情，所以就没有什么事情是他可以做的了。

对于所谓的"笨"孩子，父母一定要格外重视，要给予他足够的关心和爱护。这些孩子很可能会一鸣惊人，获得让人难以置信的非凡成就。有时候即便孩子的智商值提高了，父母还是会感到担忧，在他们看来，孩子的智力很难改变。不幸的是，孩子是真笨还是装笨，父母往往只有等治疗结束之后才能知道。所以，无论是父母还是老师，都不能因为孩子"智力低下"而放弃对他的关心和帮助。相反，他们更应该采取积极有效的措施，让孩子把自己的潜力发挥到极致，努力成为一个对社会有用的人。

"天资不足"

如果孩子在某些方面明显不是很擅长，父母通常会认为孩子"天资不足"。如果父母无论怎么努力都没有办法弥补孩子的缺陷，尤其是在孩子自己也十分努力、积极配合的情况下，要是还没有取得丝毫的进展，他们就会觉得孩子一定是在这方面没有天赋。

实际上，对某项技术或能力的习得是一个非常复杂的过程，需要经历大量的实践和训练。目前，我们还不是很确定到底哪些因素会对训练的过程造成影响。无论这些影响因素是积极的还是消极的，我们都需要对其进行深入的科学研究。不幸的是，我国目前对这一领域的研究还处于初级阶段。许多父母之所以会觉得孩子天资不足是因为他们没能发现自己在孩子教育过程中的问题和疏漏。

那么，父母到底该怎样做才能激发孩子的潜能呢？当然，我们不可能在这里把所有的方法都讨论一遍。而且每个孩子的情况不同，同样的激励措施对于不同的孩子很可能会产生完全相反的效果。例如：在一些家庭中，其中一个孩子可能会以父母为榜样，向父母学习；而另一个孩子可能会觉得自己能力不足，达不到父母的水平。父母对孩子期望过高，可能会促使某些孩子进步，也可能会阻碍某些孩子的发展。父母反对或禁止孩子做某事，可能会激励某个孩子格外地努力奋进，也可能会让另一个孩子一事无成。父母需要认真观察孩子的反应，看他们到底是消极反对还是乖乖顺从，是强烈抵抗还是积极配合，是信心倍增还是备受打击。通过孩子的这些反应我们可以判断出某种教育方法是有利的还是有弊的。

对于相同的教育方式，不同的孩子会做出不同的反应。这会直接导致父母的教育方法缺乏针对性，也会让他们更加相信是遗传因素影响了孩子某些技能的习得。所以，很多家长、老师，甚至连一些心理学家都认为孩子能力不足是遗传因素导致的。然而，通过对孩子和父母的调查，我们发现很多孩子之所以能力不足主要是因为父母的教育方法不当，孩子总是受打击。在教育孩子的过程中，父母可以仔细观察孩子最不喜欢做哪件事情，稍加分析就会知道到底是什么导致孩子能力不足。有些孩子总是学不会写字，他们一般是在刚开始上学的时候就受到了各种打击，对自己丧失了信心，最终放弃努力，随波逐流。还有一些孩子，他们之所以不再努力，是因为他们觉得自己无法超越别人。还有的孩子之所以不会写字是因为他们想按照自己的方式来书写，他们不想每个字都写得跟别人一模一样。这些孩子在写字的时候总是天马行空，想怎么写就怎么写，每次写的都不一样，一会儿这么写，一会儿又会换成其他的写法。最后他们会变得十分困惑，索性直接放弃了。他们根本不想弄明白这个字该怎么写。很多成年人也遭遇过同样的问题，他们受过良好的教育，读过很多书，却依然不知道怎么把字写好。这是因为他们小的时候就不怎么会写字，而最开始教他们学习写字的老师并没有给予足够的耐心去纠正他们的问题，所以现在这些人即便成年了也依然害怕写字，连手写一封书信都会让他们感到恐惧。

孩子学不好数学，可能是因为他们在最开始学数学的时候就受到过打击。有些孩子因为总是受到父母的过度保护，所以无论做什么事情都很难自己做决定。他们无法做到独立思考问题，自然也就难以解答出任何数学问题，因为解决数学问题最需要的就是逻辑思维能力。他们可能很擅长那些需要死记硬背的科目，但一旦遇到需要他们独立思考、自我决断的事情，他们就不行了。

我们可以通过孩子的音乐课来证明这一点，因为音乐课是大家公认的最需要天赋的科目。有些孩子对音乐一点也不感兴趣，对他们来说，让他们学习音乐简直就是一种折磨。他们觉得音乐课最无聊了，甚至连最简单的曲调都不会唱。一般这种情况下我们会认为孩子缺少音乐天赋。但我们在前面很多案例中都提到过，孩子看似"缺少音乐天赋"，实际上只是之前受到过打击，所以他才会不喜欢音乐。这很可能是因为他的家里有位非常有音乐天赋的兄弟或姐妹，孩子受到了打击才会出现现在的问题。一般情况下，如果家里的两个孩子之间存在明显的反差，就会出现这样的问题。

埃里克今年十岁了，他似乎对音乐一窍不通。他不喜欢听音乐会，就连最简单的儿歌也唱不好。虽然他小时候曾经对音乐很感兴趣，但后来却彻底发生了转变。他父亲经常在家里演奏音乐。这个男孩是家里的独生子，他的母亲把他惯坏了，只要家里音乐一响起来，他就坐不住，最后不得不被父亲赶出房间。从那时起，他就再也不喜欢音乐了。后来他上学了，在学校里他也拒绝跟其他同学一起唱歌，所以经常会被同学议论和嘲笑。每次他的祖母想教他唱歌，他就会生气地跑开。直到他十岁这年，他的父母带他来我们这里进行咨询，他才知道自己为什么不喜欢音乐，我们把这些原因讲给他听，并帮助他重新认识了音乐，他最终慢慢地克服了对音乐的恐惧。后来，他遇到了一位非常善解人意的音乐老师。在这位老师的帮助下，他练就了一双"灵敏的耳朵"，唱歌也越来越好听。

有些孩子在家里从来没有学过唱歌，所以他们在申请加入学校合唱团的时候不仅没能成功，甚至还受到了其他同学的嘲笑。他们十分羡慕班里那些唱歌唱得好的同学，也为自己的落后而倍感失落，如果再遇到一两个浅薄无知的老师对他冷嘲热讽，他的自信心就会大受打击。最终，他没有音乐天赋的事会成为既定事实，再多的努力和练习都于事无补。多年过后，他最终可能会意识到自己并不是没有音乐天赋，他和其他人一样能感受音乐中所传达的情感。自此，他的"先天不足"会奇迹般地消失。

孩子对音乐的热情常常会遭到父母的扼杀。那些上进、偏执的父母总是强迫孩子多加练习。他们没有意识到，自己这样做会阻碍孩子在音乐上的发展。父母把一门能够给人带来快乐与灵感的艺术活动变成了一项枯燥而乏味的任务。当然，任何事情的成功都需要经历大量反复的训练，但训练能达到一定效果的前提是孩子对它产生兴趣，同时需要家长采取一些激励措施。单单让孩子枯燥乏味地练习是不行的。哄骗、提醒、威胁和惩罚等方法既不能培养孩子的兴趣，也不能激发他们的灵感。对孩子兴趣的培养是老师的工作，家长要做的是强化孩子的学习兴趣而不是给孩子施加压力。父母可以给孩子播放一些美妙的音乐，或者带孩子去听一场音乐会，帮助孩子学会鉴赏美妙的音乐，并对他们的进步提出表扬。当然，他们可以强迫孩子坐在钢琴前反复地练习，但在大多数情况下，他们这样做只会扼杀孩子对音乐的热情。如果孩子音乐考试不及格的话，甚至连老师都会觉得孩子没有音乐天赋。事实上，父母与孩子之间的冲突，以及由此造成的错误的教育方式会严重影响到孩子的训练。最终，所有人都会觉得这孩子没有音乐天赋。

我们之所以如此详细地就孩子在音乐方面的天赋进行讨论，是因为通过讨论我们可以看出很多时候人们认定的遗传问题和先天不足都是非常轻率的判断。这种消极的判断不但不能帮助孩子解决问题，反而会给孩子带来很多的麻烦。无论是音乐天赋还是其他方面的天赋都是同样的道理。如果某个孩子在绘画、写作、数学、语言或其他学科上看起来没有天赋，我们首先应该弄清楚孩子是不是曾经在这一方面遭受过打击。如果是的话，那他具体经历了什么？他是否拒绝接受这方面的训练？如果是的话，那又是为什么？父母对孩子的劝说和敦促实际上同责备、挑错以及放大孩子的缺点错误一样，都不会给孩子带来积极的影响，只会让他越来越失败。父母应该想办法让孩子重拾信心，努力获取孩子的信任，帮助他克服障碍，让他认识到自己的进步。父母还可以想办法提高孩子的自理能力，培养孩子的兴趣，激发他的学习热情，最重要的是在必要的训练过程中培养孩子的耐心，这些方法都可以帮助家长纠正孩子的问题。

另一方面，父母不应该强行培养孩子在某个方面的能力。孩子只有发自内心地专注于某件事情，并进行不断的强化训练，才能够掌握某项特殊的才能。父母强行给孩子施加压力，反而会使孩子反感、排斥这件事情。当然，理想和抱负能够激励孩子取得卓越的成就，但如果孩子缺乏足够的勇气与信心，太多的理想抱负反而会阻碍他的进步。无论如何，家长都应该多多关注孩子的思想动态，对他进行积极的鼓励与赞美，只有这样孩子才能不断地进步。有些父母总是急功近利，在孩子还很小时就让他们参加一些困难的活动，还承诺孩子一定能获得令人瞩目的成就。一开始孩子确实表现得像个神童，这让父母的虚荣心得到了充分的满足，但从长远来看，这并不是什么好事；很多案例都显示这样的孩子最终很可能会崩溃，导致悲剧性的结果。新时代的父母应该避免使用那些容易让孩子产生敌对情绪的教育方法，千万不要打击孩子的自信心。只有这样才能有效地激发孩子的潜能。

"强烈的"消极抵抗

很少有孩子会一直处于消极被动的情绪之中，即使是那些在身体和智力上都发展迟缓的孩子，偶尔也会积极地参与某些活动。孩子往往会通过强烈的消极抵抗来表达他们内心的不满和愤怒。的确，他们受到了打击，内心感到非常绝望。他们的消极情绪太过强烈，我们称之为"强烈的"消极抵抗。

这些孩子渴望得到权力，特别想要报复别人，但他们只会通过消极的方法来达到自己的目标。他们会让父母和老师感到绝望。似乎任何人都不能改变他们。如果有人想要影响或引导他们，最后一定会以失败告终。

约翰今年九岁了，他无论在家里还是在学校都不愿意与人合作，所以父母把他送到了我们的教育中心。尽管他偶尔会说谎、偷东西、逃学，但总的来说他并没有特别的淘气。他什么都不做，这才真的让人生气。他很懒，身上总是脏兮兮的，不穿好衣服就去上学，而且每次上学都迟到。他几乎所有科目都不及格，从来不做作业，考试也不好好准备。他甚至从来都不和他的兄弟姐妹以及其他小朋友一起玩儿。他习惯了在家里逆来顺受，父母总是不断地劝导他、威胁他，甚至非常严厉地惩罚他，但总是起不到任何效果。在过去两年里，他的情况变得更糟了。对他影响最大的是他的弟弟。弟弟比他小一岁，无论是在家里还是在学校，弟弟都比他能干。他的弟弟其实并不算是一个好学生，但至少每次考试都能及格，一开始弟弟跳了一个年级，就和他同级了，后来没过多久弟弟又跳了一个年级，这样弟弟就比他高一级了，从这时开始，他的情况就变得更糟了。

第一次来到教育中心的时候，约翰直接拒绝进入我们的咨询室。第二次来的时候，他的母亲陪他一起，但他还是在门口站着，不愿进来。不管我们怎么邀请他、建议他、劝导他，他都没有任何反应。我们不得不让他待在那里，在谈话期间，我们能够观察到他对我们的谈话内容很感兴趣。第二次交谈的过程中，他表示愿意坐到医生的旁边，尽管他偶尔用简单的微笑和手势动作来给予回应，但整个过程中他还是一句话都没说。后来我们需要他离开房间单独跟他的母亲交流一下，他直接拒绝了，坐在那里，怎么都不站起来。我们不得不把他抬到了外面的椅子上，他也没有做出任何的反抗。

约翰最终克服了他强烈的抵抗情绪，方法与之前针对那些喜欢彰显个人能力的孩子所使用的方法类似。他的母亲是一个严厉、刻板的人，一个完美主义者，曾多次因为各种事情惩罚他，甚至有一次因为约翰上学迟到了还狠狠地打了他一顿。如今她学会了克制自己并运用自然后果教育法来教育孩子。约翰第一次积极参与集体活动是在我们教育中心的乐队里。那是他第一次和别人愉快地交流。后来他又参加了教育中心的一个舞蹈班。渐渐地，他越来越愿意与人交流，待人也越来越友好，能够真诚坦率地表达自己的想法，最后就连上课的时候也能做到专心听讲了。当然，他的弟弟这时候就开始出现问题了。

如果父母强迫孩子克服消极情绪，孩子反而会更加消极。

杰克今年七岁了，除了母亲以外，他不和任何人讲话。

他的母亲非常宠爱他，对他言听计从。似乎母亲是唯一一个能够跟他交流的人。在学校，他一句话也不说。他已经学会了写字，愿意通过写字来回答老师的问题，他也可以用手势来表达自己的想法，但无论如何他都不说一个字。当别人对他说话的时候，他会听，也会按照别人说的去做，但不会回答任何问题。在我们教育中心，他经常对着空气发呆，好像听不到别人说的话。他不和任何人交流。

我们在前面也提到过，"强烈的"消极抵抗是否能够归为第四类，这一点还有待考究。孩子出现消极情绪不代表着他一定会自暴自弃。父母应该意识到，孩子不作为才是最可怕的。父母给孩子压力、没完没了地劝导孩子或惩罚孩子都只会让孩子更加无动于衷。面对这种情况，父母最好不管他，让孩子体验消极情绪所带来的不愉快的自然后果。只要孩子能够迫使父母做出回应，刺激他们付出更多行动和努力，孩子就会觉得自己的方法是有效的。

病理反应

如果孩子的抵触情绪已经发展到非常严重的程度，孩子很可能就会出现一些病理反应，看起来比较"反常"。对于这种出现病理反应或看起来"反常"的孩子，家长必须格外小心谨慎。一般来说，孩子的反应都是正常的，即使有的孩子言行看起来有点极端、不太正常,这也都是他们过于敏感的缘故,他们的行为只不过是对自己的所见所闻给出的正常反应。然而,这些在幼儿时期看似"正常"的反应如果没有得到及时解决和纠正,很可能会一直跟随孩子到成年,这时他们的问题就会成为"病理性问题",因为此时他们的反应已经与实际情况不相符了。然而,即便孩子的问题已经非常的严重,我们也不能把他们当成精神病患者来对待,因为我们对孩子与他的父母、老师及周围人的关系缺乏足够的了解。

"病理反应"这一术语只能用来描述某些特定的反应模式,但是如果孩子在以后的生活中一直出现这样的反应模式,那他可能就真的有精神问题了。成年患者的病史显示,第一次出现症状通常是在小的时候,所以我们可以在孩子身上观察到这些疾病最早期的症状。当然,这些症状不足以说明未来孩子就会出现忧虑、恐惧或悲观情绪。一旦孩子出现这些症状,父母更需要对孩子多一点关心和爱护,这样可以防止问题越来越严重,避免孩子出现病理性反应。然而很多家长非常容易受到孩子消极情绪的影响,最后让本就不好的情况雪上加霜。

神经紊乱

我们在前面讨论孩子的恐惧、责任心太强、乱发脾气和注意力不集中等问题时,已经提到了一些孩子常见的神经问题。无论是孩子还是大人,出现神经问题的最典型特征就是他们总是一边表现出善意,一边以自己的神经紊乱为借口隐藏内心的敌对情绪。孩子最初可能只是利用这些神经问题来逃避父母的责罚,但是,一旦他真的认为自己有神经问题,神经机制也就形成了。

很多神经问题都出现在孩子小的时候。他们总是反抗父母、反抗秩序。孩子想要通过这种方法逃避责任、获得父母的关心与帮助,或者他们仅仅是为了让父母对自己多一点点关注。每个孩子的情况不同,他们出现的症状也大不相同。孩子经常会模仿周围的人,也可能会从偶然的经历中获得灵感。他的问题具体会发展成什么样子,取决于家长在孩子第一次出现这些问题时所做出的反应。家长的反应越强烈,孩子的问题就会越严重。如果父母忽略它的存在,孩子的问题反而可能迅速消失。特别是在最开始孩子还没有形成固定的行为模式的时候。

有神经问题的孩子往往生活得非常紧张。他的问题往往源于生活中的诸多压力,如孩子可能与父母、兄弟姐妹以及老师之间发生了冲突,也可能是遇到了某些危机,抑或是因为自己的上进心太强。孩子长期处于这种紧张的压力之下,一旦他的思想、情感或身体出现任何问题,他都可能会表现出神经紊乱。如果孩子曾经患过百日咳,他可能会比别人更难痊愈;如果孩子曾经因为吃了不健康的东西而患上了胃病,那他以后可能会经常感觉胃不舒服;如果他的母亲有心律不齐的问题,那很可能会让孩子也开始留心观察自己的心跳,最终因为过于紧张而引发神经紊乱。尤其值得注意的是，如果别人出现神经紊乱的问题，孩子很有可能会模仿。孩子的某些问题可能只是一些"坏习惯"，但如果家人总是对其小题大做，很可能会让孩子的坏习惯发展成神经问题。

我们无法列出孩子所有可能出现的神经问题。下面我们就几个常见的神经问题进行讨论。

孩子过于紧张，最常见的症状就是痉挛。孩子身体的任何部位都可能发生痉挛，有时会表现为全身抽搐，这种情况很容易被误以为是癫痫或心脏病发作；痉挛有时可能会发生在眼睑部位，称为眼睑痉挛；有时发生在下巴，称为下颌痉挛；有时发生在面部，表现为面部抽搐，这会使孩子的面部表情看起来非常痛苦；痉挛还可能发生在咽喉、颈部、肩膀、手臂和腿部等。孩子打哈欠、打喷嚏、大笑、大哭或咳嗽时，都有可能出现痉挛。当然，有时孩子出现这些症状可能是因为他的身体出现了问题，所以一旦你的孩子出现上述症状，一定要带他去医院做一个全面的检查。

紧张还非常容易使孩子出现胃肠道功能紊乱。很多孩子在出门旅行、去剧院或任何不开心的事情发生前都会感到紧张焦虑、吃不下东西。上学也有可能让孩子感到紧张，所以这时候他们一般吃不下早餐。孩子不爱上学可能是因为他们本身就不喜欢学校，还有可能是因为他们争强好胜、害怕失败。不管是哪种原因，只要孩子感到紧张焦虑，他就会吃不下早餐，尤其是在考试或是要提交某个比较困难的作业前更是如此。这时，家长如果劝孩子吃东西，孩子很可能会肠胃痉挛或紧张呕吐。一般情况下，孩子出现幽门痉挛是由于他们不吃东西，肠胃痉挛则可能导致孩子腹泻或便秘。

孩子紧张到一定程度还有可能影响他的睡眠。有的孩子睡觉时可能辗转反侧睡不安稳，有的孩子甚至会说梦话或是惊声尖叫。这是因为他们在睡眠过程中还在想着白天发生的那些令他紧张不安的事情，所以才会发生这样的情绪波动。有些孩子甚至会紧张到睡不着觉。如果孩子感到紧张焦虑，他的心血管系统很快就会受到影响，因为害怕是一种生理反应，焦虑感会直接影响到他的心血管功能，使他出现心慌、脉搏加快、脸红、脸色苍白、出汗等症状。如果孩子压力太大，还可能会出现强迫性症状。

因此，在治疗过程中，我们需要让孩子先冷静下来，当然，父母也要冷静下来。如果孩子的问题太过严重，可以考虑使用药物治疗，但这种方法只能用来临时缓解某些特殊症状。我们前面讨论过父母应该怎么做才能帮助孩子解决问题，这些方法同样适用于孩子的神经问题治疗，但是我们不应该仅仅关注问题的表象，还要想办法改善孩子的性格以及他和父母之间的关系。事实上，孩子整体情况都需要进行彻底的改善。如果家长忽略了孩子的某些症状，只对他表现出来的某一个问题进行解决，那孩子的紧张与焦虑仍然无法得到缓解。因此，对于一些比较严重的问题，尤其是年龄大一点的孩子身上出现的问题，一定要进行专业的心理治疗。当然，仅仅帮助孩子解决眼前的问题是远远不够的，父母也需要接受治疗，这样他们才能够采用更加明智的方法来教育指导自己的孩子。

精神失常

现如今，越来越多的孩子患有精神失常。这可能是因为之前我们一直以为孩子智力发展迟缓。各种迹象表明，这些孩子虽然看起来像是智力发展迟缓，但事实上他们的智力是正常的，甚至有些孩子的智力比正常人还要高。然而，这些孩子往往会做出一些十分荒唐的言行，并且他们根本无法理性地控制自己的行为，所以我们把这种情况称为精神失常或精神分裂。但是，这些儿童患者与成年患者不同，虽然他们也像成年患者一样活在自己的世界里，但是儿童患者明显更少受到外界环境的影响。他们不愿意倾听，也无法用语言来表达自己的想法，所以他们总是表现得性格孤僻、不爱说话。很多孩子完全不会说话，还有些孩子看起来听不到任何声音，但实际上完全没有听力障碍。正是因为很少有人真正了解这些"精神病人"，也因为"精神病人"这样的说法多少让人觉得有点不太好听，所以我们一般不会把这些孩子称为"精神病人"，而是称他们为"情感发育迟缓者"。

对于孩子为什么会情感发育迟缓，专家还没有给出一个合理的解释。一些专家认为，这是因为孩子的大脑存在先天缺陷，尤其是发育缺陷；还有一些专家认为这是父母的性格导致的，尤其是母亲的性格，会造成孩子情感发育迟缓。通过我们的观察发现，这些患有精神问题的孩子，他们的父母和一般的父母并没有什么区别，事实上，就连他们的兄弟姐妹也都没有出现类似的精神问题。另一方面，我们也发现，到目前为止，我们只看到极个别患有精神问题的孩子有身体缺陷，而且这些所谓的身体缺陷后来也得到了治愈。所以，专家认为身体缺陷导致孩子出现精神问题这样的说法似乎也不太说得通。孩子很可能是在大脑发育上存在一些问题，所以更容易受到某种行为模式的影响。

这些孩子的典型特点是，不管外界给他们多大的压力，对他们提出了什么样的要求，他们都会坚定地按照自己的想法去做。因为担心孩子会对压力产生抵触情绪，所以一些专家认为，在孩子的治疗过程中不应该让孩子感受到任何压力。但通过观察，我们得出了完全相反的结论。父母纵容孩子通常会导致孩子的精神问题加重，而他们始终如一对孩子，则会减少孩子的暴力行为。不管是父母给孩子施加的压力，还是社会对孩子提出的要求，孩子都会坚决反抗——这为我们理解这一问题提供了线索。

这似乎可以与青少年叛逆的另一种极端形式——青少年犯罪——相提并论。在一个民主的家庭里，随着父母在家里的权威逐渐降低，之前一直听话的孩子开始敢于公然表现出他们对社会秩序的反抗，此时以上两种情形就会发展到一个新的阶段。换句话说，孩子出现精神问题说明他们的叛逆情绪已经达到了一种极端，他们不再害怕父母的惩罚，甚至想要通过叛逆来证明自己足够独立，并愿意为自己的叛逆行为付出代价。孩子之所以出现这种叛逆情绪，主要是因为父母之前对他太过宠溺与纵容了，所以一旦父母不再任他胡作非为，或者想要"约束"一下他的言行，他的叛逆情绪就突然爆发了。当然，孩子之所以如此放任自己的叛逆行为，没有丝毫犹豫，多多少少还受到自身素质和个人性格的影响。

如果父母不想让孩子出现这样的精神问题，除了建立起必要的家庭秩序，给孩子施加一定的压力以外，几乎没有任何办法。但父母如果想让孩子遵守家庭秩序，光靠对孩子施压是行不通的，还需要采用我们在这本书中介绍的一系列方法来教育孩子。对于那些身心脆弱、容易生病或身体有缺陷的孩子，父母不需要对他们采用特殊的教育方法，只需要认真地遵守一些基本原则就好了。另一方面，如果孩子身体残疾或有缺陷，父母会很难把正确的教育态度和方法坚持下去，所以他们在教育孩子的时候需要具备更大的决心和毅力。

一旦孩子出现精神问题，父母就需要带孩子去看看精神科医生。市场上已经研发出了一些新的精神药物，具有很好的治疗效果，能够让父母的教育方法更加有效。虽然这些药物不能把孩子完全治愈，却可以让他更愿意听从父母的话，从而达到更好的教育效果，让孩子的大多数问题都能得到很好的缓解。根据我们的经验，如果其他疗法对孩子都没有效果，父母还可以尝试一下音乐疗法。出现精神问题的孩子通常听不进父母说的话，但是通过听音乐可以让他放松下来，以便进行沟通。播放有节奏感的音乐可以达到更好的治疗效果。因为节奏代表着一种新的社会秩序，这种形式的秩序，孩子更容易对其做出反应。

和所有的权利较量一样，即使孩子出现了精神问题，对于他的不正当要求，父母也要坚决拒绝。家长的态度务必非常坚定，虽然孩子具有一定的攻击性，但父母应该坚决而冷静地面对孩子的攻击。为了维护孩子的独立和自尊，父母必须坚定而勇敢地维护自己的权利，而不应该不断地向一个生病的孩子屈服。父母不能因为孩子出现了精神问题就对他宽容，这会让孩子的病情变得越来越严重，孩子甚至会利用自己的精神问题对父母施暴。

病态人格

如果孩子有不良行为和叛逆情绪，他可能会出现病态人格。[1]但实际上，他只是不认同周围人的价值观和道德观。他可能会表现得目中无人、自我放纵，也可能只按自己的想法

---

[1]病态人格，按照我们的理解，指的是一个人没有形成足够的道德意识，无法接受他所在社会中的某些道德和价值观念。因此，他的行为会扰乱社会秩序。他认为只有自己的利益才是最重要的，他的行为不受任何事物的约束。我们可以将病态人格分成三类：（1）放纵型人格：这类人可能会酗酒、吸毒、赌博、说谎，他们心理变态、骗财骗色、举止怪异、欺上瞒下；（2）反抗型人格：这类人可能会是流氓、罪犯，他们道德败坏、男盗女娼，而且行事鲁莽，喜欢与人发生争执；（3）智力障碍型人格：他们缺乏分辨是非的能力，也不太能区分善恶对错，他们可能会放纵自己、反抗社会，也可能会表现得不守规矩、无拘无束、任性冲动。

行事，完全不管别人怎么想。但是，这些孩子绝大多数都能进行自我调整，长大后都不会再出现这种人格障碍。尽管他们可能一直都不太适应家庭和学校生活，但一旦他们离开了自己的原生家庭，长大后反而可以很好地适应社会。事实上，是他们的原生家庭妨碍了他们的成长。另一方面，如果父母和老师对孩子过度地干预，或是忽略了对孩子最基本的监督和帮助，那么有些孩子即便小时候没有表现出任何的叛逆倾向，他们的反抗情绪也很有可能会在青春期彻底爆发出来。青少年之所以会犯罪，可能是因为孩子还没有准备好迎接青春期，也有可能是因为家长和老师没有通过正确的方法去了解孩子、欣赏孩子，激励他往好的方向发展。

父母需要给予孩子足够的关心，对孩子身上出现的任何反抗情绪和叛逆倾向都要进行密切的关注。对于他们已经出现的叛逆情绪，父母不能通过武力来压制，也不能靠故意纵容他们来缓解。如果孩子出现不良行为，很多家长都会采用这两种方式——要么武力压制，要么故意纵容，但这两种方法大都会导致孩子更加放纵自我、反抗、叛逆。如果学校没有教育好孩子，没能教会他们融入集体、遵守社会秩序，那么越来越多的孩子可能会出现反社会人格，处于青春期的孩子更是如此。我们这个时代的价值观正在不断发生变化，这使得孩子们也变得越来越蔑视父母和老师的权威，蔑视道德规范。孩子们越是觉得父母的价值观有问题，就越会反抗父母，反抗所有的道德规范。我们必须再次强调，虽然孩子在青春期出现叛逆情绪可能会导致犯罪，但这并不意味着孩子一定会形成病态人格。然而，学校对孩子的惩罚以及父母对孩子的放纵与忽视很有可能会使孩子更加反抗社会，最终导致无法融入社会。

有些孩子在青春期会出现特别严重的病态情绪，他可能会非常叛逆、极度自我放纵，有些孩子甚至还没进入青春期就出现了这些症状。性冲动也有可能导致孩子出现叛逆情绪和自我放纵。如果父母和老师都不能阻止孩子的反抗行为，那么孩子很可能会完全失去控制。他们可能会去赌博、酗酒、破坏公物、自我放纵、寻欢作乐，严重的话还可能会杀人放火、作奸犯科，这些现象都说明孩子想要脱离社会，寻求自身存在的意义。

有人认为，青少年犯罪之所以越来越多，是因为父母没有把孩子教好，这种说法对父母是不公平的。毕竟，教育孩子是一项艰巨的任务，如今又有谁能来帮助父母教育好孩子呢？老师、警察、少管所和法院工作人员同样需要对每个未成年人犯罪的原因进行深入的学习与了解。如果我们能对这些青少年多一点了解，可能会极大地帮助我们预防青少年犯罪。大多数出现病态人格的孩子都很有理想，但他们却没有把聪明用在正道上，没有去做那些有价值的事情。在这些孩子看来，比起遵守社会秩序，违反社会秩序更能让他们觉得自己聪明又强大。因为一般来说，孩子即便乖乖地去做自己该做的事情，也很难得到大人的认可，所以，他们觉得还不如去模仿大人们的坏习惯，反而更能让他们觉得自己长大了、自己很重要。

如果孩子对父母已经产生了敌对心理，那么他们对孩子的教育就很难再产生任何效果。孩子一般都会选择与自己志同道合的人当朋友，所以他们的做法往往都能得到同伴的支持。想要单独改变家长或孩子非常困难，通过参与一些新的活动，让几个家庭的父母和孩子一起进行小组讨论可能效果会更好。这样就有可能影响甚至改变整个小组的社会价值观和家庭观念。比起改变一个人，改变一群人反而会更加容易，因为每个个体都可以从小组成员那里得到帮助。

出现病态人格的孩子会否定他人的价值观念，只考虑自己的利益，所以他们很容易出现智力发展迟缓的问题。当然，有些孩子就是因为智力发展存在缺陷，所以无法完全理解一些比较复杂的道德价值观念。但是我们通常会阻止真正有智力缺陷的孩子和别人交往，也不会准许他们伤害他人、伤害自己，所以反而认为有智力缺陷的孩子不怎么会真的危害社会。许多智力有缺陷的孩子，如果能得到良好的教育，得到父母和老师的鼓励和监督，完全可以正常地适应社会、享受生活。但是，目前的教育条件往往很难达到令人满意的教育效果，对于家长和老师来说，要教育一个智力有缺陷的孩子实在是太难了。与正常的孩子相比，这些智力有缺陷的孩子不仅无法得到更好的教育，很多时候他们连正常的教育机会都没有，有的孩子甚至都得不到任何教育。早在孩子上学之前，父母对他们的溺爱、过度保护或过度忽视就已经把他们有限的天赋完全扼杀掉了。的确，我们很难教育有智力缺陷的孩子，也很难让他们取得和普通孩子一样的教育效果。但是，社会忽视对智力缺陷孩子的教育必将付出高昂的代价，因为有智力缺陷的孩子同样很容易犯罪。

在结束这一章的讨论前，我们必须再次强调，家长一定要格外关注这些有精神问题的孩子的成长环境。现在的情况是：越需要帮助的孩子，越没能得到帮助。父母、老师以及其他很多人都把自己的关心、爱护与鼓励给了那些不怎么需要帮助的正常的孩子，这些孩子其实适应能力很强，他们能够很好地照顾自己。其实每个孩子都应该得到父母和老师的关心和帮助，包括那些有精神问题的孩子。然而事实上，这些最需要帮助的孩子却总是得不到很好的照顾，很少有人愿意去了解、帮助和鼓励他们。身边的人都躲着他，甚至虐待他、羞辱他，这会让他更加叛逆、更加受挫。只有学习更多的教育方法，深入了解每个孩子的具体情况，才能更好地解决孩子与社会之间的矛盾。

第7章

具体指导方案和改善措施

我希望这本书前面所提到的内容能够帮助父母认识到自己在教育子女过程中存在的一些问题和错误，更好地了解自己的孩子，改善亲子关系。但是，一旦哪天你情绪失控或孩子太过调皮搞得你无计可施，你会觉得自己需要进一步的指导和帮助。此时，你可能想要了解一些具体的方法和技巧，来帮助你和孩子之间建立一种和谐互信的亲子关系。以下是我所在教育指导中心的一些实际治疗案例，通过这些案例的讨论，父母可以更清楚地知道如何在孩子的教育过程中采取补救措施，从而更为透彻地理解本书所阐述的教育方法。案例中提到的一些方法和技巧可能刚好适用于你的情况，也可能会引发你进一步的反思，从中得到更多的思路和启发。如果你需要上述这种专业的引导和帮助，也可以到你家附近社区类似的指导中心进行咨询。

大多数父母对于如何管教子女知之甚少，因此在很多情况下，他们都需要向外部寻求帮助。老师也是一样，他们大都不能理解孩子为什么会扰乱秩序、调皮捣蛋。因此，对于多数孩子来说，学校并不能提供给他们所需要的帮助。事实上，尽管某些孩子需要特殊帮助，但这并不能说明他们身体或精神上出现了问题。只有当家长和老师们不知道如何处理孩子的问题时，这个孩子才成了问题。不仅孩子需要帮助，父母也需要客观、专业的咨询和建议。很多时候父母不能有效处理孩子的问题，这并不是他们的错，也不能因此就认为他们不称职。但是，如果家长和老师们长期缺乏育儿知识和相关的训练，我们就有必要建立一些具备相关资质的机构为他们提供所需的帮助。我们通常把这类为家长、孩子和老师提供服务的机构称为儿童指导诊所（Child Guidance Clinics）。儿童指导诊所的工作人员中至少要有一位精神科医生、一位心理学家和一位社工。

"儿童指导诊所"这个名字是否妥当，我们或许应该重新斟酌一下。因为"诊所"通常指的是治疗疾病的医疗机构。由于儿童指导诊所的职能越来越多地倾向于帮助正常儿童的适应和成长，因此我们认为"教育中心"这个名字更恰当一些。在奥地利，这类机构被称为"育儿咨询中心"。今后，我们很可能会将教育中心分为两类：一类是以处理极端案例为主的治疗诊所，这些案例中涉及的问题非常严重，我们甚至可以称之为病理性问题，需要对孩子进行特殊的治疗和管理；另一类是为一般的家长、孩子和老师提供指导和咨询服务的教育中心。这样的教育中心应该由政府或私人赞助，设立在各个学校、社区活动中心、教堂以及其他类似的机构中。

目前，我们的儿童教育中心使用了各种先进的指导方法为家长、孩子和老师们提供服务。阿尔弗雷德·阿德勒和他的同事们专门为教育中心开发了一套特殊的指导技巧。这套指导技巧的主要原则在于以下6个方面。

1. 我们的指导对象主要是孩子的父母，因为问题通常出现在父母身上。孩子只会对自己熟悉的方式做出回应。只要家长的态度不改变，孩子就无法得到帮助，年幼的孩子更是如此。

2. 所有到教育中心咨询的父母都需要接受"团体治疗"。在"团体治疗"环节，所有人的问题都会在其他家长面前公开讨论。一般在初次面谈过后，家长很快就会意识到大家互相理解和帮助是非常有意义的一件事情，所以他们最初对于团体治疗的抵触情绪很快就消除了。我们从不会在团体讨论中提及任何涉及个人隐私或令人尴尬的话题，如若需要，我们会专门与社工或精神科医生私下讨论。对于新成员来说，团体讨论的好处非常明显。通过倾听其他成员的问题，大多数父母能够更加深入地了解自己的情况，因为他们对于别人的问题似乎更能给予客观的分析和评价。

3. 教育中心的任何工作人员，无论是心理医生、社工还是心理学家，都要与父母和孩子开展同等程度的指导和交流。

孩子身上的问题，或多或少都是亲子关系失衡导致的。无论在什么情况下，教育工作者面对的都是一种特殊的关系，因此必须同时从家长和孩子两头着手。我们从来没有因为与双方同时展开沟通而遇到哪一方的抵触，所以，获得双方的信任和获得单方的信任一样容易。根据我们以往的经验，仅与某一方单独沟通，往往困难重重。治疗的速度和疗程，取决于父母和孩子在特定时间段的精神状态和接受程度，并且只有教育工作者在与双方都进行了深入的交流后，才可以对问题进行评估。

4. 无论孩子处于哪个年龄阶段，我们都可以针对他身上存在的一些问题与他坦诚地交谈。如果孩子能理解这些话，那他也一定能理解其中的心理学内涵。与大家的普遍认知相反，幼儿对于这些心理学解释有着极其敏锐的理解和接受能力。一般来说，对于某一问题的心理学机制，父母可能要花很长时间才能够理解，而他们的孩子反而立刻就明白。这并不是说孩子比大人更容易受到影响，他们就更容易被暗示性的话语所"吸引"。只有在我们正确解读孩子心理的时候，他才会出现所谓的"识别反射"。

我们把孩子单独叫到心理咨询室时，他的父母并不在场，我们可以通过他的动作、行为和互动反应，判断出他的生活态度和生活方式。我们和孩子的谈话简明扼要，直击问题本质。如果谈话能够击中问题的要害，通常会给孩子留下深刻的印象。孩子们很少会因为大人在场而感到尴尬，但是，即使他们感到尴尬，相比在家或在教室这些所谓的"常规"场合，在这些困难的测试场景中，孩子们反而会更多地暴露出他们的基本态度、反应模式以及问题实质。因为在那些"常规"状况下，孩子们的真实动机可能会被他们的补偿性行为和固有的行为模式所掩盖①。只有在诊断不准确或需要提供特殊信息的情况下，我们才会对孩子进行心理测试。只有少数的案例需要这种测试。

5. 如果来咨询的孩子不是独生子女，我们不会单独和他进行沟通。因为每一个孩子在家庭中都扮演着重要的角色，家庭中任何一个孩子出现问题都与其他孩子密不可分。我们要了解所有家庭成员以及他们之间的相互关系，了解家庭成员中谁与谁是同盟，谁与谁有竞争，谁与谁互相敌对，要真正了解每一个家庭成员的想法和行为。为此，我们要求父母把他们家中所有的孩子都带到教育中心来。

当孩子们进入指导教室时，我们要求他们坐在同一条长凳上。他们如何进入房间、如何坐下，他们在长椅上的座次位置，每一个人参与讨论的方式，以及他们在讨论过程中的面部表情和其他反应等，都可以帮助我们判断他们彼此之间的关系。因为在一个孩子身上发生的任何改变会影响到整个群体的情况，所以我们有必要同时面对所有人的问题。通常情况下，如果"问题孩子"的情况有所改善，本来是优胜对

---

①参见下文"如何在兄弟姐妹之间建立平衡关系"的案例。

手的"好孩子"就会陷入困境。在许多情况下，人们可以清楚地看到，真正让父母头疼的孩子，并不是所谓的问题孩子。如果不能在所有的孩子之间建立一种友好的平衡关系，我们就无法帮助到其中任何一个孩子。我们必须密切关注他们之间的关系变化，并采取必要的措施来改变每个孩子对群体的态度。

6. 我们的主要工作目标是改变孩子和父母以及其他兄弟姐妹之间的关系。只有这样，我们才能使孩子的行为举止、生活态度、社交方式以及他们对自己、对他人的态度发生转变。在所有案例中，我们的心理指导都是基于对孩子家庭地位的了解和对其人生目标的认识。孩子的难题源于他试图获得关注（目标1）、展示自己的权力（目标2）、惩罚或报复他人（目标3）、证明自己能力不足（目标4）。

一般在社工对"案情"进行了简单的介绍之后，我们就会在教育中心与父母和孩子进行第一次面谈。第一次面谈通常是对孩子问题背后的心理原因进行解释和说明。通常情况下，我们在与父母和孩子进行第一次面谈时，会告诉他们为什么孩子会这样做，以及父母的哪些行为会引发或加剧孩子的问题。

在有些案例中，我们还会在第一次面谈时向父母提出一些建议，建议他们改变对孩子的教育方式。我们尽量一次解决一个问题，从最重要或是最容易解决的问题开始，逐个击破。我们给父母的建议都尽可能地简单明了，因为这些建议的实施会涉及现有家庭关系的变化，他们实施起来并不容易。

我们向父母提出的第一个建议是与孩子休战，作为读者的你，在尝试其他方式之前，可以先考虑一下这个建议。这第一步非常重要，我们必须向父母详细阐述，反复强调。

孩子和父母之前一直处于斗争状态。现在，这场斗争必须停止。我们要说服父母，让孩子继续做自己想做的事情，继续搞"破坏"，继续犯错。其实这并不会带来什么危害，因为孩子的这种"破坏"行为可能已经持续很长一段时间了。同时，父母必须学会观察孩子、审视自己——对最近发生的事有一个清楚的认识。首先，父母要学会自我克制，并意识到自己唠唠叨叨是个坏习惯，最好尽快学会闭嘴。他们还要开始进行自我改造，多在自己身上下功夫。不少家长声称他们"什么办法都试过了"，但根本不管用。这是因为他们普遍都忽略了一种可能，那就是自我改变。只有自我改变，休战才有意义。如果父母与孩子争斗不休，他们就不会和平共处。与孩子和平相处是父母的责任，也是他们内心最殷切的期望。否则，孩子的情况就不可能有任何改善。只要父母学会自我克制，就能逐渐与孩子建立起一种新的关系。

当然，这一步是最艰难的一步。因为很少有父母能够立即改变自己的态度，并停止自己的过激行为。如果他们真的能做到，那效果会是立竿见影的。在这些案例中，经过一两次面谈后，父母与孩子之间存在的问题可能会完全解决。另一方面，即使前一两次面谈没有立即见效，亲子关系最终还是会得到改善。

在之后的面谈中，我们会从其他新的视角来看待这些问题，并展开进一步的讨论。每一次与父母面谈的过程中，我们都会特别强调某一个方面。对于某些解释和建议，我们有必要多次重复。毕竟这是一个训练的过程，而训练需要不断重复。如果我们只是在口头上告诉孩子应该如何去做，那么孩子不仅学不会读书写字，也掌握不了任何技能。作为教育工作者，我们要对这些父母有足够的耐心，就像父母也需要对自己的孩子有足够的耐心一样。如果家长急于改善他们与孩子之间的关系，这种焦虑情绪反而会给他们带来消极的影响。

根据我们以往的经验，所有到教育中心来进行咨询的父母，真正受到困扰、需要心理治疗的只是其中一小部分。绝大多数父母只需要我们提供一些建议和帮助，就可以圆满地解决自己与孩子之间的问题了。父母之所以感到心情烦闷、情绪激动甚至生气发怒，往往是因为在教育孩子的过程中受到了打击，不知道自己该做些什么，而且对孩子的行为束手无策。当开始慢慢地理解孩子，能够找到不同的方法来解决孩子的问题时，他们就不会再感到紧张、焦虑或苦恼了。这样一来，孩子提出的问题对父母来说也不再是一种折磨，而变成了一项有趣的任务，吸引着父母去尝试和创造。孩子总是会带来各种各样的问题，所以父母要以积极乐观的态度对待孩子。只要人们在一起生活，就一定会出现问题，因为在人与人交往的过程中势必会涉及利益冲突、意见分歧、想法不同和性格不合等问题。

我们从芝加哥教育中心、芝加哥医学院精神病院和一些私人诊所选取了一些案例，接下来，我们将会一一进行介绍。虽然这些案例与前面提到的一些案例有相似之处，但它们更能呈现出教育是一个循序渐进的过程。父母能否把孩子教好完全取决于父母的反应。我们的大部分工作都是围绕孩子的母亲展开的，因为母亲是孩子生命中最重要的人，她对孩子的影响比任何人都持久。如果母亲不改变教育孩子的态度、不采纳我们的建议，那么母亲和孩子之间的这种最亲密的关系就会出现问题。孩子不再调皮捣蛋，并不一定说明孩子的情况就"改善"了。有时，父母可以通过与孩子单独谈话来制止孩子的错误行为，但是，只有家庭内部的基本平衡关系有所改变，亲子关系才可能有持久的改善。

案例分析

如何应对孩子的哭闹

K女士最近遇到了一些特殊情况，这使她心烦意乱，所以她来到了教育中心寻求帮助。K女士的女儿已经六个月大了，她每次把女儿放进婴儿围栏里的时候，孩子都会哭个不停。她试着不理会孩子的哭声,但这样做的话孩子会哭上整整一个小时,最后她还是会忍不住把孩子抱起来哄她。孩子哭闹不止,除了抱着哄,她还能怎么办呢?

经过简短的讨论,我们能很明显地发现,父母双方都非常担心孩子能否健康成长。孩子很爱哭,只要孩子一哭,母亲就会心烦意乱。小婴儿吃饭、睡觉、体重变化或任何轻微的感冒和不适在父母眼里都是非常重要的大事,引起了父母过度的关注。

我们告诉这位母亲,孩子成长的环境比任何事情都重要。孩子能够清楚地感受到母亲的焦虑和担忧,她可能已经知道自己可以凭借哭闹得到母亲的特别关注。孩子发现被母亲抱在怀里,比独自待在婴儿围栏里更有趣。虽然这位母亲对自己的行为举止已经格外小心了,但她还是没有控制好自己的情绪。尽管没有只言片语,这位母亲还是暴露出了自己对孩子的焦虑和关心,而孩子则马上会通过手舞足蹈或哭哭啼啼来对此做出回应。

因此,我们建议K女士把孩子单独留在婴儿围栏里,不要担心孩子的哭闹会对孩子造成伤害。如果她和孩子一起待在房间里,她就得做到完全保持冷静,如果做不到,她最好离开房间,让孩子一个人待着。

一个星期后,K女士来到教育中心。她告诉我们,她对这一周发生的事情感到十分惊讶。在离开教育中心的第二天,她像往常一样把女儿放进了婴儿围栏,一个字也没说。但这一次,宝宝竟然没有哭。这还是第一次,孩子安安静静地待在婴儿围栏里。从那以后,孩子被放进婴儿围栏后,再也没有哭过。

K女士意识到,实际上是她自己对孩子的态度和情绪让孩子感到不安,所以孩子才经常哭。我们在教育中心的谈话缓解了她的焦虑,孩子也立马察觉到了母亲的情绪有所改变。从那时起,K女士便开始对自己的言谈举止格外注意,从而彻底改善了她与孩子之间的关系。

如何消除孩子的恐惧

在吉尔伯特九岁的时候,他母亲带他一起来到教育中心,寻求我们的帮助。吉尔伯特是一个听话、善良的好孩子。但近一年来,他饱受恐惧的折磨。他目睹了祖父去世,难以承受这一打击。从那以后,他一直生活在恐惧中,担心他的父母会出事。他经常半夜尖叫着从睡梦中惊醒,跑到父母的房间里,看看他们是否有事。他特别担心自己的母亲。当母亲外出时,他总是提心吊胆,担心母亲会出事。所以母亲必须每隔一个小时给家里打电话。如果她晚了五分钟或十分钟,吉尔伯特就会抓狂。父母都很关心他,所以从来不打骂他,只是不知道该拿他怎么办。服用治疗药物也不能帮助吉尔伯特平静下来。吉尔伯特的父母曾把他送到外祖父母的农场住过一段时间。最初几天,吉尔伯特表现得一切正常。但是有一天晚上,他从梦中惊醒,叫醒了他的外祖父母。他坚称自己的母亲快死了。为了让他放心,外祖父母不得不半夜打电话给他的父母。从那以后,吉尔伯特再也忍受不了待在外祖父母那里,于是被送回了家。

我们对吉尔伯特的过去做了一个简单的了解,发现他一直与母亲非常亲近,在他祖父去世之前,他在家里和学校都表现得很好,也没有遇到明显的困难。他富有爱心、听话懂事,是一个标准的好孩子。三年前妹妹出生时,他就做好了充分的准备,对妹妹非常亲切友好。然而在祖父去世后,一切都变了。

在第一次面谈中,我们对吉尔伯特的情况没有得出明确的结论。但是,祖父的死之所以对吉尔伯特来说打击如此之大,似乎只是因为父母把吉尔伯特的情绪看得太重,并对他表现得太过关心。这件事发生时,吉尔伯特正处在与妹妹的竞争之中,在这个阶段,他感到非常不安。当时妹妹非常可爱,获得了家里人相当多的关注。吉尔伯特从来都不会公然反抗别人或与别人对着干,他无疑是利用了这个新的机会来获得父母的关注,让母亲比以前更关心自己,与母亲保持比以前更亲密的关系。他想要的这种亲密程度显然超出了其年龄和成长的需要。当然,他自己没有意识到这种心理机制,他的父母和其他亲人们也没有意识到。我们告诉这位母亲,不要太在意吉尔伯特的恐惧情绪，父母对他的关心与同情只会加重他的病情。但同时，我们也提醒这位母亲，吉尔伯特可能还需要一段时间才能够变得独立，不再利用自己的恐惧情绪来达到自己的目的。

在面谈时，这个男孩看起来聪明坦率、善良真诚。我们和他简短地谈了一下，首先问他是否知道自己为什么那么害怕母亲出事。他摇了摇头。"我们可以给你解释一下其中的原因吗？"我们问他。他很渴望知道答案。于是我们告诉他，他显然是在利用自己的恐惧来让母亲关心和亲近自己，因为他害怕自己会被妹妹取代。事实是这样吗？他咧嘴笑了笑，这是典型的"识别反射"。吉尔伯特以前从来没有想到过这一点，但他承认可能是这个原因。我们问他，是否需要我们帮助他克服这种不安情绪。毕竟，他是个懂事的好孩子，不再那么需要母亲无微不至的照顾了。他欣然同意。

母子俩预约了两周以后再到教育中心进行面谈。但在见面的前几天，这位母亲打电话取消了预约，说吉尔伯特的恐惧已经完全消失了。

如何在兄弟姐妹之间建立平衡关系

尽管下面的这个案例并没有取得圆满的结果，但这个案例也值得我们谈一谈。

D女士很难与自己四岁的儿子汤姆相处。她告诉我们，在汤姆出生后不久,她又怀孕了,所以由她的丈夫负责照顾汤姆。她的丈夫把汤姆放在床上,握着他的手,只要她和汤姆有争执,她的丈夫就帮着汤姆说话。汤姆变得越来越任性,行为举止也越来越让人讨厌。如果父母不让他按自己的方式行事,他就会大喊大叫。如果他大喊大叫,母亲就会威胁说要把他关到柜子里去,这样他才会乖乖闭嘴。有一次,汤姆戏弄比他小一岁的弟弟弗雷德,母亲告诉他,如果他再戏弄弗雷德的话,就给他灌肠。每当两个孩子不听话的时候,D女士都会用棍子打他们。

于是,弟弟弗雷德总是和汤姆打架,以此来引起他人的关注。弟弟弗雷德的行为举止十分可爱,家里的每个人都很喜欢他。在幼儿园里,弗雷德总是表现得想要保护汤姆,当汤姆哭的时候,弗雷德也总是想方设法地安慰他。

但当孩子们走进咨询室时,我们惊讶地发现,汤姆微笑着走在前面,而弗雷德却羞怯地跟在后面。汤姆回答了与自己有关的问题,还回答了与弗雷德有关的问题。汤姆一副典型的大哥哥做派,表现得友好和善,而弗雷德坐在椅子上,扭来扭去,看起来非常调皮,根本不参与我们的谈话。

很明显,相比习以为常的家庭和学校环境,在教育中心这种陌生的环境中,孩子们的行为举止表现得完全不同。在咨询室尴尬的氛围中,汤姆表现得很勇敢,对别人也很客气。显然,我们对弗雷德的印象与他的母亲和老师对他的印象完全相反,他才是那个问题孩子。真实的情况是,他的母亲总是站在弗雷德这一边，联手反抗汤姆和父亲，从而使弗雷德处于比他哥哥更优越的地位。如果让汤姆独处，他可能会把自己照顾得很好。但在目前的情况下，他没有机会这样做，因为弗雷德总是获得母亲和老师的认可，这让汤姆感到备受打击，仿佛矮了弟弟一头。

我们建议D女士不要让两个孩子相互对抗，也不要偏袒任何一方，而应该在他们发生争执或者不听话的时候，让两个孩子都离开房间。这样，她就不必威胁或者打骂任何一个孩子了。

两个星期后，D女士告诉我们，每当两个孩子在吃饭时发生争执，她就让他们离开餐桌。之后，他们吃饭的时候就不再争吵了。她还告诉我们，在上次面谈之前，每天早上汤姆都不会自己穿衣服，弟弟弗雷德就会帮助哥哥穿衣服。然而，自那次面谈以后，情况发生了改变。现在汤姆能够自己穿好衣服，而弗雷德却需要帮助了。两个孩子的角色已经完全颠倒了。现在弗雷德不再帮助他的哥哥，还经常在幼儿园里发脾气，态度变得非常消极，开始需要别人帮助他穿衣服。

当这两个孩子在被带到咨询室进行第二次面谈时，他们还是表现出与第一次面谈时相同的行为。弗雷德犹豫不决地走进房间，一边走一边把自己的衣服扣子解开，然后又扣上，反反复复。汤姆走进来，说："你好，弗雷德。"然后径直走到椅子那儿坐了下来。然后弗雷德也跟着坐了下来。弗雷德没有回答任何问题，完全不搭理其他人，只顾着玩他的鞋子。

只有我们让弗雷德展示解扣子的动作时,他才兴致勃勃地去做。他的眼里闪着光,然后解开上衣的扣子,脱下上衣,摘下帽子。在这之前,汤姆一直积极回应我们,但当弗雷德展示解扣子的动作时,他却倒在椅子上,啃起了手指。当他们准备离开时,汤姆再次带头站了起来,让弗雷德跟着他走。弗雷德犹豫了一下,然后慢吞吞地跟在了汤姆身后,汤姆则在前面哄他。

我们向D女士解释,两个孩子会交替扮演婴儿的角色,这是根据当时他们中的哪一个更优越、更受关注来决定的。她对任何一个孩子表现出偏袒,都会让他们之间现有的竞争变得更加激烈。如果她想让孩子们健康成长,她必须在两个孩子之间,以及她与孩子们之间建立一种不同于现在的关系。我们建议她让两个孩子独处,让他们享受彼此的陪伴。

虽然在这之后D女士又来了两次教育中心,但收效甚微。因为D女士很难改变自己教育孩子的态度和方法,所以在那之后,她再也没有来过教育中心。

在这个案例中,有几点非常重要。第一,表面上的问题孩子未必是真正的问题孩子;第二,在咨询室这样一个特殊、紧张的环境中,往往比在"正常"的家庭或学校环境更能准确地评估现有的关系;第三,在两个孩子的竞争中,一个孩子的进步往往会导致另一个孩子的退步。

尽管这位母亲没有给予充分的合作,未能使孩子们的情况得到改善,但我们短暂的治疗至少让两个孩子的行为发生一些动态变化。他们之间的关系最终可能会达到一种新的平衡,尤其是如果他们的老师认识到了问题的本质,能够以正确的态度对待他们的话。

小霸王

作为母亲的P女士非常焦虑。她十分详细地向我们描述了她和儿子罗伯特之间存在的问题。她看起来很无助,但是她在管教孩子的问题上却固执己见。

六岁的罗伯特有一个三岁半的妹妹。在第一次面谈中,这位母亲抱怨罗伯特很难交到朋友,总是独自一个人,不知道如何打发时间。他偶尔会画画,或听唱片。他总是对其他孩子发号施令,颐指气使,有时会贿赂收买他们,有时又好斗争勇。罗伯特是一个非常固执的孩子。这位母亲说:"想要改变他固执的性格是很难的。"他不能与别人和睦相处,总是为所欲为、不择手段,所以母亲"不得不偶尔揍他一顿"来管教他。其实罗伯特小时候表现得很好,非常听话。而现在,早上他要被叫两三次才会起床,穿衣服也需要父母的帮助。吃饭的时候,他总是不能好好地坐在椅子上,一会儿会坐在一条腿上,一会儿在椅子上上蹿下跳,总得有人提醒他才能安静地坐着。只有父母一番苦口婆心地哄劝他之后,他才会上床睡觉。罗伯特也从来不会把自己的衣服收拾整齐。

通过与罗伯特的交谈，我们可以看出他是一个坦诚、直率的小男孩。他认为妈妈爱妹妹胜过爱他。他会因为妹妹拿走了他的书而生气，他承认自己想当"老大"，想成为一名医生。他喜欢上学，并且按时完成功课，但课间休息时，其他孩子总是喜欢对他拳打脚踢，他也不知道为什么。

我们先向罗伯特解释了他的行为，然后再给他的母亲解释他的行为。我们解释道，罗伯特认为没有人真的爱他，因此试图通过展示他的权力来彰显自己的地位，主要是想在他的母亲面前找到存在感。母亲被罗伯特这样的挑衅激怒了，试图按照自己的规则行事，当然，她没有成功。罗伯特更加确信，他需要的是权力——被所有人喜欢仅仅是小婴儿的特权。

这个小男孩理解并接受了我们的解释，他的"识别反射"验证了这一点。他的母亲却似乎对此半信半疑。

我们建议P女士不要再打骂、提醒、哄骗或者惩罚罗伯特了。她必须赢得罗伯特的信任，认可他的能力，让他承担起属于自己的责任。她不必在早上帮助他穿衣，因为那是他自己的事，他必须学会照顾自己。在餐桌上，如果他不守规矩，就必须让他离开餐桌，但不要用严厉的言辞去批评他。母亲的主要任务应该是改善自己与罗伯特之间的关系。罗伯特对人与人之间的关系也不太信任。很明显，父亲的男子气概可能对罗伯特成为"老大"的愿望产生了一定的影响，但母亲仍然是他成长过程中最重要的因素。母亲对孩子束手无策，只好对孩子使用暴力，她未能让罗伯特服从，反而让他变得越发暴力。

在接下来的一次面谈中，P女士说罗伯特的情况得到了改善。他开始愿意承担起更多的责任，在早上，他自己会注意时间，保证不会迟到。之前他吃饭时总是不守规矩，在父母要求他离开餐桌后，他的餐桌礼仪有了很大的进步。但是，他还是不愿意和别人一起玩耍，也不会独自一个人玩耍。

和我们第一次见面时看到的一样，这个男孩性格外向、坦诚率真。他现在承认，他想欺负别人、指挥别人，包括他的母亲和学校的朋友们。罗伯特说，他已经不再对孩子们发号施令、颐指气使了，他们也对他更友好了。

我们建议P女士多花点时间和罗伯特一起玩，因为在此之前，她从来没有和罗伯特一起玩过。我们还建议她每周邀请其他孩子到家里玩，并让孩子们一起玩游戏。

在第三次面谈时，P女士说罗伯特有了很大的进步。他表现得更好了，不再那么反感母亲的要求，只是偶尔还是会捣乱或麻烦别人，有时仍然想证明自己能够为所欲为。有一次，母亲让罗伯特穿上橡胶雨鞋，他回答说："这是我自己的脚，就算弄湿了我也不介意。"母亲想让他知道，如果他不穿雨鞋可能会生病。当然，母亲没有成功地达到目的。我们向她解释说，这件事的关键不在于雨鞋，而在于权力。罗伯特穿不穿雨鞋并不重要，重要的是母子之间的权力之争。这位母亲之所以在这场权力之争中失败，是因为她仍然试图让孩子接受她的思维方式，按照她的想法来做事。男孩却直接告诉她："我自己说了算。"当她试图改变罗伯特的叛逆行为时，罗伯特用自己的反抗向母亲证明了她没有办法改变他。如果母子之间的斗争继续下去，他甚至会报复母亲；而母亲多花些时间陪孩子，和他一起玩耍，则会缓和这样的趋势。P女士自己也注意到，她和孩子一起玩的时候，罗伯特变得更加愿意合作了。

P女士说，罗伯特现在能够和孩子们一起玩了，甚至也会和他的妹妹一起玩，他不再试图指挥其他人了。这位母亲也慢慢开始邀请朋友到家里来做客。她感觉如释重负，轻松多了。她说，之前因为罗伯特，保姆都不愿意留下来工作，现在保姆也可以留在家里帮忙了。

在接下来的面谈中，罗伯特又出现了上床睡觉的问题。每到睡觉时间，父母都需要再三劝说，罗伯特才会准时上床睡觉。每晚，罗伯特上下好几次床才会躺下睡觉，有时还会在夜里打扰他的父母睡觉。P女士仔细考虑了可能会发生的自然后果，并且得出这样的结论：如果罗伯特再这样打扰他们休息，他们也可以把他从睡梦中叫醒。这表明，她仍然认为"以牙还牙"的报复是有用的。我们建议P女士找到更好、更合乎逻辑的方法来解决这个问题，实现想要的结果。她可以和罗伯特约定需要上床睡觉的时间，这样，他就会知道什么时候该上床睡觉。然后她不需要多说一个字，只需要静静地看着孩子去睡觉就可以了。如果罗伯特不能按时上床睡觉，第二天晚上就必须让他比前一天晚上提前几个小时上床睡觉。我们建议让大一点的孩子在周六把失去的时间补回来，这可能意味着孩子在周六这一天不能吃晚饭，不能看电影，这取决于孩子一周缺少的睡觉时间。

在最后一次的面谈中，我们能看出罗伯特不仅在行为上，而且在与母亲的关系上都有了明显的改善。这让他们两个人都开心多了。罗伯特上床睡觉已经不是问题了，他能够照顾好自己。有一次，母亲因为罗伯特发脾气离开了家，罗伯特意识到了后果的严重性，所以在那之后，他就不再乱发脾气了。他不再试图支配母亲，因为母亲也不再支配他或者强迫他做任何事。他和妈妈一起玩耍，享受彼此的陪伴。他和其他孩子的关系也好多了，而且喜欢和他们一起玩。他现在确信，孩子们喜欢他，父母也爱他。

罗伯特之所以渴望得到权力，是受到了母亲对他的态度的影响。首先，母亲对孩子过度保护、过度焦虑，当情况变得复杂时，尤其是在第二个孩子出生后，罗伯特感到自己被冷落了，母亲也变得刻板、严厉。我们向 P 女士提出的每一项建议都是为了改善他们之间的关系。罗伯特对母亲态度的改变，以及母亲对罗伯特态度的改变，都体现在了罗伯特在外面时行为举止的改变上。罗伯特立即对我们的解释做出了回应，母亲也意识到了自己的错误，并采取了新的方法来改善他们之间的关系。由于母子双方都意识到了自己的问题，他们十分迅速地调整好了两个人之间的关系。

小暴君

在经过其他几个科室诊治后，九岁的乔被转诊到了精神科，因为他的体重超标，所有的膳食治疗和腺体治疗对他都不起作用。显然，W女士无法控制儿子的进食量。

这位母亲说，乔从不控制自己的饮食。每天放学回家后都会感到很饿，会要东西吃。母亲提醒他不要在两顿饭之间吃东西，但他还是会去食品储藏室拿他想吃的东西。如果母亲试图阻止他去找东西吃，他就会大发雷霆，所以无奈之下，母亲就屈服了。"毕竟他是真的饿了。"每天她都反复告诉儿子要控制自己的食量，但他实在太饿了，总是忍不住多吃。

然而，乔的问题不仅仅是在饮食方面，他还经常尿床。乔经常和母亲待在一起。如果母亲出去了，他就会担心她不能按时回家。因此，每一次母亲离开家的时候，她都必须告诉乔她去了哪里，打算什么时候回来。她必须计划好出门购物的时间，这样她就能在乔放学回家之前赶到家。如果母亲迟到几分钟，乔就会在屋前大闹一场。

另一个问题是听收音机。乔想听多久就听多久，他不愿意按时睡觉，只有在父母去睡觉后，他才会去睡觉。有时候，他需要父母帮忙脱衣服和洗漱。他早上可以自己穿衣服、穿鞋，但不系鞋带，因为他不会系鞋带。"也许是因为他太胖了。"母亲解释说。

他在学校表现得很好,但无法与左邻右舍的孩子们好好相处。因为他是意大利人,而那些孩子是爱尔兰人,所以他们经常欺负他。他们总是在社区里搞破坏。因此,母亲告诉乔,他们不适合做他的小伙伴。乔有一个朋友,年纪比他大一点儿,那个孩子性格沉闷,但对乔言听计从、百依百顺。当邻居家的孩子们来找乔一起玩的时候,乔不让他们碰他的玩具,因为"他们可能会把玩具弄坏"。为了避开邻居家的其他孩子,乔总是绕道去上学。

乔有一个比他大十二岁的哥哥。他们经常打架,乔觉得哥哥总是命令、指挥他。如果乔行为不当或者不听话,哥哥就会生气。每当哥哥得到的比他多,或者做了他做不到的事,乔就会嫉妒哥哥。

总结:乔是一个被过度保护的孩子。因为他是家里年纪最小、个子最矮的孩子,所以他总是支配着母亲,以此作为补偿。他对食物的过度渴望是他打败母亲的武器,他尿床、拒绝自己穿衣服、听收音机、不去睡觉,以及他对母亲活动的控制也是如此。因为乔想要支配其他孩子,拒绝平等参与活动,所以他与孩子们的相处十分困难。虽然母亲和孩子十分亲近,却不知道怎样管教他,一边斗争,一边退让。母亲和哥哥努力想要战胜乔,乔也想战胜他们,双方僵持不下。

我们向这位母亲和乔解释了这个情况,他们似乎都能理解。乔以"识别反射"的方式承认了他想控制其他人的想法。我们建议这位母亲采取实际行动,而不是进行无谓的争论。她应该停止在孩子面前唠唠叨叨,但要确保乔在两顿饭之间没有吃其他东西。她还应该停止给乔系鞋带,让他自己系,并且每晚九点准时关掉收音机。如果她能够放下对孩子的担忧和关心,孩子就可以学会照顾自己。如果母亲拒绝屈从乔的支配,他就无法再随心所欲地继续自己的行为。母亲没有必要向孩子报告她要去哪里,什么时候回来,也没有必要在孩子回家的时候始终陪在他身边。他可以承担起自己的责任。这位母亲告诉我们,她会采用我们的建议。

两个星期后,W女士告诉我们,哥哥教会了乔怎么系鞋带,从那以后,乔就自己系鞋带了。W女士给了乔一把家里的钥匙,当她不在家时,他可以自己开门进屋,照顾自己。除了每周有一个晚上可以听一个广播节目,剩下的日子乔每天晚上9点就上床睡觉了。关于孩子吃东西的争论也停止了。母亲偶尔会在乔放学后给他一点东西吃,然后他就自己出去玩了。他又与另一个男孩交了朋友。剩下的主要问题是尿床,乔和哥哥睡在一起时,他们总因为乔尿床而吵架。

面谈中,乔话很少,即使开口说话,也会将目光移开,但从他的面部表情和"识别反射"反应可以看出,他理解并认同我们所说的一切。我们和他进行了很长时间的谈话,他一言不发,但他的面部表情表明了他的回应。当被问到他是否想用尿床来惩罚他的哥哥时——他觉得自己受到了哥哥的摆布,他用"识别反射"做出了肯定的回答。

这一次,我们建议W女士继续按照之前的样子,不要提尿床的事情。我们想看看我们和乔关于这个问题的谈话是否会有效果。

两周后,乔的情况持续改善,和其他人相处融洽。他能够自己系鞋带了。如果母亲没有按时回家或没有告诉他去了哪里,他也不会和母亲争吵了。在与其他孩子的关系方面,他还是更喜欢和可以受他支配的老朋友一起玩。现在他每周只尿床两三次,而不像以前那样每晚都尿床。

我们向W女士解释说,乔在尿床方面的问题有所改善,这表明我们的解释可能是正确的,她不应该插手兄弟俩之间的这场争斗。但是,她应该尽量不要把乔当成小宝宝,也应该这样告诉他的哥哥。在这次对话中,乔开始积极发言了。

过了两周,乔开始自己穿衣服,不用哄劝,按时上学。妈妈不在家时,他自己能用钥匙开门回家。在回家、听收音机和食物方面,他和母亲都再也没有争吵过。他在这两周内只尿床过两次。

又过了两周,乔已经不再尿床了。乔表现良好,一般晚上8点半就上床睡觉,自己一个人穿衣脱衣,自己一个人进出家门,对食物也没有那么强烈的欲望了。

但又出现了一个新问题:乔拒绝做家庭作业。我们建议他的母亲向他解释,在他完成家庭作业之前,不能收听广播,母亲不要用恳求的语气，也不要反复提醒他。乔抛弃了他的老朋友，又找了一个和自己更平等的新朋友。

两周后，乔尿了一次床，但是，他每天都会做家庭作业。在过去的两个星期里，他的体重减了三磅。他不仅和母亲相处得更好了，和孩子们也是一样，现在他也和爱尔兰男孩们在操场上玩耍，没有丝毫抱怨。

又两周后，乔一次也不尿床了，并且以优异的成绩通过了学校的考试。他和孩子们相处得很好，还有了很多新朋友。家里平静有序，再也没有听收音机的问题了。母亲和乔都对相互关系的改善感到高兴。这个案例就此结束。

乔的案例和之前罗伯特的案例非常相似，但也存在不同之处。在这个案例中，孩子和母亲很快就明白了对彼此的误解，并在第一次面谈后立刻进行了调整。对于这个案例，人们可能认为母子关系的调整已经解决了男孩眼前的问题。但是，男孩在家庭中的特殊地位，以及母亲和孩子僵持不下的关系，可能会导致新情况的出现，而任何一项新情况的出现都会让他们措手不及。在这种情况下，每个人都可能回到原来的状态。

"捣蛋鬼"

L太太在没有预约的情况下，把八岁的迈克带到了教育中心。她希望立刻得到我们的帮助，但她不能接受我们的要求，即她必须先与社工预约，由社工提供病例史和背景资料。她一直待在咨询室里，不断地制造麻烦，要么跑到社工那里询问关于预约的信息，要么大声地询问心理医生什么时候可以见她，还打断了医生们处理别的案例。由于迈克在学校出现抽搐的症状，前天从学校被送回了家。老师认为他有圣维特斯舞蹈症。

在约见他的母亲和祖母时，迈克的抽搐症状大约持续了两个月。发生抽搐时，迈克会不停地甩头、抽搐、清嗓子，最近还出现了剧烈地晃动全身的症状。

迈克的父母很少在家，他主要由外祖父母照顾。他有一个六个半月大的妹妹。家里的人经常在他的面前互相批评指责。他可以自己穿衣服，但他拒绝这样做，所以只能由他的母亲来给他穿衣服，母亲也不会和他争吵。在餐桌上，迈克总是用手直接抓而不是用刀叉吃饭，经常把地板弄脏。除了肉，他什么都不吃，所以他在餐桌上经常被家人唠叨。他不仅在家里不帮忙，还总是搞破坏。孩子们也不愿意和他一起玩儿，因为他经常打他们。他还要拿别人的东西。他总是大声呼叫母亲，表现得像是遇到了大麻烦。等到母亲惊慌失措地跑向他时，他只是笑着问母亲是不是让她担心了。对于母亲来说，最大的麻烦就是让迈克上床睡觉。在去年之前，迈克每次上完厕所之后，母亲都要给他擦屁股。直到母亲把他的排泄物抹在他的脸上，才"治好"了每次上厕所都要给他擦屁股的问题。母亲经常打他,还对他不停地唠唠叨叨。迈克的父亲L先生对他非常严厉,直接把他送了出去。父亲的行为吓坏了迈克。父亲认为,迈克的所作所为,母亲要负一定的责任,父母正在因为这些问题而考虑离婚。外祖父母对此非常担心,他们十分宠溺迈克,总是站在他那一边。

迈克喜欢上学,成绩也很好,但在自制力和礼貌方面却表现得很差。他总是不合时宜地说话,爱捣乱,而且总是集中不了注意力。有一天,他从学校被送回了家,作为对他抽搐的"惩罚"。

母亲和外祖父母对迈克目前的"紧张状况"极为恐慌,希望立即得到我们的帮助。迈克已经服用溴化物和巴比妥酸盐两个月了,但病情不但没有好转,反而变得更糟了。在面谈中,他们还没听到我们的任何建议,就反复地问:"我们能做什么,我们该做什么?"但当我们提出一个建议时,他们又会立刻反对。他们拒绝接受任何建议,有时甚至还会彼此针锋相对。在整个面谈的过程中,这个家庭的氛围充斥着忧虑、兴奋、冲突、混乱。

这个男孩在和我们谈话时直言不讳,非常坦率。他的身体剧烈地晃动,但他的动作并不是圣维特斯舞蹈症中的典型动作。我问他为什么发抖,他回答说:"我可以告诉你我为什么这样做吗?(他猛地摇头。)我的脑子里有一个声音在告诉我'就这样做吧,就这样做吧'。"对于另一个问题,他回答说:"实际上,我并没有嫉妒妹妹,家人们告诉了我这一点。我不介意他们忙着照顾妹妹,我可以去我的房间看漫画。"我们向他解释说,为了维护他的自尊心,他不敢承认自己对妹妹的嫉妒,但正因为如此,他才会尝试使用新的、更有效的伎俩来赢得家人的关心。他既想当"老大",又想当"小宝贝"。当我们看到他抽搐时,动作的突然和夸张给我们留下了深刻的印象,可以说充满了戏剧性。于是我们进行了大胆猜测,难道他是想用这些行为来吓唬母亲和外祖父母,给他们留下深刻的印象,引起他们的关注吗?他的反应明显是"识别反射"。然后,我们一边跟他说话,一边做示范,向他展示突然的抽搐是多么可怕。他也被吓了一跳,然后笑了。我们的谈话就这样结束了。

我们向他的母亲和祖母解释说,如果家里的情况不发生改变,迈克是无法得到任何帮助的。在我们提出建议之前,家里任何打斗、争执和对迈克的过度关心的行为都必须停止。我们向迈克的家人保证,迈克没有患上圣维特斯舞蹈症。他的症状只是为了给他们留下深刻印象,引起更多的关注。他的母亲和外祖母表示非常希望和我们一起解决自身的问题,并表示下星期会再来教育中心。

但是在那之后,我们再也没有见到他们。当迈克的母亲打电话来取消下一次见面时,她对我们充满了感激之情。迈克在接受面谈的第二天就停止了抽搐,而且从那以后再也没有抽搐过,但他开始说脏话,用一些难听的字眼骂人。他的母亲以这样或那样的借口回拒了接下来的两次见面，但她仍然很感激我们之前的帮助，至少迈克不再抽搐了，显然这是她唯一关心的。

儿童强迫症

在幼儿的成长过程中，很少会有孩子出现严重的强迫症。本书中引用的案例表明，儿童强迫症的严重程度与成人强迫症的严重程度不同，对于成人的治疗通常非常困难且耗时很久。

在第一次面谈中，记录了以下的病历。

直到一个月前，八岁的莎伦还是一个"正常"、健康的孩子。她是一个可爱、听话、善良的小女孩，在学校和家里都表现得非常好。但突然，她对失明、小儿麻痹和白喉产生了恐惧。她经常感到无法呼吸，对死亡感到恐惧。她反复问母亲自己会不会死，会不会生病，以求得到安慰和同情。在过去的四天里，她一直担心自己会食物中毒，妈妈必须尝遍所有食物后她才会吃。因为害怕唾液中的病菌，她无法咽下自己的口水。她一直生活在预想的灾难之中。她有许多强迫症，在街上走路时数着步数或其他物体，而且每天都会出现新的症状。没有出现新症状时，她会表现得非常无礼，如果被母亲责备了，她就会嘲讽母亲，并要求母亲不断保证是爱她的。有一天，她竟然拿刀指着她的母亲。还有一次，当她父母在一起的时候，她把一个球狠狠地砸向了他们。父母总是小心翼翼地避免在孩子面前表现出他们的情绪。然而，在学校里，莎伦表现得很好，相比同龄人来说，她更加成熟，孩子们很喜欢她，经常和她一起玩。

三年前，莎伦上学时出现过一次精神错乱。她不想离开妈妈，怕放学回来的时候妈妈不在家。她的母亲必须反复许诺，发誓她会在家。同样的保证重复了很多次。孩子被带到一个精神病医生那里，医生为她安排了每周一次的游戏治疗。她治疗了九个月，出院时已经完全康复了。

莎伦的父母在她两岁半的时候就离婚了。从那以后，她一直和她的母亲相依为命。虽然母亲在三年前再婚了，但她们依然住在一起。母亲的第二任丈夫曾经出门服役，母女俩来找我们的时候，她的丈夫才到家两个半月。

在与孩子面谈时，她坚称自己很开心，也没有生病，她否认自己有恐惧情绪。她说她不需要，也不想要我们的帮助。她否认曾看过其他医生，但谈到了在医院里做游戏、绘画和吃糖果。她再三坚持，说她不想说话，她不喜欢医生，然后就从房间里大步走了出去。

接下来的事情与她的母亲有关，发生在第一次面谈时。莎伦似乎很依赖她的母亲，想独占她。三年前，莎伦第一次出现精神错乱症状，除了母亲再婚这一原因，主要还有上学的问题。显然，游戏疗法让她接受了与母亲暂时分离的事实，并为她去上学做了准备。她现在的症状似乎是由继父回来了，她害怕失去母亲的独宠而引起的。莎伦的症状是她叛逆的表现，也是她占有母亲的工具，不仅迫使母亲不间断地关注她，还要时时刻刻关心她。平时，她从来不会明显地表现出叛逆，似乎是为了取悦母亲，做一个乖巧懂事的孩子。现在，她既不能承认自己的叛逆和反抗，也不能以生病为借口来表达自己的叛逆和反抗。此外，从她的症状来看，我们怀疑她承受了很多无形的压力。在孩子与母亲的亲近和她们的感情背后，两个意志坚定的女性之间存在着权力较量。

这位母亲对我们的这个解释感到困惑不解。她说，她的丈夫曾表达过类似的想法，认为莎伦在强迫性地利用自己的症状，但当时她没有认同他的解释。不过现在她觉得，我们的想法可能是对的。

我们建议她忽略孩子的行为，尽管这种治疗可能会增加莎伦的暴力行为，加剧她的症状。但是，母亲不应该让自己被孩子的行为所恐吓或支配。另一方面，母亲不应该生气或表现出不耐烦，更不应该表现出恼怒，而应该充满爱意地与孩子玩耍。第一步，她必须克服自己的担忧和痛苦，必须与孩子建立新的关系。

三天后，这位母亲告诉了我们以下的情况。她现在能够对孩子的行为保持中立的态度。莎伦先是恳求，然后咆哮，接着用剪刀和刀子攻击她。她在墙上写"妈妈是个讨厌鬼"，在家里搞破坏，剪了母亲的尼龙袜，还到处乱扔东西。她恳求母亲在她上床睡觉的时候吻她，以免她因为害怕做梦而睡不着。母亲告诉她，她愿意吻她，是因为爱她，但不会在道了晚安之后再吻她。昨晚，因为莎伦被火警报警器惊吓到了，所以她想上妈妈的床睡觉，但是妈妈拒绝了，于是她睡在了地板上。母亲没有理会她，不到半个小时她就自己起来了，并向母亲要了一颗苯巴比妥，在没有任何哄劝的情况下回到了自己的床上。

莎伦向母亲表达了她对我们的愤怒，并抗议说我们改变了母亲的性格。她问母亲为什么在她搞破坏时不生气。莎伦说："我不知道是什么让我变得这么坏，上帝没有把我造成这样。我怎么才能成为一个好人呢？"她的母亲劝她和我们谈谈这件事情。除此外，莎伦还不想去上学。

我们非常称赞这位母亲的态度，以及她面对孩子的挑衅行为时保持镇静的能力。我们建议她继续这样做。

一周后，这位母亲告诉我们，莎伦得了轻微的麻疹，正在康复中。在她生病之前，她的攻击性有所减弱。现在，在她康复期间，她又开始公然地与母亲和其他人对抗。她的强迫症状也加剧了。她在走路时数着步数，把唾液吐在地板上。母亲坐下时，她把烟灰缸放在母亲的头上。在父母休息后，她走进他们的房间，打开灯。她跟着母亲在房子里四处走动，想要牵着母亲的手。莎伦现在害怕患上小儿麻痹症，如果母亲不能一直陪伴在她身边，她就会担心自己会死。她不想听广播，因为她可能会产生新的恐惧。莎伦的饮食习惯也发生了改变。在我们第一次面谈之后,莎伦决定不和父母吃一样的食物,而是要吃一些特别的东西。现在她决定只喝牛奶,什么也不吃。另一方面,她让母亲转告我,叫我打电话到她家,因为她想要我们帮助她解决烦恼。

在下一次谈话中,莎伦愿意谈论她的问题了。她表现得非常安静、态度友好,并且愿意和我们合作,注意力也非常集中。我们试图让她了解她的无意识行为背后的原因,即她已经习惯独占母亲,不希望继父回家,她不想与继父共同分享母亲。莎伦利用她的恐惧让母亲关心她。她生母亲的气,惹恼父母,都是为了惩罚他们,引起他们的注意。莎伦聚精会神地听着,好几次都以"识别反射"的方式做出回应。

第二个星期,因为莎伦的母亲生病了,所以由继父陪着莎伦来到了我们的办公室。他告诉我们,莎伦情况有了很大的改善。莎伦一天只发一次脾气。但是,她还是继续骂父母,还在屋子里到处吐痰。她第一次在没有父母的陪伴下,和她的朋友出去兜风。父母还是很难让莎伦外出和孩子们一起玩,因为她只想在家里跟着母亲从一个房间走到另一个房间。她吃饭的习惯也有了改变,不再要求别人在她吃东西之前尝她的食物。她第一次独自上床睡觉,没有表现出任何大惊小怪。

几天后,我们与这位母亲进行了第二次面谈,莎伦的情况有了更多的进展。这位母亲已经学会了让莎伦承担自己的行为产生的后果。如果莎伦生气了,母亲就干脆直接离开房间。等到她再回到房间的时候,这个女孩就会变得很安静,并能遵守必要的秩序和规则。以前,莎伦日常穿着的选择一直是一个大问题。现在,在母亲和莎伦短暂的谈话后,母亲表达了自己的意见,但把决定权留给了莎伦,莎伦没有提出异议,接受了母亲的选择。当母亲忍不住想哄她时,莎伦制止了她,说:"这不关你的事。"母亲并没有因此感到受伤,而是发自内心地露出了笑容。她现在才意识到自己以前给莎伦施加了多大的压力。有时,这位母亲还是难以克制自己的情绪。但她越来越能接受自己的新角色,与孩子建立新的关系,不再因为孩子的强迫行为而心烦意乱,现在她意识到自己以前对孩子施加了过多的压力。当莎伦不再对自己的症状和恐惧感到担忧时,母亲让她去看医生,并鼓励莎伦去那里寻求医生的建议。实际上,前一天晚上,莎伦曾给我们打了电话,问我们她该怎么做才能消除恐惧。我们的回答提到了她的目的,即她想通过寻求同情、安慰和肯定的方式来获得母亲的关注。我们表扬她非常聪明,达到了目的,并告知她可以继续使用她的方法。①女孩似乎对这个回答很满意,并且友好地向我们表示感谢,然后结束了我们的对话。

在下一次面谈中,剩下的主要问题是女孩"无法"咽下自己的唾液。我们与莎伦讨论过这个问题。在讨论中,她主动告诉大家她很坏,不应该得到幸福。我们指出,她无法吞

---

①这样的"反暗示法"往往非常有效。孩子们很少把这样的话当作讽刺,因为他们知道这是什么意思。

下这些唾液的原因之一，是她认为自己身上的一切都是不好的，包括她的唾液，她认为自己的唾液里充满了病菌。她也对自己现在的处境感到愤怒，吐痰是她不满、蔑视秩序和规则的一种情绪表达，特别是她不能再通过发脾气的方式来公开表达她的愤怒，她就只能选择用这样的方式来表达她的情绪了。

在与她母亲讨论期间，我们制定了一项关于莎伦吐痰的治疗方法。我们让她母亲告诉她，如果她不使用适当的容器吐痰，而是吐在地板上，就让她回到自己的房间去。

两周后，这位母亲告诉我们，莎伦已经停止吐痰了，母女俩在一起玩的时间多了，家里的问题变少了。在这段时间里，只有在莎伦探望自己的父亲后不久，症状复发过一次。这次探望之后，她斥责了她的母亲，并打了母亲好几次。很明显，这个女孩无法原谅她的母亲再婚，没有把她的余生完全奉献给她！莎伦不喜欢梳头，有时在梳头时会大发脾气，可能是因为她认为不梳头是对被征服或被控制的反抗。

在接下来的几个星期里，莎伦偶尔会变得喜怒无常，以求得母亲给予特别的照顾。她偶尔会打母亲，母亲却沉着冷静，对她的抗议不理不睬。

经过三个月的治疗，这个案例以"痊愈"结尾。莎伦变成了"原来的自己"，但与母亲处于不同的平衡状态。几个月后，在一次偶然的碰面中，母亲说，莎伦在治疗后一直很好，也很快乐，没有再遇到任何困难。

智力发育迟缓

七岁的杰拉尔丁的行为举止还像个小婴儿一样,她既不会自己穿衣服,也不会自己脱衣服。偶尔她自己脱衣服时,甚至会撕破衣服,并对自己的无能为力感到愤怒。她从来不尝试着自己穿衣服。如果父母不依从她,她就会发脾气,还会对他们拳打脚踢。她不愿意一个人睡觉,必须让妈妈和她睡在一起,否则她就睡不着。夜里,她经常给父母打电话,而父母总会回应她,以便让她安静下来。杰拉尔丁五岁时才开始说话,她说话含混不清,别人都听不懂。她从来不会和陌生人说话。父母为了改善她的发音,让她反复读每一个单词。在餐桌上吃饭的时候,妈妈必须一边喂她吃饭,一边给她讲故事,否则她就不吃。五岁时,她开始在一所教区学校上学,但最近转到了一所公立学校,在那里,她被安排在一个不分年级的教室上课。在学校里,杰拉尔丁不愿意和老师说话,也不和孩子们玩儿。

在杰拉尔丁来教育中心前不久,学校告知她的母亲,他们认为这个女孩存在智力障碍,无法教育她,并建议家长把孩子送到国家智力障碍机构。父母对女儿的情况大惊失色,他们要求校方推迟这一决定,以便寻求精神医生的帮助。虽然老师对杰拉尔丁可能会有任何智力方面的提高表示怀疑,但在家长的恳求下,校方还是延长了实施这一决定的时间。

杰拉尔丁是独生女，小时候患过几次重病。她的父母承认，他们非常宠爱她，对她呵护备至，这种保护甚至有些过度。在面谈时，杰拉尔丁表现得十分消极，反应也很迟钝。

我们告诉家长，仅仅一次面谈，还无法得出诊断结果。这个孩子也许有智力障碍，但我们觉得，如果父母不给孩子发展自身能力的机会，我们就无法确定她智力缺陷的程度。首先，父母必须改变对孩子的态度。他们再也不能让杰拉尔丁依着性子随心所欲。他们必须鼓励杰拉尔丁自己的事情自己做。如果父母为她打点好了一切，那么杰拉尔丁就不需要再付出任何努力了，因为即使她什么都不做也能得到很多。这对父母善良、真诚，尽管他们承认，当他们不知道如何对待孩子时，特别是当孩子发脾气的时候，他们会打孩子的屁股。

父母完全理解我们的解释，他们第一次明白了孩子行为背后的含义。因此，他们表示愿意竭尽全力与我们合作。在第一次面谈中，因为杰拉尔丁的父母似乎已经准备好接受我们具体的帮助，所以相比一般案例中的早期阶段，我们提供了更多的建议。我们给这对父母提供了以下几个建议：(1)让孩子单独睡在一个房间，不管她做什么，父母都不要理会，晚上也不要给她任何回应；(2)当孩子发脾气时，让她自己一个人待着；(3)父母不要理会她说脏话，不要让她重复说脏话，当她说话含混不清时，父母也不要理睬她；(4)父母不要再用和以前同样的方式和孩子一起玩耍,来表达对她的关爱;(5)父母要停止责骂孩子、唠唠叨叨、哄骗、打孩子的屁股,无论孩子做了什么,都要时刻保持冷静。

两周后,家长和杰拉尔丁又来了,告诉我们情况有了明显的改善。这对父母似乎因为这样的进展得到了很大的鼓舞。杰拉尔丁的言语表达更加清楚了;她不再要求母亲和她一起睡,自己一个人也能早早上床睡觉;她不再因为一些事情大惊小怪;虽然她自己穿衣服还有点困难,但她会自己脱衣服了;她愿意和父母一起玩,无论做什么事情,都会和父母事先商量好。有一次,杰拉尔丁问父母为什么不责骂或惩罚她了,她对父母的这种变化感到惊讶。

这一次面谈,我们建议父母让孩子自己吃饭,如果她乱扔食物,就把她从餐桌上打发走。

两周后,她的母亲说,杰拉尔丁自己能做很多事情了,她现在能自己好好吃饭。晚上她很早就上床睡觉了,而且一直躺在床上,一觉睡到天亮,不会再半夜爬起来。早晨,父母也不用叫醒她,她自己一醒来就会起床。她的话变多了,不再喃喃自语、含混不清,发音也更加清楚了。她也会自己收拾打扮了。她表示想和爸爸一起堆积木、踢球、弹木琴,还表示想见她的表妹。她不介意妈妈把她一个人留在房间里。自从父母无视她的坏习惯开始,她再也没有经常发脾气,对父母拳打脚踢了。而她的父母再也没有责骂她、打她屁股,他们变得非常小心谨慎,再也不对着孩子大吵大闹。比起以往，孩子和父母相处得更快乐了。剩下的一个难题是杰拉尔丁不愿梳头，但她的母亲对她能克服这个困难也很有信心。杰拉尔丁在学校的情况已经有所改善了。她和孩子们相处得很好，喜欢和他们一起玩儿，也喜欢和他们畅所欲言。几周前，老师们曾敦促父母把孩子带走，认为这个孩子低能且"聋"，已经没有任何治好的希望了。而就在上周，老师承认了杰拉尔丁取得的进步，现在正在与家长合作，帮助孩子成长。学校里也不再有任何关于杰拉尔丁转校或者退学的言论。

在经过三次面谈后，这个案例结束了。我们推迟了对孩子心理能力的最终判断，给了孩子更多的成长时间。

假性迟钝

里克四岁时，他的父母把他带到教育中心，希望我们给予孩子的成长一定的帮助。在咨询室里，里克静静地坐在爸爸和妈妈之间，头靠着父亲并用双手环抱着他，脸上带着幸福的表情。在整个面谈过程中，里克没有回答任何问题，一脸茫然，最后转身走开了，不再参与讨论。他嘟囔了几句，他父母向我们解释道："他想回家。"

他的父母告诉我们，孩子因患重病做过几次手术。里克是他们唯一的孩子，所以他们总是提心吊胆，担心孩子的生命安危，小心翼翼地看护着他，生怕出什么差池。之前他一直生病，直到十八个月大才开始走路。里克从来没有学过说话,也不听别人说话。他什么都不会做,甚至控制不了自己大小便,什么事都依赖他的父母。里克的父母之前曾带他去做过精神和心理检查。根据智力测试,这个男孩被诊断为智力障碍和聋哑。然而,从他的父母观察到的一些反应来看,他应该是能够听到一些声音的。

因为他受到父母的过度保护,所以我们目前无法就里克的精神状况和可能的发展趋势得出结论。因此,我们建议里克的父母,不要过度焦虑和担忧,让他自己一个人玩,不要过多地和他待在一起。只有让他意识到不说话或不听别人说话不再能产生预期的结果之后,我们才能确定里克是否真的聋哑,因此在这次会议中,我们暂时不必讨论里克的其他问题。

在下一次面谈中,这位母亲告诉我们,令父母吃惊的是,里克晚上不再尿床了。她现在想知道怎样才能让里克好好吃饭。他吃饭的时候总是把桌上的食物一把一把地抓起来,然后塞进嘴里。我们建议母亲给他一个勺子吃饭,如果他拒绝使用勺子,就把他的盘子拿走。他的父母告诉我们,如果里克得不到他想要的东西,就会变得愤怒、烦躁。到目前为止,他的父母一直在尝试,尽可能地不让他产生烦躁情绪。我们告诉他的父母,必须让里克明白,他的愤怒是不会产生任何结果的。要让他明白这一点的唯一做法是:每当他生气时,母亲就离开房间。不过,母亲一定不能表现出不高兴或过于担心的情绪。

在面谈过程中，里克拒绝和其他孩子一起玩游戏，而是选择和他的母亲待在一起。他虽然表现得很好，但还是有些焦躁不安。这一次，他并没有表示想要回家。

第三周，里克的情况有了进一步的改善。他只尿了一次床，是在他醒来之后，好像是为了表示他仍然需要父母更多的关心和照顾。里克已经学会了一些单词。当他用手指指着东西的时候，母亲不会理会他，所以他不得不慢慢地开口说出他想要的东西。我们还提醒母亲，不要像以前那样催促孩子说话，那只会表达出对孩子的过分关注。里克不用勺子吃饭时，母亲也曾犹豫过要不要把食物拿走。由于父母没有使用逻辑后果，所以"教他用勺子吃饭"没有成功。显然，父母很难做到不关心、不同情自己的孩子。我们告诉他们，里克需要的是父母的鼓励，而不是服务。

在下一次面谈中，我们听里克的母亲说，她发现了里克的新伎俩。晚上他没有尿床，但是好几次叫她带他去洗手间。他的词汇增加了，但他又以一种新的方式来表明他没有在听其他人说话，那就是把头转过去。他对父亲言听计从，因为父亲不像母亲那样经常在家，也不像母亲那样容易向他妥协让步。现在，里克拖延晚上睡觉的时间，用晚睡来引起他父母的注意。我们向他的母亲解释了里克这些吸引他们注意力的新方法，并告诉她不要被孩子这样的把戏所欺骗。父母最好让他醒着的时候玩，玩累了他自然就睡着了，而不是到了晚上拼命催促他去睡觉。在他上床睡觉前，父母应该叫他去上厕所，但在任何情况下，都不应该在晚上带他去洗手间，孩子必须学会自己去上厕所。到目前为止，里克还没有学会事事独立。

根据这位母亲所说，接下来的一周是平静快乐的。里克没有尿床，晚上也没有叫她带他去上厕所。他的话变多了，开始和其他孩子一起玩，也不再随便发脾气了。他也会按时上床睡觉，而且很快就入睡了。母亲对里克的进步感到十分欣慰。

但里克给人的印象仍然像是一个低智的孩子。四岁时，他的行为还像一个两岁的孩子。他第一次去了教育中心的游戏室，在游戏室里玩了起来，一个接一个地拿积木"造火车"。他走进咨询室，笨手笨脚地爬到长凳上，四处张望，寻求帮助。在没有人搀扶的情况下，他尝试自己站了起来。然而，他很快就把自己置于危险的处境，给人一种随时都会从凳子上摔下来的假象，这样做显然是为了让别人关注和帮助他。他差点从凳子上摔了下来，但由于没有其他人帮忙，他立刻稳住了身体，自己站了起来。他似乎发现了"肌肉不协调"可以作为一种获得他人关心和帮助的手段，但实际上，没有别人的关注和帮助，他也能很好地照顾自己。他在游戏中很有条理，喜欢观察细节，比如观察头发、花草树叶、蜘蛛网之类的小东西，或者仔仔细细地把这些小东西画下来。这一切都表明里克是一个相当聪明的孩子。

这一次面谈，我们建议他妈妈多和他一起玩。

两周后，里克的表达能力有了进一步的改善。他现在不仅会用名词，还会用代词。有一次，里克找到妈妈，说："我的手套丢了。"当有人给他沙拉时，他回答："谢谢。"他的听力方面已经没有丝毫问题了。他会唱一些他在收音机里听到的歌，而且开始自己穿衣服了。

而这一次，当他被带到咨询室时，他哭了。他不愿意坐下，也不理会和他说话的人。显然，他意识到之前那些获取他人帮助的手段在这里并不奏效。有一次，里克使用新的伎俩，让他的母亲在街上等着，而他却慢吞吞地跟着她。我们提醒这位母亲，不要哄他，也不要催促他。她可以问他是要和她一起走，还是不一起走，他知不知道回家的路。结果表明，里克仍然试图通过向他的母亲提出一些小小的要求来掌控局面，而他的母亲照常答应了。

这次里克没有在游戏室里和其他孩子一起玩，而是远远地看着他们。

又过了一周，这位母亲告诉我们，里克开始会在晚上收拾玩具，然后洗手洗脸了。他还试着自己穿鞋子和袜子。不过，他偶尔也会表现得非常幼稚，笑得很滑稽。他一直依赖着他的母亲，做事磨磨蹭蹭的，母亲不得不时刻提醒他。大多数时候，母亲只是看着他，他注意到了母亲在看他，就会非常开心。里克的餐桌礼仪也好多了，因为当他不好好吃饭时，父母就不准他继续吃了。在街上，当里克拒绝抛下另一个玩伴和母亲一起回家时，母亲会躲到拐角处，从那以后，里克很快就跟上来了。

在这一次面谈中，里克在游戏室里玩得非常开心。我们一直提醒他的母亲不要帮助里克，也不要对他指手画脚。母亲必须不发表任何评论，也不能提醒里克要注意什么。

一个月后，他们又来到了教育中心。里克的母亲告诉我们，里克的身体状况一直很好，也很少尿床了。他已经开始上幼儿园了，而且非常喜欢那里。幼儿园的老师对里克的表现非常满意，尽管他不经常和其他孩子一起玩。①他不会哭闹，会独自玩积木或建造长长的火车。他时常听不到，或者更准确地说，注意不到别人说的话。在午睡期间，他常常不安分，一个人自言自语。午饭时，他一开始不要甜点，但最后又说："我要蛋糕。"

又一次，里克兴高采烈地走进咨询室接受谈话，虽然他说话不是很清楚，但还是和我们说了几句话。他性格开朗活泼，胆大勇敢。他一进来就爬上长凳，静静地坐着。但当别人与他交谈时，他却毫无回应，装作没听见。当我们在他面前弹出一个手指时，他装出一副茫然的表情，直直地盯着我们看，仿佛他既听不见也看不见。但过了一会儿，他试着用自己的手指做出一个类似的动作。在整个面谈过程中，他的态度傲慢，对周围发生的事情毫不在意。

---

①我们没有再对他进行心理测试，如果测试结果显示智力低下，会让他的心理非常受挫。

里克的幼儿园老师也参与了这次谈话。我们建议她让其他孩子在里克建造火车时和他一起玩，并让老师鼓励他参加一些简单的、团体性的游戏。如果他在休息期间打扰了其他孩子，就把他的床单独放在一个房间里，不要责骂他或者大惊小怪。当他愿意保持安静的时候，允许他回到原来休息的地方。

过了一周，里克的妈妈又来到了教育中心。她说里克已经会认颜色了，并且喜欢把同样颜色的物品找出来。他在房子里走来走去，挑出所有蓝色的东西，说"这是蓝色"，然后对其他颜色的物品重复这样的过程。里克的表达能力也在稳步提高，他可以把"三只小猪"的故事完整地复述一遍，还会把他的玩具士兵排列整齐。

在面谈过程中，里克说出了所有颜色的名字，而且显然，他很享受这样做。他用手指数着颜色的种类，却不肯说出"三只小猪"的故事。

两周后，这位母亲简短地告诉我们，一切进展顺利，她没有什么特别的问题了。她现在有了工作，这个家庭回归了正轨。

一周后，里克的感冒康复了。在他生病期间，他总是像婴儿时期一样哭哭啼啼的。他在玩积木时，会搭很多精致的建筑，玩完积木后还会收拾好他的积木。里克很喜欢听故事，他的表达能力也在稳步提高。一年前，他基本上一个字也不会说；几个月前，他每次说话都只会说几个字；现在，他能完整地说出一句话了。他还会自己穿鞋了。面谈过程中，里克的态度非常友好，一边玩着铅笔，一边讲着自己在做什么。

在接下来的几个星期里，里克得了几次感冒，这使他的行为举止有些退步。然而，他现在学东西很快，喜欢颜色、数字和字母表，而且认识所有的字母。他在社交方面的进步也很快。他尤其对颜色特别感兴趣，他常常把颜色当作社交游戏来逗乐客人。他用不同的颜色标记每一个认识的人。比如，他的母亲是"红妈妈"，父亲是"黄爸爸"，他自己是"蓝里克"；亲戚是"粉红格蕾丝""紫色格特鲁德"和"绿色贝茜"；年幼的孩子通常是"白色"，年长的孩子是"橙色"；他的祖父母是"橘色"。里克用这些颜色来给认识的人命名，这些颜色的分配并不是随心所欲的，他总是能把一种颜色和一个人联系在一起。显然，里克是把情感和颜色联系在了一起。在这次面谈中，他很自豪地提到了在场的每一个人的"颜色"。他似乎在用这种特殊的方法来打动别人，从而获得他们的关注。

在幼儿园里，虽然他不像其他孩子那样与别人合作，但还是积极参与其中。有一次，他笨手笨脚地打乱了一场游戏，以至于其他孩子拒绝和他一起玩。他对此非常生气，把所有的玩具都推翻了。这是他第一次变得积极，就他的情况而言，这可以被视为一种进步。他和一个小表弟玩得很好，变得更愿意合作、善于社交了。然而，自从他在学校和孩子们吵了一架后，他就有点不愿意去幼儿园了。他唱了在幼儿园里学的歌,但有时他还是口齿不清。

要放学回家时,他都会自己穿好衣服,但是一旦他的母亲在场,他就会坚持让妈妈给他穿衣服。总的来说,里克性格比较平和,只是偶尔有点吵闹。他的思维比较专一,当他对一件事感兴趣时,他不喜欢被别人打扰。他常常装出一副茫然若失的表情,仿佛他看不见,也听不到别人的建议,只是任性地把注意力集中在他思考的东西上。家人带他去动物园的时候,他的关注点似乎在人而不是在动物身上,他几乎不看动物。然而,当他回到家时,他又开始指着图画书中的动物,说着它们的名字和身体的部位:"这是一头狮子,这是它的尾巴。"

在面谈的过程中,里克拒绝坐在板凳上,而是绕着桌子走来走去,时而靠在社工身上,时而举起双臂,想要被母亲抱起来。直到被问到有关颜色的问题时,他才会回答。里克掰起手指从一数到十二,说出了字母表上印着的所有字母。但在其他话题上,我们无法从他那里得到任何回应。当提到其他事情时,他只是表现得一脸茫然。

我们建议里克的母亲,如果里克不想穿衣服去上学的话,她就当里克生病了,让他躺到床上,然后不给他玩具,只给他喂流食。她的举止应该温柔一点,但态度要坚决。我们也告诉她,如果她质疑这些方法的有效性,不确定她是否能平静地执行,那就不要轻易尝试。从学校老师的反馈来看,里克正在慢慢地融入集体,而且看起来没有那么自闭了,但是他又开始和别的孩子打架了。里克穿夹克与厚裤子有些费力。他在校外与其他孩子交了朋友。里克已经很久没有尿床了。我们告诉他的母亲要多注意,让里克自己穿衣服,并建议她邀请孩子们到家里和里克一起玩。显然,母亲有时还是会对里克发火,但她在这些场合下会尽量控制自己。当然,里克也会时不时地发脾气。

每当里克生病时,他都需要一段时间来重新适应学校的生活。走在街上时,他会微笑着和熟人打招呼。有时,他还是不愿说话,并摆出一副很难接近的样子,但每当他开口说话时,脸上都会充满笑容。偶尔他也会假装没听见别人说话。相比以往任何时候,里克都更加快乐了,但他还是不相信任何人。有时,他会与孩子们针锋相对,甚至退出集体,但大多数时候他都会融入其中。

在课堂上,里克用敏捷利落的笔触写着数字,用双手描绘字母,不时地将铅笔或蜡笔从一只手换到另一只手。

几个月后,由于患了一段时间的呼吸道疾病,里克的行为举止变得有些反常。里克和比自己小的孩子相处得很好。他喜欢给别人讲道理,但当其他孩子拒绝他时,他就会哭。有时他的态度很强硬,"我要揍你,我要揍扁你"。对于里克的不当行为,母亲仍然在与日俱增的愤怒和过度同情之间摇摆不定。虽然她学到了很多经验,但当她面对里克时,并不能一直保持坚定、客观的态度。

在一次面谈中,里克先是坐在家长中间,假装没听到他们对他说的话，但后来他走到长凳前，拿出一幅画，描述了自己的所作所为。他依然我行我素，想干什么就干什么，不喜欢就拒绝，不愿意停止自己正在做的事情，但他总是一直保持微笑。当我们告诉他谈话结束时，他假装没听见，继续自己的创作。里克的老师说，有些时候他比其他人更善于交际。一般来讲，需要合作完成一件事情时，他能和其他孩子配合得很好。

在游戏室里，里克迅速给画上色，不一会儿就要了好几张纸。他画了一列火车，上面有旗帜、铃铛、烟囱，还有许多轮子。

在教育中心治疗了一年半后，里克有了真正意义上的进步。我们的预测是，尽管在智力层面上，里克可能仍然存在某些缺陷，但预计最终可以得到适当的调整。父母在处理孩子的问题时很配合我们的工作，并且表现出相当强的洞察力，尽管他们自己的情绪反应有时并不合适，但整体而言还是非常配合的。

一年后，七岁的里克进入了公立学校。他的成绩全是"优秀"，学习上没有任何困难。他有个人魅力，又愿意与他人合作，虽然有时还是会展现出怪异又孤僻的性格。那时他看起来就像一位处高临深的王子，审视着周围的一切。不过，大体上，里克的改变还是令人满意的。我们得到的最新信息表明，现在在班上这个男孩的成绩名列前茅，学校正在考虑让他跳级。

这个案例之所以如此重要，原因有很多。首先，这个案例表明，有些情况看起来毫无希望改善，但这种先入为主的看法是非常错误的。悲观主义永远都是不可取的，因为如果父母可以更好地处理这些问题，我们永远也不会知道孩子的未来会如何发展。为此，我们省略了重复的智商测试，因为这只会对父母和孩子产生消极的影响。那时候，我们并不清楚之后的结果会表明，这个孩子并不迟钝，相反他是个智力超群的天才。在这个案例中，我们还进一步发现，如果母亲无法保持一贯的态度，孩子的成长也会因此变得起伏不定。

结　语

亲爱的家长朋友们，这本书你马上就要读完了，此时此刻，请你回顾一下整本书的内容，想一想你从这本书中收获了什么。你在阅读这本书的过程中，脑海里可能涌现过很多想法，它们或许使你深受鼓舞，或许让你心烦意乱。现在你可以好好地整理一下自己的思绪了，只有读完后不断地思考和揣摩，才能体会到这本书的价值。

我希望家长朋友们都能认清这样一个事实，那就是孩子今后的人生是否幸福、事业是否成功都与你们的付出息息相关。我希望你们可以在百忙之中停下来，好好思考一下这件事对你们将会有怎样的深远意义。每个人都非常关心自己的家庭和孩子，这是再正常不过的事情了。但你不应该忽视这样一个事实，那就是除了你自己的家庭和孩子，你的手中还掌握着整个人类的命运。每一代父母都是人类未来的基石。我们不确定外部的社会条件和我们内心的意愿究竟哪一个能在多大程度上决定人类的命运，我们也不确定到底我们是需要培养更好的接班人来建设一个更好的社会，还是需要一个更好的社会来打造更好的接班人。无论如何，这二者之间都是密不可分的。父母对孩子的教育影响着未来的社会秩序，就像现有的社会生活条件也影响着孩子的教育方式。人类的进步与教育方法和技术的进步是密不可分的，而人类今天的不完美，在一定程度上也受到了他们迄今为止所接受的教育的影响。

我们现在对教育的重要性还没有给予足够的重视，未来教育将会引领人类从现在的不完美状态发展到一个前所未知的高度。新的社会形态的预言，以及在征服自然的过程中，人类的智力将会得到前所未有的增长与提升，这些在我们的教学经验中早已得到了证实。如果从孩子婴儿时期开始，我们就能对其进行良好教育，那么他的创造力就会得到很好的激发，甚至能够发展出很多我们想象不到的能力和品质。现在，我们才刚刚看到一丝曙光。但是，我们已经察觉到了人类普遍存在挫败感，力量长期受到压制。这让我们认识到，迄今为止我们所接受的教育掩盖了我们在道德、智力以及情感等方面的无限潜力。

以前，人们认为"遗传决定一切"。现在，这样的观念已经开始动摇了。"遗传决定一切"的观念来自人们普遍存在的悲观情绪，这种悲观情绪源于人们对正确训练的认识非常有限，这是可以理解的。我们很难想象，难道几千年来，我们一直都在遵循着错误的教育方法和原则吗？事实上，以前的教育观念并不是错误的，它们只不过是对一个时代文明的正常反映，这个时代从人类文明之初一直延伸到我们这个时代，一个以人与人之间的冲突为标志的时代。在欧美文化之外，曾经且现在依然存在着很多与我们类似的群体、部落和氏族，在他们的社会范围内，除了两性关系方面，几乎不存在任何的敌对与竞争。他们的教育方式与我们有着很大的区别，在他们的教育制度里，完全不存在个体惩罚和对孩子的贬低，实际上，这种教育方法在很多方面都与我们现代精神病学领域的研究经验不谋而合。

我们那个时代在父母教育孩子的道路上设置了太多的障碍，现在教育方法上的缺点已经完全暴露了出来。当然，有一点毋庸置疑，那就是：优秀的父母，无论是在过去还是现在，总是能够发现并运用行之有效的方法来教育孩子。如今，我们所有新的认知，都是建立在无数前人的经验之上的。许多人之所以出类拔萃、能力远远超过了同时代人类的平均水平，大都是因为他们受过良好的教育。如果他们的成功完全取决于遗传因素，我们就会理所当然地认为天才儿童更多的是遗传自他们出类拔萃的父母。当某个高中毕业班培养出一批远超平均水平的优秀学生时，我们再也不会单纯地认为是巧合了。在这种情况下，我们应该看到成功是幸运和努力共同作用的结果，这绝不是偶然或是巧合。个人的潜力在很多情况下都可能被掩盖，而恰当的教育方法能够充分开发这些个人潜力。

我们可以用一个简单的例子来说明一个人能够发展到什么程度。如果一个从小生活在丛林中的孩子很早就去了美国，并且接受了美国文化，那么他将发展出在他原来的环境中永远不可能获得的能力。无论这个孩子是存在遗传缺陷，还是大脑发育迟缓，都不能阻碍他远远超出他原来所在群体的正常能力水平。因此，我们有理由相信，在更好的教育方法、更优越的生活条件下，未来的人类一定会超越我们现在的文化水平，就像现在的我们超越原始部落的文化一样……此时此刻，我们很可能正在迈向一个人类的新时代。

在喧嚣的世界里，
坚持以匠人心态认认真真打磨每一本书，
坚持为读者提供
有用、有趣、有品位、有价值的阅读。
愿我们在阅读中相知相遇，在阅读中成长蜕变！

好读，只为优质阅读。

父母：挑战

策划出品：好读文化	监　　制：姚常伟
责任编辑：卓挺亚	产品经理：姜晴川
特约编辑：王　萌	营销编辑：陈可心
装帧设计：末末美书	内文制作：鸣阅空间

图书在版编目（CIP）数据

父母：挑战 /（美）鲁道夫·德雷克斯著；陈璇译. —杭州：浙江人民出版社，2024.2
ISBN 978-7-213-11094-8

Ⅰ. 父… Ⅱ. ①鲁… ②陈… Ⅲ. ①家庭教育—教育心理学 Ⅳ. ① G780

中国国家版本馆 CIP 数据核字（2023）第 116069 号

父母：挑战
FUMU：TIAOZHAN

[美] 鲁道夫·德雷克斯　著　陈璇　译

出版发行	浙江人民出版社（杭州市体育场路347号 邮编 310006）
责任编辑	卓挺亚
责任校对	姚建国
封面设计	末末美书
电脑制版	鸣阅空间
印　　刷	嘉业印刷（天津）有限公司
开　　本	787毫米×1092毫米　1/32
印　　张	14
字　　数	268千字
版　　次	2024年2月第1版
印　　次	2024年2月第1次印刷
书　　号	ISBN 978-7-213-11094-8
定　　价	58.00元

如发现图书质量问题，可联系调换。质量投诉电话：010-82069336